Georg Klingenberg
Römisches Obligationenrecht

ローマ債権法
講 義

ゲオルク・クリンゲンベルク 著
瀧 澤 栄 治 訳

大学教育出版

■ 凡 例
1. 本書は Georg Klingenberg, Obligationenrecht I Allgemeiner Teil; II Die Zivilen Verträge; III Sonstige Verträge, Quasikontrakte, Delikte, Graz, 1987 の邦訳である。なお本書は、講義用テキスト（Skripten）として執筆され、製本されたものであり、一般に市販されている書籍ではない。
2. 原文で字間の開けられた語には傍点を付し、下線の付けられた語はゴチック活字を用いた。
3. 原著は3分冊で構成され、復習をかねていくつか重複する記述があり、訳において省いたところがある。またオーストリア法に言及する箇所につき、著者の了解を得て訳を省いたところが一部ある。
4. 章、節および（ ）の形式での分類は原著にはなく、訳者が付けたものである。
5. 巻末の索引は原著にはなく、訳者が作成したものである。
6. [ ]形括弧は関連する日本の法律を示すために訳者が加えた箇所を示す。それ以外の括弧は、日本の教科書としての体裁を整えるために適宜訳者が付けたものである。
7. ラテン語原文は、本書の教科書としての性格を考えて、特に示す必要がない限り、なるべく省略し、訳語のみを当てることにした。

■ 略語表（原著にはなく、訳者が作成したものである）
ABGB …… Allgemeines bürgerliches Gesetzbuch　オーストリア民法典（1811年）
　　　例えば§1318 ABGBはオーストリア民法第1318条を指す。なお、その他のオーストリア法については末尾の「オーストリア法引用条文」を参照。
C. ………… Codex　勅法彙纂（534年公布、施行）
D. ………… Digesta　学説彙纂（533年公布、施行）
　　　例えば、D.19,1,13,20は、学説彙纂第19巻第1章第13法文20項を意味する。
FIRAIII　…Fontes iuris Romani anteiustiniani, 2. Aufl., III (Negotia ed. V. Arangio-Ruiz, 1943, Neuaufl. mit Appendix 1968, Florenz)
Gai Inst. …Gaius Institutiones　ガーイウス『法学提要』（160年頃）
Paul. ……… Paulus　パウルス（ローマの法学者）
Pomp. …… Pomponius　ポンポーニウス（ローマの法学者）
pr. ………… principium　首項（法文の最初の文節）
　　　例えば、D.14,6,11pr.は、学説彙纂第14巻第6章第11法文首項を意味する（その次から第1項が始まる）。
SC …………　　　　senatus consultum　元老院議決
Ulp. ……… Ulpianus　ウルピアーヌス（ローマの法学者）
ユ帝 ……… ユースティーニアーヌス帝（東ローマ皇帝：在位527-565年）

日本語版への序文

　近代法制度の多くは、直接あるいは間接にローマ法をその基礎としている。のみならずローマ法は、私法の基本的構造を知るための導入部としてもっとも適切なものである。このような理由からローマ法は、多くの国々において法曹養成のための重要な科目となっている。

　本書『ローマ債権法講義』は、大学での私の授業経験に基づいて書かれたものであり、すでに多年に亘り講義用テキストとして、ローマ法を通して現行法の歴史的基礎を学ぶオーストリアの学生によって利用されてきた。近代法との比較、結びつきが説明されているのは、まさにこうした事情によるものである。

　私は、学生が当該法制度の特徴を把握し得るよう、各テーマの概観を示し、なるほどと分かるような具体例を挙げることが重要であると考え、この授業方針に沿って講義を進めている。加えて、ローマの法学者に固有の思考方法の理解にも配慮した。つまり、債務関係を判断する際にローマの法学者にとっては、もし権利を実現するとなれば、いかなる訴権（actio）を利用できるのかがきわめて重要な問題だったからである。この点を考えて、まず初めに訴権法体系の諸基礎から述べることにした。もっとも以後の叙述については、現在一般的な債権法の体系に従っている。

　日本語への翻訳について、私の敬愛する同僚である瀧澤栄治教授に心から謝意を表する。また本書の出版をお引き受けいただいた大学教育出版にもお礼を述べたい。本書が教科書として読者に快く受け入れられることを願っている。

2000年11月　リンツにて

　　　　　　　　　　　　　　　　　　　　　　　　　ゲオルク・クリンゲンベルク

ローマ債権法講義

目　次

凡　例／略語表

日本語版への序文　　i

第1部　債権総論
第1章　序　説 ……………………………………………………………………1
(1) 債務関係（obligatio）とは何か　　1
(2) 概念と用語　　3

第2章　訴権法体系の諸基礎 …………………………………………………4
第1節　actio（訴権）とは何か　　5
第2節　訴訟方式書の機能　　8
第3節　訴権の消耗　　10
第4節　過多請求（pluris petitio）　　11
第5節　方式書についての基礎知識　　13
第6節　方式書と給付の範囲　　14
第7節　コンディクティオ（condictio）についての基礎知識　　18
　(1) 通告による法律訴訟（legis actio per condictionem）　　18
　(2) 古典期のコンディクティオ　　18
　(3) 不当利得返還請求としてのコンディクティオ　　19
第8節　練習問題その1（復習）　　19
第9節　練習問題その2（抗弁 exceptio）　　24
第10節　訴権の目的　　31
第11節　訴権の競合　　32
　(1) 訴権の競合とは何か　　32
　(2) まとめ　　36
　(3) 競合問題の解決　　37

第3章　債務関係の分類 ………………………………………………………38
第1節　最も重要な分類　　38
第2節　契約に基づいて発生する債務関係　　44
第3節　無方式合意（pactum）の概念　　45
第4節　準契約・準不法行為　　47
第5節　契約と契約の自由　　48
　(1) 契約とは何か　　48
　(2) 契約の自由とは何か　　49
　(3) ローマ法における契約の自由　　50
第6節　契約の種類と分類　　54

目次　v

第4章　債権の目的 ……………………………………………………59
　第1節　債権の目的に関する要件　　60
　第2節　不能の理論　61
　　　　（1）不能とは何か　61
　　　　（2）原始的不能　62
　　　　（3）後発的不能　63
　第3節　特定物債務・種類債務および選択債務　63
　　　　（1）特定物債務と種類債務　63
　　　　（2）選択債務と補充権　66
　第4節　付加的約定　67
　第5節　主たる給付と従たる義務　69
　第6節　利息債務　69
　　　　（1）利息債務　69
　　　　（2）約定利息に関する注意点　70
　　　　（3）利率についての歴史　71
　第7節　第一次給付と第二次給付　72
　第8節　損害賠償義務　73
　　　　（1）損害賠償義務の発生　73
　　　　（2）損害と損害の算定　74
　　　　（3）方式書と損害の算定　76
　　　　（4）積極的利益と消極的利益　77
　第9節　給付の時期と場所　78
　　　　（1）給付の場所　78
　　　　（2）給付の時期　79
　第10節　手附（arrha）　80
　　　　（1）手附とは何か　80
　　　　（2）手附の歴史　81
　第11節　違約罰　82

第5章　責　任 …………………………………………………………84
　第1節　責任とは何か　84
　第2節　債務と責任　85
　　　　（1）概　説　85
　　　　（2）ローマ法における債務と責任　87
　第3節　帰責事由としての責任　88
　　　　（1）不法行為責任　88
　　　　（2）契約責任　90
　第4節　危険負担　96

第6章　給付障害 …………………………………………………… 98
　第1節　給付障害とは何か　*98*
　第2節　後発的不能　*100*
　　(1)　責に帰すべき不能　*101*
　　(2)　責に帰すべからざる不能　*102*
　第3節　遅　滞　*103*
　　(1)　債務者遅滞　*103*
　　(2)　債権者遅滞　*104*
　第4節　債務の永久化（perpetuatio obligationis）　*105*

第7章　債権の消滅 …………………………………………………… 107
　第1節　概　観　*107*
　第2節　弁済（solutio）　*108*
　　(1)　第三者による給付　*109*
　　(2)　第三者への給付　*110*
　第3節　代物弁済（datio in solutum）　*111*
　第4節　相殺（compensatio）　*113*
　　(1)　相殺の要件　*113*
　　(2)　相殺の方法　*114*
　　(3)　相殺の歴史的展開　*115*
　第5節　供託（depositio）　*118*
　第6節　免　除　*118*
　　(1)　要式免除行為の展開　*118*
　　(2)　免除行為の効果　*119*
　第7節　種々の消滅事由　*120*
　　(1)　混同（confusio）　*120*
　　(2)　債務者の責に帰すべからざる後発的不能　*120*
　　(3)　自力救済の違法な行使　*120*
　　(4)　原因の競合（concursus causarum）　*121*
　第8節　更改（novatio）　*121*
　　(1)　任意的更改　*122*
　　(2)　更改の要件　*123*
　　(3)　ローマ法における更改の意義　*124*
　　(4)　当事者の交替を伴う更改　*125*
　第9節　債務関係の消滅　*126*
　　(1)　概　説　*126*
　　(2)　ローマ法における債務関係の解消　*127*

第8章　多数当事者の債務関係 ……………………………………… 129
第1節　概　説　*129*
第2節　連帯債務と分割債務　*132*
第3節　ローマ法における連帯債務　*134*
　　（1）発生事例　*134*
　　（2）絶対的効果と相対的効果　*134*
　　（3）内部の負担調整　*135*
　　（4）連帯債務における競合の問題　*136*
　　（5）新勅法第99号　*138*

第9章　第三者の参加 ………………………………………………… 139
第1節　第三者のためにする契約　*139*
第2節　債務関係への第三者の参加（概説）　*141*
第3節　当事者の交替（概説）　*142*
第4節　加入（intercessio）　*144*
　　（1）加入とは何か　*144*
　　（2）婦女に対する加入の禁止　*145*
第5節　債権譲渡　*146*
　　（1）債権譲渡とは何か　*146*
　　（2）発展の歴史（概観）　*146*
　　（3）債権譲渡と原因行為（causa）　*148*
　　（4）ローマ法における原因行為の意義　*149*
　　（5）債権譲渡の種類　*150*
　　（6）債権譲渡の制限　*150*
第6節　保　証　*151*
　　（1）保証の経済的機能　*151*
　　（2）概　説　*152*
　　（3）ローマ法における保証行為　*152*
　　（4）保証人の責任　*154*
　　（5）共同保証人の責任　*154*
　　（6）保証人の求償　*155*
　　（7）保証人の3つの利益（まとめ）　*156*
第7節　保証類似の行為　*157*
第8節　参加要約（adstipulatio）　*159*

第2部　市民法上の契約

第1章　序　説 …………………………………………………………………… *162*

第2章　要物契約 ………………………………………………………………… *164*
 第1節　要物契約とは何か　*164*
 第2節　消費貸借（mutuum）　*165*
  （1）消費貸借の約束と消費貸借　*166*
  （2）消費貸借契約の成立　*166*
  （3）債務の内容　*168*
  （4）営利行為としての消費貸借　*169*
  （5）返還の問答契約ある場合の債務者保護　*169*
  （6）マケドー元老院議決（SC Macedonianum）　*170*
  （7）海上冒険貸借（fenus nauticum）　*172*
  （8）拘束行為（nexum）　*172*
 第3節　寄託（depositum）　*173*
  （1）受寄者の義務（寄託者の請求権）　*174*
  （2）寄託者の義務（場合により発生する受寄者の反対請求権）　*175*
  （3）法的保護の展開　*175*
  （4）特殊な寄託　*176*
  （5）金銭の寄託　*177*
 第4節　使用貸借（commodatum）　*178*
  （1）借主の義務（貸主の請求権）　*179*
  （2）貸主の義務（場合により発生する借主の反対請求権）　*180*
  （3）使用貸借における法的保護　*180*
  （4）使用貸借と容仮占有　*181*
 第5節　質（pignus）　*182*
  （1）質とは何か　*182*
  （2）質契約に基づく法的保護　*184*
  （3）概　観　*185*
  （4）不規則質（pignus irregulare）　*186*
  （5）ゴルディアヌスの質（pignus Gordianum）　*186*
 第6節　信託（fiducia）　*187*
  （1）信託とは何か　*187*
  （2）受託者、信託者の義務と法的保護　*189*
 第7節　要物契約のまとめ　*190*
 第8節　方式書の構成と解釈　*190*

第3章 言語契約 …………………………………………………197
第1節 問答契約　197
（1）問答契約とは何か　197
（2）問答契約に基づく法的保護　199
（3）問答契約が用いられる諸事例　199
（4）有因的問答契約と無因的問答契約　202
（5）問答契約と証書作成　203
第2節 その他の言語契約　205

第4章 文書契約 …………………………………………………207
（1）金銭出納簿（codex accepti et expensi）　207
（2）古典期の文書契約　208
（3）その後の展開　209

第5章 諾成契約 …………………………………………………211
第1節 売買（emptio venditio）　211
（1）ローマ売買法の展開　211
（2）古典期の売買　212
（3）売買契約の締結　212
（4）売買目的物　213
（5）売買代金　215
（6）売買契約に基づく義務（概観）　217
（7）売買契約の展開における諸問題（概観）　218
（8）売買と所有権の移転　220
（9）他人物の売買　223
（10）権利の瑕疵に対する担保責任　226
（11）物の瑕疵に対する担保責任（概観）　229
（12）土地の面積に関する訴権（actio de modo agri）　230
（13）担保問答契約（promissum）の例　231
（14）按察官訴権　232
（15）瑕疵担保責任（一般法）　233
（16）危険負担　236
（17）解除の約款　237
第2節 賃約（locatio conductio）　239
（1）賃約とは何か　239
（2）賃貸借　242
（3）雇　傭　249
（4）請　負　251
第3節 委任（mandatum）　255

　　　　　（1）委任とは何か　*255*
　　　　　（2）ローマの委任の特徴　*256*
　　第4節　組合（societas）　*261*
　　　　　（1）組合と社団　*261*
　　　　　（2）歴史的展開　*262*
　　　　　（3）組合の成立　*263*
　　　　　（4）組合の種類　*263*
　　　　　（5）組合存続中の法律関係　*264*
　　　　　（6）組合の存続　*266*
　　　　　（7）組合の終了　*267*
　　　　　（8）組合解散時における法律関係　*267*

第3部　その他の契約・準契約・不法行為
第1章　無名要物契約　………………………………………*272*
　　　　　（1）無名要物契約とは何か　*272*
　　　　　（2）無名要物契約における法的保護の展開　*273*
　　　　　（3）古典期における無名要物契約の萌芽　*274*
　　　　　（4）後古典期における一般化　*276*
　　　　　（5）有名契約と無名契約の方式書の相違　*277*

第2章　無方式合意（pactum）………………………………*282*
　　第1節　無方式合意とは何か　*282*
　　第2節　弁済約束　*283*
　　第3節　銀行業者の引受契約　*284*
　　第4節　仲裁人の引受契約　*285*
　　第5節　船主、旅館の主人、厩の主人の引受契約　*286*
　　　　　（1）概　説　*286*
　　　　　（2）賃約と引受責任との関係　*288*
　　　　　（3）法務官告示　*289*
　　第6節　贈　与　*291*
　　　　　（1）概　説　*291*
　　　　　（2）ローマ法における贈与の展開（概観）　*293*
　　　　　（3）贈与方式に関する規定　*294*
　　　　　（4）ローマ法における贈与の制限　*296*
　　　　　（5）特殊な形態の贈与　*298*

第3章　準契約 …………………………………………………………… *300*

第1節　事務管理（negotiorum gestio）　*301*
　（1）事務管理とは何か　*301*
　（2）狭義の事務管理の成立要件　*302*
　（3）法的保護の展開　*303*
　（4）相互の義務内容　*303*

第2節　後見（tutela）　*304*

第3節　共有（communio）　*305*
　（1）共有の場合の分割訴権　*305*
　（2）分割訴権の方式書　*307*

第4節　債権遺贈（legatum per damnationem）　*308*

第5節　コンディクティオ（condictio）　*310*
　（1）概　説　*310*
　（2）個々の給付不当利得返還請求　*316*
　（3）ローマ法における不当利得（概説）　*320*

第4章　不法行為 …………………………………………………………… *323*

第1節　窃盗（furtum）　*324*
　（1）窃盗（furtum）の概念　*324*
　（2）窃盗に対する制裁（概観）　*325*
　（3）盗訴権（actio furti）　*326*
　（4）私的盗犯訴追の歴史　*326*
　（5）盗の不当利得返還請求訴権（condictio furtiva）　*328*

第2節　強盗（rapina）　*328*

第3節　不法損害（damnum iniuria datum）　*329*
　（1）アクィーリウス法（lex Aquilia）　*329*
　（2）アクィーリウス法における責任の要件（概観）　*330*
　（3）アクィーリウス法訴権　*333*

第4節　人格権侵害（iniuria）　*335*

第5節　悪意（dolus）　*338*

第6節　強迫（metus）　*340*

第7節　債権者詐害（fraus creditorum）　*342*

第8節　不法行為訴権についてのまとめ　*344*
　（1）訴権の種類一般について（復習）　*344*
　（2）不法行為訴権における競合の問題　*345*
　（3）訴権の行使期間　*346*
　（4）罰訴権の相続　*346*

第5章　準不法行為 …………………………………………… *348*

第6章　権力服従者に関する責任 ……………………………… *350*
　　第1節　付加的性質の訴権　*351*
　　　　（1）付加的性質の訴権とは何か　*351*
　　　　（2）命令訴権　*353*
　　　　（3）特有財産訴権と利益転用物訴権　*353*
　　　　（4）船主訴権　*357*
　　　　（5）支配人訴権　*357*
　　　　（6）準支配人訴権　*358*
　　　　（7）方式書の特徴　*358*
　　第2節　加害者委付　*360*

第7章　動物に関する責任 ……………………………………… *363*

　　オーストリア法引用条文　*365*
　　事項索引　*372*
　　ラテン語訳語表　*382*
　　ラテン語成句索引　*387*
　　条文索引　*389*
　　資料索引　*391*
　　訳者あとがき　*392*

⌐　第1部　⌐

債権総論

第1章　序　説

(1) 債務関係（obligatio）とは何か

【設例1】Aは4月1日に1万金をBに貸した。返還期日は5月1日と定められた。消費貸借契約（mutuum）が締結されたことになる。

当該法律関係をAの側から見ると、	当該法律関係をBの側から見ると、
Aは5月1日に1万金の返還をBに請求する権利を持つ。	Bは5月1日に1万金をAに返還する義務を負う。
AはBに対して債権を持つ。	BはAに対して債務を負う。
Aは消費貸借債権の債権者である。	Bは消費貸借債権の債務者である。

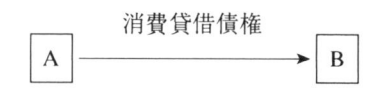

$$A \xrightarrow{\text{消費貸借債権}} B$$

【設例2】4月1日にAはBに「5月1日に私に1万金を与えることを君は誓約するか」と問い、Bは「私は誓約する」と答えた。これは金銭給付を目的とする問答契約（stipulatio）である。

当該法律関係をAの側から見ると、	当該法律関係をBの側から見ると、
Aは5月1日に1万金の支払を請求する権利を持つ。	Bは5月1日に1万金をAに支払う義務を負う。
AはBに対して_____を持つ。	BはAに対して_____を負う。
Aは問答契約債権の_____である。	Bは問答契約債権の_____である。

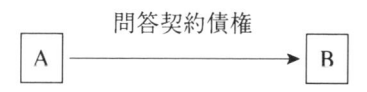

$$A \xrightarrow{\text{問答契約債権}} B$$

【設例3】Aは、期間1年、家賃月4,000金としてBから住宅を賃借した。これは賃貸借契約（locatio conductio rei）である。

法律関係をA（賃借人）の側から見ると、Aは、	法律関係をB（賃貸人）の側から見ると、Bは、
1) 1年間の住居使用権の供与をBに請求する権利を持つ。	1) 1年間の住居使用権をAに供与する義務を負う。
2) 毎月Bに4,000金を支払う義務を負う。	2) 毎月Aに4,000金を請求する権利を持つ。
Aは使用権供与を求める債権の債権者である。	Bは使用権供与を求める債権の＿＿＿＿である。
Aは賃料債権の債務者である。	Bは賃料債権の＿＿＿＿である。

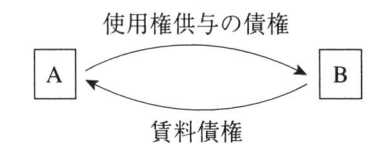

使用権供与の債権
A ⇄ B
賃料債権

【設例4】Bは故意によりAの倉庫に火を付けた。倉庫は貯蔵されていた物品も含めて焼失した。10万金の損害が発生した。

Bは不法行為を犯した。Bはアクィーリウス法（lex Aquilia）に基づき賠償義務を負う。

当該法律関係をA（被害者）の側から見ると、	当該法律関係をB（加害者）の側から見ると、
＿＿＿は10万金の損害賠償をBに請求する＿＿＿＿＿。AはBに対して損害賠償＿＿＿を持つ。	＿＿＿は10万金の損害賠償をAに支払う＿＿＿＿＿。BはAに対して損害賠償＿＿＿を負う。

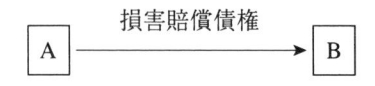

損害賠償債権
A ─→ B

以上の4例から分かることをまとめれば、以下の通りとなろう。

債務関係（obligatio）の定義

> 債務関係とは、これに基づいて一方が他方に対して給付義務を負うところの、2人（またはそれ以上の人たち）の間の法律関係である。

この定義は近代法における定義であるが、以下のローマ法上の定義がそのモデルとなっている。

> ユ帝『法学提要』第3巻第13章前文
> 「債務関係とは、これによって我々が我々の国の法律に従ってある物を給付するよう強制的に拘束されるところの、法律関係（法的束縛、鎖 vinculum）である。」

(2) 概念と用語

現在、債務関係の概念は、以下の2つに区別される。
① **広義の債務関係**：債務者と債権者の間の関係の総体、債務関係
② **狭義の債務関係**：この関係に基づいて発生した個々の債務関係

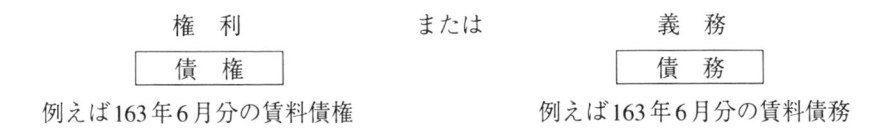

```
     権　利          または         義　務
   ┌─────┐                      ┌─────┐
   │ 債　権 │                      │ 債　務 │
   └─────┘                      └─────┘
例えば163年6月分の賃料債権         例えば163年6月分の賃料債務
```

債務関係の当事者は creditor（債権者）、debitor（債務者）と呼ばれる。この概念は金銭債務に限られるものではないことに注意せよ。物、役務を請求する権利を持つ者、これを給付する義務を負う者も creditor, debitor と呼ばれる。

債権の相手方は常に債務関係の当事者だけであり、したがって債権は相対的な権利である。これとは反対に例えば物権（所有権、役権、質権）は絶対的な権利であり、誰をも相手方としている。これをローマ法における用語で表現すれば、債権の実現のためには対人訴権（actio in personam）が帰属し、物権は対物訴権（actio in rem）によって保護されると言うことができよう。

第2章　訴権法体系の諸基礎

　実際にそうであるように、たいていの場合債務者は任意に義務を履行しようとするであろう。しかし、債務者が自己の負う義務を理由はどうであれ任意に履行する用意がないときに、債権者としてはどうやって債権を実現することができるのか。法はあらかじめそれに対処すべく規定を設けておかなければならない。しかしまた制裁のメカニズムが存在するということは、義務を履行するよう促すことにもなるであろう。

　ローマ法においては、権利実現のために**訴権**（actio）というものが与えられる。訴権の目的は民事訴訟を提起することにある。民事訴訟は、債務者の給付義務が判決によって確定されるか（有責判決condemnatio）、債務者が免訴を言い渡されるか（免訴判決absolutio）のいずれかをもって終了する。ここでまず述べておかなければならないのは、ローマ民事訴訟手続の特徴、すなわち判決は常に金銭で宣告されなければならないという原則である（**有責判決はすべて金銭で下される** omnis condemnatio pecuniaria est）。請求対象が金銭である場合、この原則には何の問題もない。しかし債務の目的が物の給付である場合には（例えばKはVと家屋の売買契約を締結し、買主Kは売主Vを訴えた）、審判人は物それ自体ではなくて、一定額の金銭（例えば当該家屋の値する額）についてしか判決を下すことができない。

　もし債務者が有責判決を受けながらなお給付しなかったならば、執行手続に移ることになる。古典期においては、債権者全員が参加して債務者の全財産に対して執行手続が行われた（総財産に対する執行、破産手続）。

第1節 actio（訴権）とは何か

すでに述べたように、権利実現のための手段はactioである。この言葉は、法律用語としてまず第1に裁判上裁判外を問わず法的な行為、特に要式行為を意味する（広義のactio）。

狭義の、専門用語としてのactioは、原告の訴訟を起こすという行為を意味する。

　　すなわち　　actio＝訴え（Klage）　　（手続法の側面から見た場合）

さらにactioは当該訴えの基礎にある権利をも意味する。

　　すなわち　　actio＝訴権（Klagerecht）　　（実体法の側面から見た場合）

ローマ法においては、それぞれの要件事実ごとにそれに対応するそれぞれのactioが存在する。債権法の場合には、我々は多数のactioを扱わなければならないことになる。つまり、

　例えば、売買契約に関しては、

- **買主訴権**（actio empti）：買主より売主に対して
- **売主訴権**（actio venditi）：売主より買主に対して

　例えば、使用貸借契約に関しては、

- **使用貸借直接訴権**（actio commodati directa）：貸主より借主に対して
- **使用貸借反対訴権**（actio commodati contraria）：借主より貸主に対して

　例えば、寄託契約に関しては、

- **寄託直接訴権**（actio depositi directa）：寄託者より受寄者に対して
- **寄託反対訴権**（actio depositi contraria）：受寄者より寄託者に対して

　例えば、確定のもの certum（確定金銭 certa pecunia、確定物 certa res）を目的とする厳正債務に関しては、

- **コンディクティオ**（condictio）：そのような厳正債権の債権者より債務者に対して

　例えば、問答契約に関しては、

```
     不確定のもの（incertum）              確定のもの（certum）
        （例えば家の建築）                  （例えば1万金の給付）

    問答契約訴権（actio ex stipulatu）  │  コンディクティオ（condictio）
```

actio の法律用語としての概念は、繰り返して言えば、以下の2つの側面を持っている。
　①手続法上の意味におけるactio：訴訟を起こす手段としての訴え
　　　例えば買主訴権（actio empti）＝買主が売主を相手方として訴えることを可能にする訴訟手続上の手段
　②実体法上の意味におけるactio：当該訴えによって実現し得る債権、訴権（Klagerecht）、請求権（Anspruch）
　　　例えば買主訴権（actio empti）＝買主の売主に対する債権、例えば売買目的物給付を求める請求権

　ローマ法の特徴は、いわゆる　訴権法的思考　である。
　すなわち、原則として法律関係は権利を実現するための訴権が存在するかどうか、存在するとしてそれはいかなる訴権なのかを基準として、判断される。ローマ人が問題としたのは、近代法のように、

| 請求権（Anspruch）　ではなくて、 | 訴権（Klagerecht）actio　であった。 |
| 例えば、売主Vは買主Sに対して500金の売買代金支払を求める請求権を持つ。 | 例えば、売主Vは買主Kに対して500金の売買代金支払を求める売主訴権（actio venditi）を持つ。 |

　ローマ人は、権利（債権法で言えば個々の債権）をなお常にその権利を実現するための手段と密接に関連させて考えていた。手続法上のactioと実体法上のactioとは、未だ明確に区別されてはいなかったのである。
　例えば、次のことを知ろうとすれば、
　・売買契約に基づいて買主にはいかなる請求権が帰属するのか（あるいは逆の

言い方をするならば、売主はいかなる義務を負うのか）？
　　→そのための訴えである**買主訴権**を調べなければならない。
　・問答契約に基づいて債権者にはいかなる請求権が帰属するのか？
　　→そのための訴えである**問答契約訴権**または**コンディクティオ**を調べなければならない。

　それぞれの債務関係にはそれに対応するそれぞれの訴権があり、そして古典期の方式書訴訟手続が用いられていた時代には、それぞれの訴権に、それに対応する**特定**の**方式書**が存在した。各訴権のための模範となる方式書は法務官告示で公表された。したがって訴訟を提起しようとする者は、告示を見て以下の情報を入手することができたのである。

　・訴えようとしている事案に関して、そもそも該当する訴権が存在するのかどうか、
　・存在したならば、次に模範となる方式書から、いかなる前提のもとどの範囲で法的保護を期待することができるのかを知ることができる。

　このようにローマ法においては訴権法的な思考が支配し、各訴権の内容は方式書において確定されているので、それぞれの法律関係、したがってまた債務関係がどのように扱われるかは、当該訴訟方式書の内容如何にかかっていることになる。ローマ債権法の基本的な分類および構造の多くは、訴訟方式書の機能を知らなければ理解することができない。そこで、まず以下で簡単に方式書について学ぶことにしよう。

第2節　訴訟方式書の機能

ローマの民事訴訟手続は、以下の2つの段階に分かれる。
　①法務官の面前において行われる**法廷手続**（in iure）
　②審判人の面前において行われる**審判人手続**（apud iudicem）
　最初の手続においては、原告、被告および法務官が協力して、判決を下す審判人を指名し、この審判人のために訴訟プログラムを定める。古典期においてこの訴訟プログラムは方式書として作成される。両当事者は第1段階の手続の最後、いわゆる争点決定（litis contestatio）において訴訟プログラムに従うことを約束する。

　例えばもし買主が売買目的物の給付を求めて売主を訴えたとすれば、方式書として作成される訴訟プログラムは、以下のように書かれる。

買主訴権の方式書

ティティウスが審判人となれ。	審判人の指名
アウルス・アゲリウス（＝原告）がヌメリウス・ネギディウス（＝被告）から当該目的物を購入したがゆえに、	請求原因の表示（要件事実の記述）
それゆえに被告が原告に信義誠実に基づいて与え為すことを要するものは何であれ、	請求の表示（請求の内容）
審判人よ、それについて被告が原告に責あるものと判決せよ。もし明らかでないならば免訴せよ。	判決権限の付与

　例えば消費貸借の貸主が、交付した1万金の返還を求めて借主を訴えるとするならば、その訴訟プログラムは、以下のようになる。

コンディクティオの方式書

テイティウスが審判人となれ。	審判人の指名
もしヌメリウス・ネギディウスがアウルス・アゲリウスに1万金を与えることを要することが明らかならば、	請求の表示
審判人よ、ヌメリウス・ネギディウスがアウルス・アゲリウスに1万金の責あるものと判決せよ。もし明らかでないならば免訴せよ。	判決権限の付与

　以上のように、方式書は判決を下すべき審判人に対する二者択一の指令の形を取っており、有責判決を下すための前提条件が書かれている。

　第2の手続（審判人手続）は、当該訴訟プログラムに従って審判人の前で行われる。原告は証明手続の段階で、方式書に書かれた有責判決の前提条件を証明しなければならない。

・第1の例では、当該目的物に関する有効な、そして被告により未だ履行されていない売買契約の締結を証明しなければならない。
・第2の例では、被告が1万金の債務を負っていることの証明である。

　証明に成功し、これによって方式書に記載されている有責判決の前提が具備されていることが審判人に示されたならば（もし明らかならば si paret）、審判人は方式書記載の通りに被告に有責の判決を下さなければならない。すでに述べたように、古典期の方式書訴訟においては常に金銭をもって判決の内容を決めなければならず、当該目的物それ自体について有責判決を下すことはできない。

・第2の例では、判決は方式書に従い1万金について下される。
・第1の例では、判決内容は「信義誠実に基づいて与え為すことを要するものは何であれ」である。このように判決内容が不確定で裁量の幅が広くなるよう表現されているので、審判人としては金銭で判決を下す際に売買目的物自体の価額のみならず、必要とあればそれを上回る原告の損害を顧慮することができる。また、履行されなかった従たる義務についても考慮に入れることができる。

以上挙げた2つの例を比較検討すれば、次のことが分かる。

買主訴権の場合	コンディクティオの場合
請求は不確定のものとして書かれている。「与え為すことを要するものは何であれ」 　この場合を**不確定方式書**（formula incerta）という。	請求は厳密に定められている。 「1万金（確定金銭）」 　この場合を**確定方式書**（formula certa）という。

両方式書にはさらに以下の違いが見られる。

買主訴権の場合	コンディクティオの場合
信義誠実bona fides（信義の原則）に照らして判断するよう指示されている。 　この場合を**誠意訴権**（誠意訴訟 iudicium bonae fidei）という。	そのような指示は含まれていない。 　この場合を**厳正訴権**（厳正訴訟 iudicium stricti iuris）という。

第3節　訴権の消耗

　ある特定の債権を実現するための当該訴権は、原則として1度限りでしか付与されない。争点決定によって訴権は消耗する。同一の訴訟目的物についてさらにもう1度訴権が付与されることはない（同一物について訴権は2度存在しない〔訴訟は2度行われない〕de eadem re ne bis sit actio：簡略な表現で ne bis in idem）。
　訴権消耗の効果は、審判人手続における結果がどうであったかとは関係なく発生する。したがって、たとえ（理由はどうであれ）被告有責の判決が下されなかった場合、あるいはそもそも判決が下されなかった場合でも、訴権は消滅する。

第4節　過多請求（pluris petitio）

　過多請求とは、負っている以上のものが訴えられた場合を言う（物の過多請求 pluris petitio re）。例えば債権者Gが1万金を求めて債務者Sをコンディクティオにより訴えたとする。両当事者は争点決定において以下の方式書に服した。

> 　ティティウスが審判人となれ。
> 　もしヌメリウス・ネギディウスがアウルス・アゲリウスに1万金を与えることを要することが明らかならば、
> 　審判人よ、ヌメリウス・ネギディウスがアウルス・アゲリウスに1万金の責あるものと判決せよ。もし明らかでないならば免訴せよ。

　ところが審判人手続において、SはGに1万金ではなくて9,000金の債務を負っていることが明らかとなった。

【問題】方式書の文言をよく見て、審判人がいかなる判決を下すべきか、正解に
　　　☑ を付けなさい。
　　　☐ 審判人は1万金の有責判決を下さなければならない。
　　　☐ 審判人は9,000金の有責判決を下さなければならない。
　　　☐ 審判人は免訴を言い渡さなければならない。

　古典期ローマ法において正解は「免訴判決」である。すなわち、方式書には以下の2つの選択肢しか存在しないからである。

　　　　1万金の債務が証明されたならば　　　　→　　有責判決
　　　　1万金の債務が証明されなかったならば　　→　　免訴判決

　コンディクティオの方式書は厳正法に属しているので、この場合には厳格な解釈原理が妥当する。審判人には裁量の余地がまったくない。したがって9,000金

の債務しかなければ、審判人としては免訴を言い渡さなければならない。これは原告にとってきわめて不利益な結果をもたらす。なぜなら9,000金を求めてもう1度訴えることはもはやできないからである。つまり最初の訴権は争点決定により消耗したからである。過多請求のこの（全面敗訴という結果を伴う）リスクは、確定金銭または一定量の代替物を目的とする厳正訴権の場合に存在する。

不確定方式書を用いる訴訟においては、過多請求のリスクは存在しない。方式書において請求内容は数字で決められているのではなく、請求額、すなわち有責判決の額を調べることが審判人に委ねられているからである。すでに見たように、不確定方式書の例として挙げたものには「ヌメリウス・ネギディウスがアウルス・アゲリウスに与え為すことを要するものは何であれ」という文言が含まれていた。

【注意】過多請求の概念　過多請求は原告が多く請求した場合に生じるだけではなく、さらに誤った請求をしたその他の事案もまた過多請求の概念の中に入れられている。ガーイウスは過多請求を以下の4つに分類している。
① 物の過多請求（pluris petitio re）実際に負うよりも多く請求された場合。例えば9,000金ではなく1万金。
② 時期の過多請求（pluris petitio tempore）原告が期日到来前に請求した場合。
③ 場所の過多請求（pluris petitio loco）原告が、給付されるべき場所とは異なる場所（例えばアレキサンドリアではなくて、ローマ）で請求した場合。
④ 状況の過多請求（pluris petitio causa）原告が、債務者に帰属する選択権を行使した場合。例えば、選択債務として奴隷ティティウスまたは奴隷パンフィッルスが債務として負われていた。選択権は債務者にあった。しかるに原告は（両者を選択的に請求するのではなく）奴隷パンフィッルスを請求した。

第5節　方式書についての基礎知識

以下で、債権法を理解するために必要な限りで方式書について説明することにしよう。さらに詳しい説明は訴訟法の講義に譲る。まず基本原則として、債権に

基づく訴えはすべて**対人訴権**であることを確認しておきたい（これに対して物権を基礎とするのが**対物訴権**である）。

法律に基礎を置く方式書 formula in ius concepta	事実に基礎を置く方式書 formula in factum concepta
この方式書は**法**に基づくよう指示する。債権法の場合、方式書は有責判決の条件として**市民法**（ius civile）に基づく**義務**を挙げる。そのことを示す用語が、 　「要することoportere」である。	この方式書においては有責判決を下すための条件となる要件事実が挙げられている（このような方式書は法務官法に属す）。
もし要することが明らかならば 　→審判人よ有責判決を下すべし もし明らかでないならば 　→審判人よ免訴せよ	もし要件事実1、2、3が明らかであるならば 　→審判人よ有責判決を下すべし もし明らかでないならば 　→審判人よ免訴せよ

【注意】ときに同一の契約のために法律に基礎を置く方式書と事実に基礎を置く方式書とが並存する場合が見られる。例えば、使用貸借契約に基づく訴権、寄託契約に基づく訴権である。

訴権の法的基礎に基づく区別

市民法訴権（actio civilis）	名誉法訴権（actio honoraria）
市民法がこれらの訴権の基礎となっている。 【注意】法律に基礎を置く訴権（actio in ius concepta）という概念と市民法訴権という概念は、ほぼ重なり合う。	法務官の職務権限がこれらの訴権の基礎。 　法務官法訴権とは、 ①**事実に基礎を置く訴権**（actio in factum concepta）

これに対して事実に基礎を置く訴権の概念と名誉法訴権の概念はぴったりとは重ならない。	②市民法訴権の変形、例えば、 ・**擬制訴権**（actio ficticia）：方式書に擬制を含み、この擬制によって市民法訴権の要件の欠如が補われる。例えば外人を相手方とする訴権における市民権の擬制 ・**準訴権**（actio utilis）および**模倣された訴権**（actio ad exemplum）：法務官が市民法訴権を模倣した訴権を付与する場合 ③個々の事案を契機として具体的な訴訟のために付与され、新たに作られた（狭義の）**事実訴権**（actio in factum）

第6節　方式書と給付の範囲

　原告の請求内容は「請求の表示」に記載されている。審判人の任務は、義務の存否を調べ、それが肯定されるならばその範囲を確定し、これを金銭に評価してその額を判決において示すことにある。それぞれの方式書ごと、審判人が給付額を調べる際の裁量の余地に違いが見られる。

　1) **確定金銭**の給付を求める方式書においては、審判人に裁量の余地はない。
　　例えば、

　　もし1万金を与えることを要することが明らかならば　→　1万金の有責判決

　この場合、給付の範囲はすでに確定額として方式書の中に書かれているので、審判人はこの額で有責判決を下すか、あるいは免訴判決を下すかの二者択一の選択しかできない。また過多請求の場合にも免訴判決が下されることになる。

2) 確定物（certa res）の給付を求める方式書においても、審判人には裁量の余地がほとんどない。例えば、

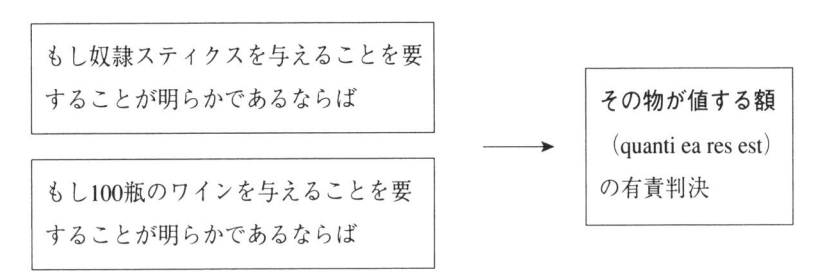

| もし奴隷スティクスを与えることを要することが明らかであるならば | → | その物が値する額（quanti ea res est）の有責判決 |
| もし100瓶のワインを与えることを要することが明らかであるならば | | |

ここで訴えようとしている債権は金銭債権ではなくて、以下の給付を求めるものである。
①特定物（第1の例での奴隷スティクス）
②種類を特定された物の一定量（第2の例の100瓶のワイン）

したがって、金銭についてしか有責判決を下すことができない審判人に対して、その金額を調べるよう方式書において指示がなされている（その物が値する額 tantam pecuniam, quanti ea res est）。「その物が値する est（値するであろう erit）額」という表現の意味を、ローマ人は基本的には次のように理解していた。すなわち、争点決定時における物の客観的価額（値する）、ないし判決時におけるそれ（値するであろう）である。この額は、審判人が金銭評価をして調べる。通例この種の方式書においては、（例えばこの価額を上回る損害を原告が被ったとしても）審判人が客観的価額以外に他の要素を考慮することはできない。

3) 被告の給付義務が方式書に次のように書かれている場合、審判人の裁量の余地はいくらか広くなる。
 ①返還すること（reddere）＝返還すること
 ②回復すること（restituere）＝適時に（すなわち争点決定時に）給付がなされたであろうならば、そうであったはずの状態に原告を戻すこと。

この場合、審判人は物の価額だけに制限されることなく、金銭評価にあたってその他の事情を考慮することができる。例えば、物から生じた果実、返還されるべき物の状態が悪化したという事情。

4) 審判人の裁量の自由がもっとも広いのは、給付の範囲が「請求の表示」において特定されておらず、範囲の決定が審判人に委ねられている場合である。この種の訴訟は、**不確定のもの**（incertum）の給付を目的とする。不確定方式書には、次の2つの種類がある。

誠意条項が付加されていないもの	付加されているもの
被告が与え為すことを要するものは何であれ	信義誠実に基づいて被告が与え為すことを要するものは何であれ

以上をまとめれば、訴権は次頁のように分類される。

第 2 章　訴権法体系の諸基礎　17

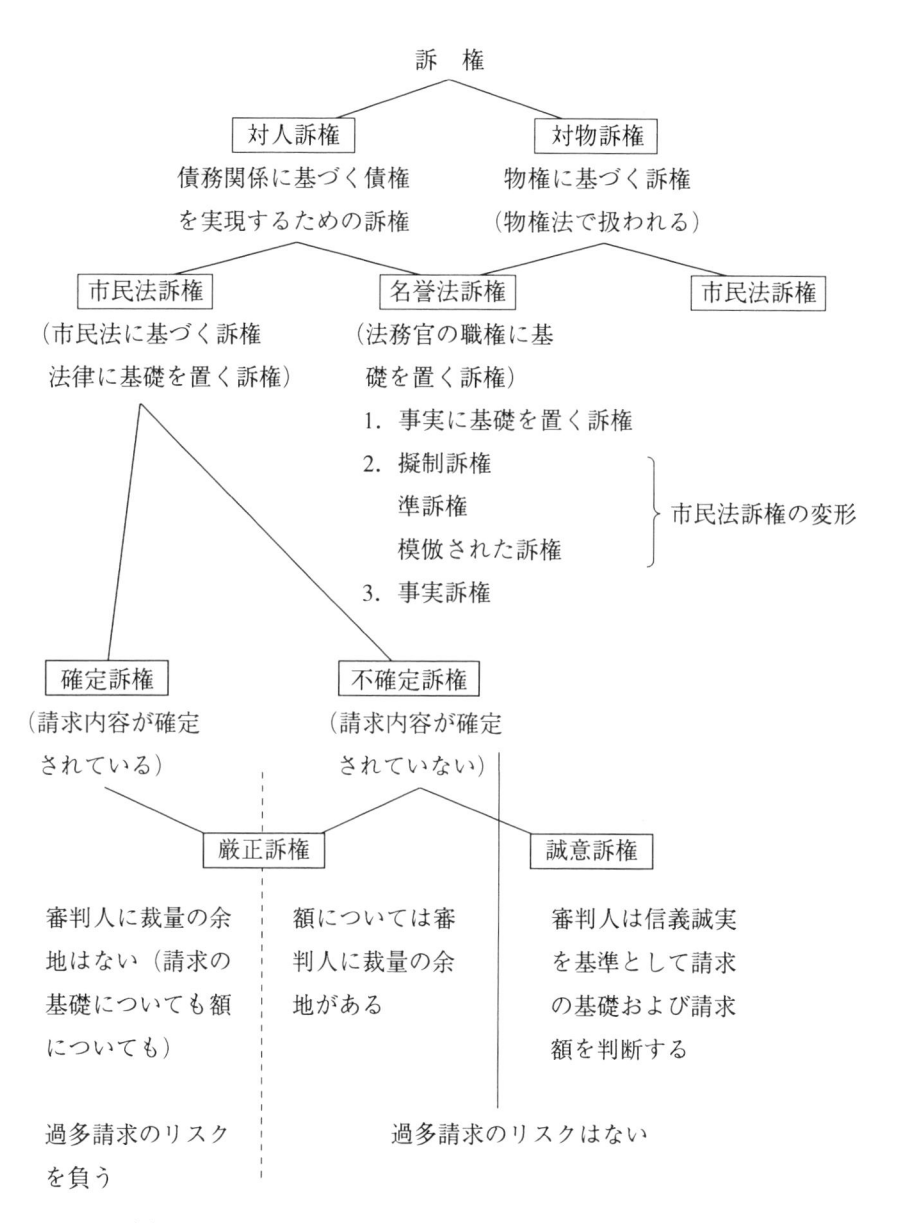

```
                        訴　権
              ┌──────────┴──────────┐
           対人訴権                  対物訴権
        債務関係に基づく債権        物権に基づく訴権
        を実現するための訴権       （物権法で扱われる）
     ┌────────┼────────┐
   市民法訴権   名誉法訴権      市民法訴権
 （市民法に基づく訴権  （法務官の職権に基
  法律に基礎を置く訴権） 礎を置く訴権）
                    1. 事実に基礎を置く訴権
                    2. 擬制訴権    ┐
                       準訴権     ├ 市民法訴権の変形
                       模倣された訴権 ┘
                    3. 事実訴権
   ┌────────┴────────┐
 確定訴権              不確定訴権
（請求内容が確定       （請求内容が確定
 されている）           されていない）
                    ┌────────┴────────┐
                  厳正訴権              誠意訴権
```

確定訴権側	厳正訴権	誠意訴権
審判人に裁量の余地はない（請求の基礎についても額についても）	額については審判人に裁量の余地がある	審判人は信義誠実を基準として請求の基礎および請求額を判断する
過多請求のリスクを負う	過多請求のリスクはない	

＊以上のまとめについては、シュティーグラー（H. Stiegler）教授に心より謝意を表する。教授作成によるこの図表の使用について、教授よりご快諾をいただいた次第である。

第7節　コンディクティオ（condictio）についての基礎知識

(1) 通告による法律訴訟（legis actio per condictionem）

　この訴訟は法律訴訟の中の1つの種類であり、特殊な手続である。この手続においては、まず30日目を審判人任命の日とすることが定められる。場合によっては、この間に穏便な解決を図ることができるようにと、期間が設けられている。すなわち30日目を期日として通告する（condicere in trigensimum diem）。この手続は、市民法上の義務「与えることを要すること（dare oportere）」に基づくところの、確定金銭または確定物を求める請求の場合（例えば消費貸借契約、問答契約、文書契約、窃盗）に適用される。

(2) 古典期のコンディクティオ

　古典期の方式書訴訟手続においては、コンディクティオとは方式書の中のある特定の類型を意味した。その類型とは、以下の特徴を持つ方式書である。

- **厳正法上**の対人訴権で、
- 原告に対する被告の「与えることを要する」義務、すなわち古ローマ市民法上の所有権を供与する（＝与える dare）**市民法上の義務**（＝要すること oportere）を対象とし、
- **確定のもの**（確定物、確定金銭）の請求を目的とする、
- 義務発生の具体的原因が方式書に記載されていない、すなわち**抽象的**な方式書をいう。

例えば、以下の方式書が、その代表的なものである。

確定金銭のコンディクティオ（condictio certae pecuniae）の方式書

> もし被告が原告に1万金を**与えることを要する**ことが明らかならば、審判人よ、被告が原告に1万金の責あるものと判決せよ。もし明らかでないならば、免訴せよ。

原因の記載がないためにコンディクティオの適用範囲は広い。ある者が市民法上の債務を原因として確定金銭、確定物を与える義務を負っているならば、いかなる場合でも、この訴訟を提起することができる。これに該当するのは以下の場合である。

①消費貸借契約（この場合には**確定貸金訴権**actio certae creditae pecuniaeとも呼ばれる）
②確定物の問答契約
③文書契約（消費貸借として金銭を支払ったことにして行われる借方記入）
④不当利得：狭義のコンディクティオ　例えば非債弁済の不当利得返還請求訴権condictio indebiti（債務者ではないのに誤って支払った場合）
⑤窃盗：盗の不当利得返還請求訴権condictio furtiva（物追求訴権であり、窃盗の場合にはこれとは別に罰訴権としての盗訴権actio furtiが存在する）

（3）不当利得返還請求としてのコンディクティオ

適用事例の④不当利得を契機として、（狭義の）コンディクティオは**不当利得に基づく訴権ないし請求権**を意味するものと理解されるようになった。例えば「債務がないのに履行された給付を返還請求する」という場合に、「コンディクティオする（kondizieren）」と表現された。なお、下記310頁以下を参照。

第8節　練習問題その1（復習）

【問題1】　GはSに1万金を貸した。Sは約束した支払期日に借りた金を返還しなかった。債権者Gは債権実現のために以下の訴えを起こすことができる。

20　第1部　債権総論

> もし被告が原告に1万金を与えることを要することが明らかならば、
> 　審判人よ、被告が原告に1万金の責あるものと判決せよ。もし明らかでないならば免訴せよ。

これは、_____の方式書である。

　この訴権は何か。正しい方をチェックせよ。
① □　対人訴権　　　　　□　対物訴権
② □　市民法訴権　　　　□　名誉法訴権
③ □　確定訴権　　　　　□　不確定訴権
④ □　厳正訴権　　　　　□　誠意訴権

　審判人手続において原告は債務証書を提出した。これにより次の事実が明らかとなった。
⑤Sは1万金を受け取った。
⑥Sは9,000金を受け取った。
⑦Sは1万1,000金を受け取った。
⑧Sは1万金を受け取ったが、さらに債務者が6％の利息を支払うべきことが付記されていた。
　→　審判人が下す判決は何か。

【解答】コンディクティオ（condictio）の方式書
①対人訴権　　②市民法訴権　　③確定訴権：確定金銭　　④厳正訴権：方式書には誠意条項が含まれていない。審判人は方式書の文言に厳格に拘束され、何ら裁量の余地はない。
⑤1万金の有責判決
⑥被告免訴の判決（過多請求）
⑦1万金の有責判決（1万1,000金を負っているのであれば1万金も負っている）
⑧1万金の有責判決　消費貸借を原因としてコンディクティオにより訴える場合には、原則として交付したそのものしか請求することができない。方式を践まずに合意された利息は、厳正債務の場合には訴求できない。もし利息の合意を訴求可能なものとしたければ、問答契約という形式を用いなければならない。

【問題2】4月1日に売主Vは買主Kと奴隷スティクスの売買契約を締結し、奴隷をKに引き渡した。代金として5,000金が合意された。代金支払は4月30日

と定められた。

(設例1) 催告したにもかかわらず、Kは4月30日に支払わない。
(設例2) Kは4月30日に4,000金しか支払わなかった。
Vは自己の債権を実現するために以下の訴権を用いることができる。

> 原告が被告に当該奴隷スティクスを売却したがゆえに、
> それゆえに被告が原告に信義誠実に基づいて与え為すことを要するものは何であれ、
> 審判人よ、それについて被告が原告に責あるものと判決せよ。もし明らかでないならば免訴せよ。

これは、_____の方式書である。
_____契約に基づく_____の訴え

この訴権は何か。正しい方をチェックせよ。
① □ 対人訴権　　□ 対物訴権
② □ 市民法訴権　□ 名誉法訴権
③ □ 確定訴権　　□ 不確定訴権
④ □ 厳正訴権　　□ 誠意訴権

⑤設例1において審判人が下すべき判決は何か。
_____

⑥設例2において審判人が下すべき判決は何か。
_____

【解答】売主訴権（actio venditi）の方式書：売買契約に基づく売主の訴え
①対人訴権　②市民法訴権　③不確定訴権：請求の目的は「被告が原告に信義誠実に基づいて与え為すことを要するものは何であれ」であり、審判人は判決においてあらゆる状況を考慮して給付内容を決定しなければならない。
④誠意訴権：審判人は請求の原因および範囲を判断するに際して、広い裁量権を持っている。
⑤少なくとも5,000金についての判決。誠意条項に基づき、さらに未払代金の利息についても判決することができる（D.19,1,13,20）。

⑥ 1,000金および利息についての判決。給付内容を決定するに際して、もちろん審判人はKが代金の一部を支払ったことを考慮に入れなければならない。

【問題3】 売主Vと買主Kとの間で奴隷スティクスの売買契約が締結された。スティクスの市場価格は1万1,000金である。

（設例1）合意された売買代金1万をKは直ちに支払った。スティクスの引渡しおよび所有権の譲渡は4月30日に行われるべきことが定められた。
（設例2）代金の支払および引渡しが4月30日と定められた。
　Vは4月30日に、催告されたにもかかわらずスティクスを給付しない。Kは告示の中に以下の方式書の雛形を見つけた。

| 原告が被告から当該奴隷スティクスを購入したがゆえに、
　それゆえに被告が原告に信義誠実に基づいて与え為すことを要するものは何であれ、
　審判人よ、それについて被告が原告に責あるものと判決せよ。もし明らかでないならば免訴せよ。 | これは、
――――――
の方式書である。
――――契約に
基づく――――の
訴え |

　この訴権は何か。正しい方をチェックせよ。
① □ 対人訴権　　　□ 対物訴権
② □ 市民法訴権　　□ 名誉法訴権
③ □ 確定訴権　　　□ 不確定訴権
④ □ 厳正訴権　　　□ 誠意訴権

⑤設例1の場合はどういうことになるか。
――――――――――――――――――――――――――――――

⑥設例2の場合はどういうことになるか。
――――――――――――――――――――――――――――――

第 2 章　訴権法体系の諸基礎　23

【解答】買主訴権（actio empti）の方式書：売買契約に基づく買主の訴え
①対人訴権　　②市民法訴権　　③不確定訴権　　④誠意訴権
⑤Kは買主訴権によって訴える。審判人は1万1,000金の判決を下す。これはVの債務不履行である。金銭判決（condemnatio pecuniaria）の原理に従い、審判人は奴隷の給付について判決を下すことはできず、ただ金銭をもって判決するしかない。方式書の文言から、物の価額の他にさらに履行利益についても判決を下すことができる。すなわちKは、もし債務の本旨に従った履行がなされたとしたならば、そうなったであろう財産状態におかれなければならない（Ulp.D.19,1,1pr.〔法文は77頁にある〕参照）。
⑥買主Kは代金支払を申し出てはじめて買主訴権を提起することができる。審判人は1万1,000金について判決を下すことになる。売主Vの給付義務と買主Kの反対給付義務とは牽連関係に立っている。Kは売買代金を支払う用意がある場合に限り、買主訴権を付与される。

【問題4】Gは休暇旅行の間Sのもとに真珠を預けた。Gは旅行から帰ってきたが、Sは真珠を返さない。

①この事例で締結されたのは、＿＿＿＿＿＿＿＿契約（depositum）である。
　寄託者Gは受寄者Sを相手方として、返還を目的とする以下の2つの訴権を用いることができる。

| もし原告が被告のもとに当該真珠を寄託し、かつその物が被告の悪意（dolus malus）により原告に返還されていないことが明らかであるならば、その物が値するであろう額について、審判人よ、被告が原告に責あるものと判決せよ。もし明らかでないならば免訴せよ。 | 原告が被告のもとに当該真珠を寄託したがゆえに、それゆえに被告が原告に信義誠実に基づいて与え為すことを要するものは何であれ、審判人よ、それについて被告が原告に責あるものと判決せよ。もし明らかでないならば免訴せよ。 |

両者はどのような訴権か。それぞれ正しい方をチェックせよ。

② □ 対人訴権　　　　　　　　⑤ □ 対人訴権
　□ 対物訴権　　　　　　　　　□ 対物訴権
③ □ 法律に基礎を置く訴権　　⑥ □ 法律に基礎を置く訴権
　□ 事実に基礎を置く訴権　　　□ 事実に基礎を置く訴権
④ □ 確定訴権　　　　　　　　⑦ □ 確定訴権
　□ 不確定訴権　　　　　　　　□ 不確定訴権

【解答】①寄託契約　　②対人訴権　　③事実に基礎を置く訴権　この方式書は法務官によって創られたものであり、そこには有責判決の前提となる要件事実、すなわち　1. 寄託したこと　2. 悪意により返還されないことが挙げられている。　④基本的には確定訴権である。なぜなら、確定物の返還義務が問題とされているからである。しかし、「返還する reddere」という義務の場合には、金銭に評価する際に審判人に裁量権が認められており（「当該の物が値するであろう額について」、「値する額」ではない）、純粋な物の価額を下回ることも、上回ることも裁量の範囲内であると理解されている。　⑤対人訴権　⑥法律に基礎を置く訴権　この方式書では「要すること」つまり市民法上の義務が指示され、また「請求の表示」の前に寄託契約の締結を示す「請求原因の表示」が置かれている。　⑦不確定訴権（誠意条項つき）

第9節　練習問題その2（抗弁 exceptio）

　これから述べる設問を解くためには、前提として、**無方式の免除約束**（pactum de non petendo〔訴えないという合意＝免除、猶予〕）に関する知識を必要とする。まずそれを説明することにしよう。

　今日では当然に債権者は債務者に債権を免除し、あるいは猶予することができる。前者ではこれにより債権が消滅し、後者では履行期および訴求可能期日の到来が延期される。ローマ法においては市民法と法務官法との間に対立関係があるため、次のような結果が生じる。市民法上そのほとんどの事例において債務関係を消滅させることができるのは、**要式免除行為**（例えば、銅と衡による解放 liberatio per aes et libram、受領問答契約 acceptilatio）である。当事者間の無方式の合意約束 pactum（無方式の免除約束）による免除あるいは猶予は、市民法上は何

の効力も持つことができなかった。つまり、そのような約束をしたにもかかわらず、市民法上依然として債権は存続したのである。しかし、法務官法上はそのような免除ないし猶予は有効であった。

【問題5】Gは返済期日を4月30日としてSに1万金を貸した。ところが4月30日に以下の合意が当事者間でなされた（そしてSはこれを証明することができる）。
・1万金の債務は免除されるものとする。
・1万金は12月1日にはじめて返還されるものとする。

さて、にもかかわらずGが、例えば6月1日にSに対して1万金の返還を求めて訴えたとする。この場合にGが用いることのできる方式書は、

①＿＿＿＿＿＿＿＿＿＿であり、その文言は以下の通りである。

| もし被告が原告に1万金を与えることを要することが明らかならば、 | 請求の表示 |
| 審判人よ、被告が原告に1万金の責あるものと判決せよ。もし明らかでないならば免訴せよ。 | 判決権限の付与 |

②審判人はいかなる判決を下すことになるか。

【解答】①コンディクティオ（確定のものcertumを与えるdareことを求める市民法・厳正訴権）の方式書
②審判人は被告に1万金の**有責判決を下す！！！** 方式書に従えば、審判人は1万金を与える市民法上の義務が存在するかどうかを調べなければならない。今の事例において答えはイエスである。なぜなら単なる合意（pactum）は市民法上効力がないからである。したがって審判人としては、合意があったとしても方式書記載の通りに市民法上の債務がなお存続するとして、市民法上の義務を肯定し、したがって有責の判決を下さなければならない。

厳正訴権の方式書であるということも、このことと関係する。すなわち審判人には何らの裁量の余地もないからである。もし誠意条項が含まれていたとすれば、審判人は次のように判断することができたであろう。すなわち、「免除ないし猶予したにもかかわらず、その後約束に反して訴えるような債権者は、約束遵守の義務を守らず、したがって信義誠実の原則に反した行為を行った。免訴とすべきである」、と。しかし、厳正訴権の場合には審判人はそのような判断を下すことはできない。審判人はただただ方式書の文言に従うしかないのである。

しかし法務官は、審判人に対するこのような拘束を受けない。法務官による法創造活動は認められている。有名な言葉によれば、法務官は、

・市民法を助けるために（iuris civilis adiuvandi causa）
・市民法を補うために（iuris civilis supplendi causa）
・市民法を修正するために（iuris civilis corrigendi causa）活動する（D.1,1,7,1）。

したがって、もし審判人という判断装置に、厳正訴権（コンディクティオ）の方式書としてはいわば誤ったプログラムが入力されれば、法務官としては正しいプログラムが入力されたことを意味する。先の事例で言えばこうである。被告Sの申出により、方式書の中に締結された無方式合意、つまり免除、猶予の合意に関係する文言を挿入すればよい（「**法務官は被告に抗弁 exceptio を付与する**」）。

抗弁が挿入されると、方式書は以下の通りとなる。

第2章　訴権法体系の諸基礎　27

もし被告が原告に1万金を与えることを要することが明らかならば、	請求の表示
しかしてもし原告と被告との間にその金銭は請求されてはならないとの合意がなされていないならば、	抗弁（exceptio）
審判人よ、被告が原告に1万金の責あるものと判決せよ。もし明らかでないならば免訴せよ。	判決権限の付与

【問題6】　さて、この場合には審判人の判決はどうなるであろうか。

【解答】審判人は被告Sに免訴の判決を下す。
　　方式書には、合意に関する、有責判決の前提となる否定的な条件「もし合意がなされていないならば」が挿入されている。したがって審判人には、「もし免除、猶予がなされたならば、有責判決を下してはならない」というプログラムが入力されたことになる。

　ここで挙げた抗弁はいわゆる**合意約束の抗弁**（exceptio pacti conventi）と呼ばれるものである。つまり、被告は無方式の免除約束を引き合いに出している。

　抗弁とは、方式書中に挿入される有責判決の「例外」を示す部分である。抗弁は、有責判決が下されるための条件を示す部分ではあるが、「請求の表示」とは反対に否定のかたちで書かれている。抗弁中の事実が存在しない場合にのみ、審判人は有責判決を下し、存在する場合には免訴判決を下さなければならない。法務官は、原告に対しては権利実現のための手段として訴権を付与するが、他方被告に対しては、場合によっては防御の手段として抗弁を付与する。通常、抗弁中に挙げられている事実（上述の事例では免除、猶予）は、被告が証明しなければ

ならない。法務官は、抗弁を付与することによって、もし市民法が厳格に適用されたならば生じることになる不都合な結果を、回避することができる。上述の事例では、市民法上は効力のない（したがってなお債務を存続させる）無方式の免除約束が、法務官が抗弁を付与したがゆえに、法務官法上有効なものとなったのである。

抗弁の中で特に重要なものは、**悪意の抗弁**（exceptio doli）である。抗弁事実は原告の悪意ある行為である。審判人は、原告側に悪意がない場合に限り、有責判決を下さなければならない。悪意の抗弁は、原告の悪意ある行為が行われるその時点に従い、以下の2つに分類される。

　　　特殊的（過去の）悪意の抗弁　　　一般的（現在の）悪意の抗弁
　　　exceptio doli specialis（praeteriti）　exceptio doli generalis（praesentis）

両者を含む抗弁の文言は以下の通りである。

```
もしこの事件につき何ごとも原告の悪意により
　　なされたことがなく、　　また　　なされることがないとすれば
```

「なされたことがなく」　　　　　　　「なされることがない」
　この文言は**訴訟以前の悪意**に関する（過去における悪意）。　　　　　この文言は**訴えの提起それ自体により生じる悪意**に関する。
　例えば、原告が詐欺により契約を締結させた場合である。

悪意の抗弁の例
問答契約は、債権者の問いに債務者が答えるという形式で締結される契約である。その際一定の決まった言葉を用いなければならない。

　債権者の問い「君は私に1万金が支払われることを誓約するか」
　債務者の答え「私は誓約する」

確定のものの給付を目的とするこの問答契約から、コンディクティオと言う訴権が債権者に帰属する。

【注意】問答契約においては、なぜ債務者が1万金の債務を負うのか、その原因（causa）がそこからは分からないような表現を用いることが許されている。こうした表現が使われた場合、その問答契約は無因の、すなわち原因から独立した行為である。

【問題7】SはGに、問答契約によって1万金の支払を約束した。Sがこの約束をしたのは、Gから何らかの給付、例えば金銭の貸付、エジプト産の穀物の給付を期待してのことであった。しかし、問答契約を締結するに際してその支払約束とこの期待とが関連していることを示さなかった。GはSが期待していた給付をしなかった（例えば貸付金を支払わない、確かに穀物は給付されたが、それはGが請け合ったエジプト産ではなくてガリア産であり、まったく使いものにならない）。

Gは、問答契約に基づき1万金の支払を求めてSを訴えた。

コンディクティオcondictioの方式書の記載

①悪意の抗弁がない場合

> もし被告が原告に1万金を与えることを要することが明らかならば、
>
> 審判人よ、被告が原告に1万金の責あるものと判決せよ。もし明らかでないならば免訴せよ。

②悪意の抗弁が挿入された場合

> もし被告が原告に1万金を与えることを要することが明らかならば、
>
> しかしてもしこの事件につき何ごとも原告の悪意によりなされたことがなく、またなされることがないとすれば、
>
> 審判人よ、被告が原告に1万金の責あるものと判決せよ。もし明らかでないならば免訴せよ。

審判人はいかなる判決を下すことになるか。

①_____ ②_____

【解答】①1万金の有責判決　審判人は方式書記載の通りに1万金の市民法上の義務が存在するかどうかを調べることしかできない。そのような義務は問答契約に基づき発生する。問答契約の表現には原因 causa（目的、法律上の原因）が示されていないので、この義務は無因のものである。厳正訴権の方式書では、審判人がその他の事情、特に原因を考慮することは許されていない。
②免訴判決　確かに審判人は市民法上の義務の存在を肯定せざるを得ない。しかし審判人が有責判決を下すことを許されているのは、原告に悪意がない場合に限ってのことである。債権者Gは、消費貸借として金銭を貸してはいないのに、ないし期待された反対給付をしていないのに、1万金を求めて訴えたとすれば、彼の行為は悪意によるものである。悪意は過去にではなくて、訴えの提起それ自体にある（現在の悪意＝一般的悪意）。したがって審判人は抗弁に基づき免訴判決を言い渡さなければならない。

　厳正訴権は、悪意の抗弁を挿入することによって緩和され、被告の利益を守ることが可能となる。これによって審判人は、誠意訴権の場合と同じように、原告の行為やその他の状況を考慮することが可能となる。これに対して誠意訴権の場合には、悪意の抗弁を付与し、挿入する必要はない。誠意訴権においては、審判人にはじめから裁量の自由が与えられている。したがって、原告の悪意は信義誠実に反するものとして、これを顧慮することができる（いわゆる「**悪意の抗弁は誠意訴訟に内在する**」）。悪意の抗弁は、一般的なかたちで適用することができる抗弁であるが、その中のあるものは、時代の経過とともに特定の要件事実のための抗弁として独立、分離した。例えば上述の事例（消費貸借として金銭の貸付が約束され、債務者が問答契約を用いて返還を約したにもかかわらず、金銭が交付されなかった場合）においては、その後それ固有の抗弁として**金銭不受領の抗弁**（exceptio non numeratae pecuniae）が創られた。

第10節　訴権の目的

訴権の重要な分類として、さらに訴権の目的による区別がある。

物追求訴権 （actio reipersecutoria）	混合訴権 （actio mixta）	罰訴権 （actio poenalis）
訴権の目的は**財産的補償**にある。 原告は被った財産的損失の補償を求める。	この訴権は左右2つの目的、すなわち罰金と財産的補償を同時に持つ。	訴権の目的は行為者を罰することにある。 原告は**罰金**（poena）を受け取る。よく物の価額の複数倍が罰金となる（2、3、4倍）。
例えば、 ・契約訴権のほとんどすべて ・盗の不当利得返還請求訴権	例えば、 ・アクィーリウス法訴権 　（actio legis Aquiliae）	例えば、 ・盗訴権 ・暴力強奪物訴権

　契約に基づく訴権（例えば買主が、目的物を売主が給付しないとして買主訴権により売主を訴える。消費貸借の貸主が、貸し付けた金銭の返還を求めてコンディクティオにより借主を訴える）の目的は古典期にはほとんどすべてが財産的補償であり、したがって物追求訴権である。

　不法行為（例えば窃盗、物の毀損、強盗、強迫metus、悪意dolus）に基づく訴権に関しては、原則として2つの目的を考えることができる。罰訴権であることの典型的な徴表は、物の価額の複数倍（例えば2倍、3倍、4倍）が目的となっていることである（例えば盗訴権）。

【注意】不法行為である窃盗に基づいては、以下の訴権が発生する。
　　①罰訴権としての盗訴権
　　②物追求訴権としての盗の不当利得返還請求訴権
　両訴権は目的を異にしているので、重畳的に提起することができる。すなわち、被害者は盗人を相手方として盗訴権（2倍、現行犯として捕らえた場合は4倍）も、盗の不当利得返還請求訴権も提起することができる。

アクィーリウス法訴権における訴権の目的
・他人の奴隷、四足の家畜の殺害　→　算定の基礎は殺害前1年の間の
　（第1章）の場合には　　　　　　　　**最高価格**
・その他の物の毀損（第3章）の　→　算定の基礎は毀損前30日の間の
　場合には　　　　　　　　　　　　　**最高価格**（ただし、論争がある）

最高価格としているところに罰であることも含まれている。したがってアクィーリウス法訴権は2つの目的を実現するものであり、混合訴権に入れられる。

第11節　訴権の競合

（1）訴権の競合とは何か

【設例1】AはBにある物を貸した。Bはその物を壊した。この場合にはBを相手方として2つの訴権がAに発生する。

1) Bは使用貸借契約に基づく義務に違反したので、Aは使用貸借契約に基づく訴権（使用貸借直接訴権）によりBを訴えることができる。

2) さらにBは他人の物を違法かつ有責に壊したのであるから、不法行為を犯したことになる。この不法行為（不法損害 damnun iniuria datum）については、アクィーリウス法に規定がある。アクィーリウス法の規定によれば、被害者には加害者を相手方とする賠償請求権が与えられる。すなわちAはアクィーリウス法訴権によりBを訴えることができる。

ここにおいて**訴権の競合**が発生することになる。すなわち同一の事実関係から複数の異なる訴権が問題となる。

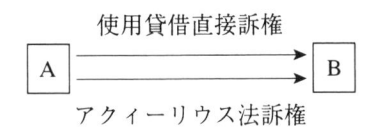

```
              使用貸借直接訴権
      ┌───┐ ──────────────→ ┌───┐
      │ A │                   │ B │
      └───┘ ──────────────→ └───┘
            アクィーリウス法訴権
```

契約に基づく使用貸借訴権と不法行為に基づくアクィーリウス法訴権との競合が生じる場合、以下の問題が起こる。

| 両訴権共に提起することができるのか。 | 一方の訴権を取れば他方の訴権は排除され、したがってAはいずれで訴えるかを決断しなければならないのか。 |
| そうだとすれば、それは重畳的競合である。 | そうだとすれば、それは選択的競合である。 |

今の例では、両訴権の目的は重なり合う。使用貸借訴権は物追求訴権であり、訴権の目的は財産的補償にある。アクィーリウス法訴権は混合訴権であり、罰金の他に財産的補償も目的としている。訴権の目的である財産的補償は一度限りでしか実現され得ないので、両訴権は選択的競合の関係に立つ。一方を提起すれば他方は排除される。

ときに排斥し合う場合の変種として、訴権相互の計算が行われる。これは当該訴権の判決額がそれぞれ異なる場合に起こり得る。上述の例では、使用貸借訴権の目的は物の価額であり、アクィーリウス法訴権も確かに物の価額であるが、それは一定期間内の最高価格である。したがってアクィーリウス法訴権の場合の方が使用貸借訴権の場合よりも判決額が多くなる可能性がある。そこでアクィーリウス法訴権を提起すれば使用貸借訴権は排除されるが、逆に使用貸借訴権を提起した場合には、アクィーリウス法訴権は物の価額の限りでのみ排除され、最高価

格から引かれた残りについてはなお訴えることができる。

【設例2】BはAの物を盗んだ。この場合Aにとって以下の訴権が問題となり得る（さらに場合によってはなお占有保護のための救済手段、特に動産占有保持の特示命令 interdictum utrubi も）。

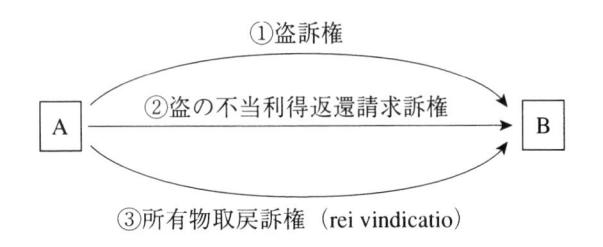

```
           ①盗訴権
      ┌─────────────────→┐
      │  ②盗の不当利得返還請求訴権  │
  [A] │─────────────────→│ [B]
      └─────────────────→┘
       ③所有物取戻訴権（rei vindicatio）
```

①盗訴権は罰訴権であり、通常の場合（非現行盗 furtum nec manifestum）には2倍額（duplum）である。

②盗の不当利得返還請求訴権は物追求訴権であり、Aは盗まれた物の価額を受け取る。物がすでに滅失している場合でも提起することができる。

③Aは当該の物の所有者として、占有する誰からも、したがって盗人からも所有物取戻をすることができる。所有物取戻訴権においては、Bがこれを返還しない場合、物の価額の他さらに損害および果実が考慮される。もっとも、物が滅失してしまったときにはもはや提起することはできない（滅失した物については所有物取戻はできない res extinctae vindicari non possunt）。

訴権②と③は共に「財産的補償」を目的とし、したがって選択的競合の関係に立つ。
訴権①と②および訴権①と③は、それぞれ目的を異にし、したがってAはいずれも提起することができる。すなわち、物を盗まれた所有者は、盗人を相手方として罰訴権である盗訴権の他にさらに盗の不当利得返還請求訴権、または所有物取戻訴権を提起することができる（重畳的競合）。

設例の1と2とはいわゆる**訴権の競合**（狭義の訴権の競合）に関する。同一の**事実関係**からいくつかの**異なる訴権**が問題となる場合である。当該訴権の目的に応じて、競合の問題は、あるいは両立しないものとして（選択的競合、設例1）、場合によってはしかし訴権相互の判決額の差引計算が行われて、あるいは両立するものとして（重畳的競合、設例2）解決される。

しかしローマ人はさらに、同一の訴権において**複数の人間**が原告、または被告として問題となり得る場合にも、これを競合の問題として捉えた。すなわち**当事者の競合**である。債権法に関して言えば、多数の債権者、または債務者が存在する事案が当事者の競合の観点から把握されることになる。

【設例3】A、B、C、Dの4人が共謀してEの物を盗んだ。
　この事例においては罰訴権としての盗訴権が各共同不法行為者について問題となる。

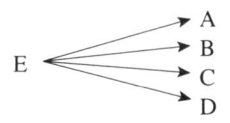

$$E \longrightarrow \begin{matrix} A \\ B \\ C \\ D \end{matrix}$$

このような場合についても、ローマ人はそれぞれ当事者を異にする訴権が競合すると表現する。この事例での競合問題は、重畳的競合として解決される。盗訴権の目的は「罰金」である。この目的は1度限りで終わりとなるのではなく、何度も追求可能である。すなわち罰訴権は原則としてそれぞれの共同不法行為者に対して累積的に存在する（重畳的競合）。

【設例4】S_1、S_2、S_3、S_4の4人が連帯して1人の債権者Gに対し1,000金の債務を負った（連帯債務とは、各債務者がそれぞれ全債務、したがって1,000金を負担し、しかし債権者は1回限りで給付を受け取る場合を言う。それゆえ債権者は誰に1,000金を請求するかを選ぶことができる）。

このような義務が問答契約によって締結されたならば、訴権としては4人の連

帯債務者それぞれに対するコンディクティオが問題となる。

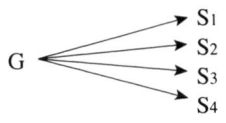

$$G \rightarrow \begin{matrix} S_1 \\ S_2 \\ S_3 \\ S_4 \end{matrix}$$

ここでもローマ人の捉え方では、多数債務者を相手方とする訴権の競合問題ということになる。この場合の競合は、排斥し合う関係に立つ（選択的競合）。債権者が債務者の中の1人を訴えると、それによって他の債務者に対する訴権が消滅することになる。古典期ローマ法においては、他の訴権消滅の効果はすでに争点決定時に自動的に発生する（市民法上の消耗効）。したがって「消耗競合」とも呼ばれる。ユ帝法では、債権者が実際に満足を得た場合にはじめて他の債務者に対する訴権が消滅する。ここでは各請求権は「弁済競合」の関係に立つ（詳細については下記136頁以下を参照）。

(2) まとめ

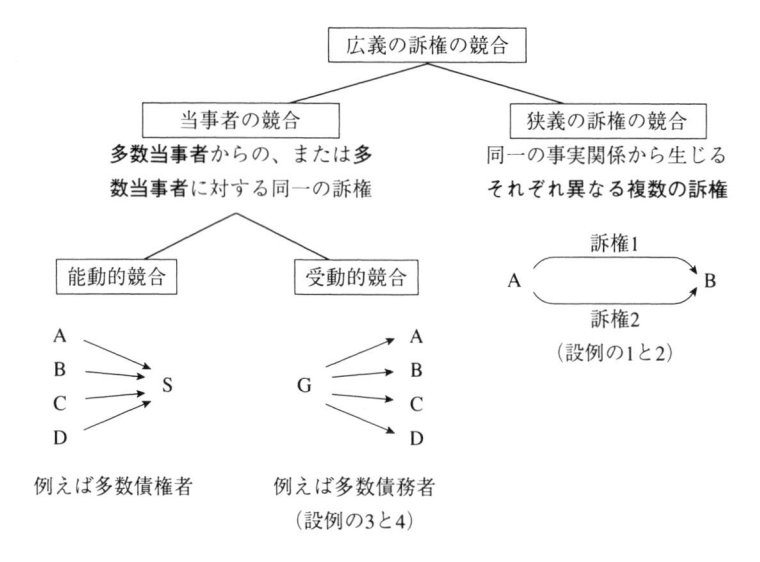

```
              広義の訴権の競合
             /              \
     当事者の競合          狭義の訴権の競合
  多数当事者からの、または多   同一の事実関係から生じる
  数当事者に対する同一の訴権   それぞれ異なる複数の訴権
    /        \
能動的競合   受動的競合           訴権1
  A\         /A            A ─────→ B
  B→S      G→B               訴権2
  C/         \C            （設例の1と2）
  D/         \D
例えば多数債権者  例えば多数債務者
              （設例の3と4）
```

（3）競合問題の解決

競合が生じた場合の解決方法は、

| 問題となり得る訴権すべて（当事者の競合では全債権者〔原告〕の、または全債務者〔被告〕の訴権）が付与される。 | 考慮される訴権の中の1つだけ（当事者の競合では1人を原告とする、または1人を被告とする訴権）が付与される。 |

以上のように解決されるとき、その競合を次のように呼ぶ。

| 重畳的競合 | 選択的競合 |

ローマ法においては、競合する訴権が排斥し合う場合でも、1つの変形として、以下のことが起こり得る。すなわち、訴権相互間の差引計算である。例えば訴権1の方が訴権2よりも判決額が多いとき、訴権1を提起すれば訴権2は消滅するが、訴権2を提起した後でも、訴権1はなお差額について提起可能である。

競合問題の解決を導く最も重要な判断基準は、当該**訴権の目的**である。
・訴権の目的が「財産的補償」にあるとき、目的の実現は原則1回達成されればそれで終わりである。
　したがって、物追求訴権相互は排斥し合う。
　　　　　　　物追求訴権と混合訴権は排斥し合う。
・「罰金」を目的とする訴権の場合は、何度でも目的を実現させることができる。したがって、1つの不法行為を犯した複数の共犯者に対する罰訴権は重なって存在する。
・「財産的補償」と「罰金」とは並存して実現することが可能である。したがって、物追求訴権と純粋な罰訴権とは重畳的競合の関係に立つ。

第3章　債務関係の分類

第1節　最も重要な分類

1) その基礎となっている法が何かによって債務関係は以下の2つに区別される。

　市民法上の債務関係（obligatio civils）

　この関係の基礎となっているのは**市民法**である。ここから発生する債権は市民法訴権によって保護される。市民法上の債務関係のための方式書には「要すること（市民法上の義務）」という言葉が使われる。例えば、要物、言語、文書、諾成の各契約、市民法上の不法行為（例えば窃盗、不法損害）。

　名誉法上の債務関係（obligatio honoraria）

　この関係は法務官法に属す。法務官は権利実現のために訴権を創設し、あるいは市民法訴権に手を加える。例えば、法務官法上の無方式合意、法務官法上の不法行為、付加的性質の訴権。

2) 権利の実現可能性によって以下の区別がなされる。

　訴求および執行可能な債務関係

　市民法上および法務官法上訴求可能な債権はすべてこの関係に属す。

　自然債務（obligatio naturalis）

　自然債務とは訴求不能か執行不能な債権を言う。例えば家息および家娘の債務、無方式に（すなわち問答契約の形式を践まずに）合意された消費貸借の利息。
　【注意】自然債務は弁済可能であるが訴求不能である。つまり、もし自然債務に基づき給付がなされたならば、この給付は有効であり、債務がなかったとして返還を請求することはできない。

3）目的による区別

| 与える dare 債務 | 為す facere 債務 | 給付する praestare 債務 |

債務者はどのような内容の義務を負っているのか

| 市民法上の所有権ま | 作為・不作為 | 結果について責に任じる |
| たは制限物権の供与 | | こと（給付する、保証する） |

次の区別も重要である。

| 確定のもの certum を | 不確定のもの incertum を |
| 目的とする債務関係 | 目的とする債務関係 |

例えば1万金、　　　　　　　　例えば家屋の建築という給付義務
奴隷ティティウス、
100瓶のワイン

以上の分類は方式書の構成にも現れることになる（不確定方式書－確定方式書）。

問答契約の場合には以下の意味においてこの分類が重要となる。すなわち、

　　確定のものの問答契約　　｜　不確定のものの問答契約
　　　（stipulatio certi）　　｜　　（stipulatio incerti）
用いるべき訴権はコンディクティオ｜　　　問答契約訴権
　　　　　condictio　　　　｜　　　actio ex stipulatu

今日ではさらに以下の区別が見られる。

　一回的債務関係　　例えば売買契約。このような債務関係は通例給付の1度限りでの実行、または1度限りでの交換を目的としており、給付の実行、交換により消滅する。

　継続的債務関係　　例えば賃貸借契約、雇傭契約。目的は継続的に行われる給付の実行ないし継続的な給付の交換にあり、給付の範囲は債務関係の期間によって定まる。

ここでは狭義の債務関係と広義の債務関係との違いがはっきりと現れる。狭義のそれは履行により消滅するが（例えば2000年7月分の家賃）、広義のそれは消滅しない（賃貸借関係）。広義の債務関係は、期間の満了、合意による解約、一方的解約（解約告知）によって消滅する。

4）法律関係に対して判断を下す際に、審判人にどれだけ裁量の自由があるのかによる区別。この区別に応じて、当事者の行動を判断する際の基準が異なる。

厳正法上の債務関係	誠意訴訟
例えば、問答契約、消費貸借、債権遺贈	信義誠実（信義則、誠実な取引観念）の原則に支配される債務関係。誠意訴訟となる訴権は、例えば売買・賃約・委任・組合・信託・後見・事務管理・寄託から発生する。
これらの訴権の方式書においては市民法上の義務が請求の基礎となる。	これらの訴権の方式書には誠意条項が含まれている。すなわち、「信義誠実に基づき要すること」

審判人は、義務が存在するか否か（義務の原因）、いかなる義務を、どれだけ負っているのか（義務の範囲）を判断する際、
また、当事者の行動、その他いっさいの状況を評価するに際して、

裁量の自由を持たない	広い範囲で裁量権を持つ
	当事者の行動は信義誠実を基準として判断される。

この相違は、具体的には以下の結果をもたらすことになる。

厳正法上の債務関係	誠意訴訟
付加的無方式合意 (pactum adiectum) は顧慮されない。	付加的無方式合意は顧慮される。
従たる義務（例えば利息）は算入することができない（もし訴求可能なものとしたければ、それについて独自の問答契約を締結すればよい）。	従たる義務は算入することができ、それぞれの契約に基づく訴権により実現が可能である。
原告の悪意は悪意の抗弁を挿入した場合に限り、顧慮される。	悪意の抗弁は不要（「悪意の抗弁は内在する」）。
反対債権による相殺はできない（ないし、悪意の抗弁を用いてのみ可能）。	同一の法律関係から生じた反対債権による相殺は可能である。

5) 債務関係の発生原因に関しては、ローマ法が展開していく中でいくつかの分類が行われてきた。

ガーイウス『法学提要』（古典期盛期）の分類

　　契約に基づく債務関係　—　不法行為に基づく債務関係

後古典期初期に由来する『日常法書』ないし『黄金法書』ではさらにこれが分けられて、3分類がなされている。

```
┌──────────┐   ┌──────────┐   ┌──────────┐
│契約に基づく│ ─ │不法行為に基づく│ ─ │原因の種々の態様│
│ 債務関係  │   │ 債務関係  │   │          │
└──────────┘   └──────────┘   └──────────┘
```

ユ帝『法学提要』は4分類を導入した。

```
┌──────┐  ┌──────┐  ┌──────┐  ┌──────┐
│契約に基づく│─│不法行為に│─│準契約に基│─│準不法行為│
│ 債務関係 │  │基づく債務│  │づく債務関│  │に基づく債│
│      │  │  関係  │  │  係   │  │ 務関係  │
└──────┘  └──────┘  └──────┘  └──────┘
                        例えば事務管理
```

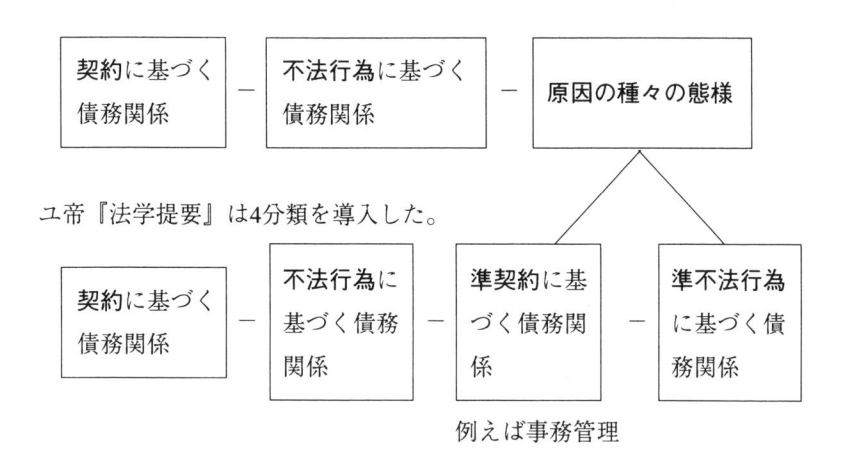

オーストリア民法典ABGBは『黄金法書』の3分類に倣った。

```
┌──────┐  ┌──────┐  ┌──────┐
│ 法律行為 │─│ 被った損害 │─│  法 律  │
└──────┘  └──────┘  └──────┘
```

　　ガーイウス『法学提要』第3巻第88節
「なぜなら債務関係はすべて契約または不法行為に基づいて発生するからである」。
　　学説彙纂第44巻第7章第1法文首項（ガーイウス『黄金法書』第2巻）
「債務関係は契約、不法行為または固有の法に従い原因の種々の態様に基づき発生する」。
　　ユ帝『法学提要』第3巻第13章第2節
「債務関係は以下の区別に従い4種類に分けられる。すなわち、債務関係はあるいは契約、
　あるいは準契約、あるいは不法行為、あるいは準不法行為に基づき発生する」。
　　§ 859 ABGB
「ある者の他の者に対する給付義務を発生させる対人的な物の権利は、直接法律に基づき、
　または法律行為に基づき、または被った損害に基づき発生する」。

発生原因を基準とする債務関係の分類

契約（市民法上承認された契約）	**要 物 契 約** 消費貸借　mutuum 寄　託　depositum 使用貸借　commodatum 質　pignus 信　託　fiducia	法的保護の拡張 無名要物契約 　例えば、交換　permutatio 　委託販売契約　aestimatum 法務官法上の無方式合意 　例えば、弁済約束 　constitutum debiti 　旅館・厩の主人、船主の引受責任 　receptum nautarum cauponum et stabulariorum 法定の無方式合意 　例えば、贈与　donatio
	言 語 契 約 問答契約　stipulatio 嫁資の言明　dotis dictio 労務約束　operarum promissio	
	文 書 契 約 借方記入　expensilatio	
	諾 成 契 約 売　買　emptio venditio 賃　約　locatio conductio 委　任　mandatum 組　合　societas	
不法行為	市民法上の不法行為 窃　盗　furtum 不法損害　damnum iniuria datum 人格権侵害　iniuria 強　盗　rapina	法務官法上の不法行為 　例えば、 　悪　意　dolus 　強　迫　metus 　債権者詐害　fraus creditorum
原因の種々の態様	準 契 約 事務管理　negotiorum gestio 債権遺贈　legatum per damnationem 偶然の共有　communio incidens 後　見　tutela 不当利得（例えば非債弁済）	準不法行為 　例えば、 　家屋の居住者が家屋より投下された物および流出した物に関して負う責任

第2節　契約に基づいて発生する債務関係

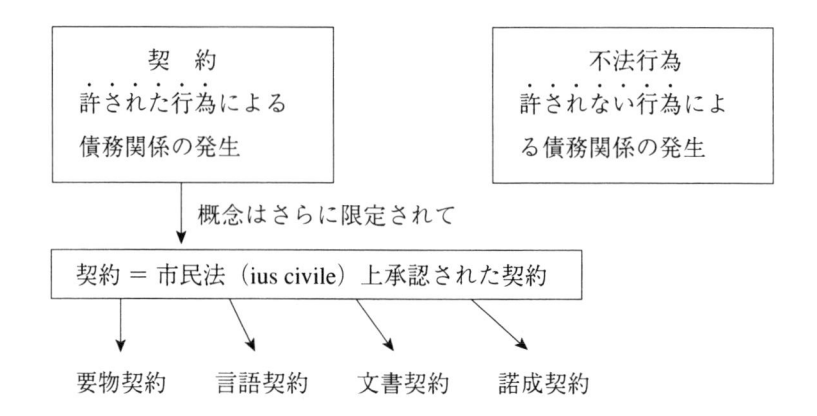

```
┌─────────────────┐           ┌─────────────────┐
│     契　約       │           │    不法行為      │
│ 許された行為による │           │ 許されない行為によ │
│ 債務関係の発生   │           │ る債務関係の発生  │
└─────────────────┘           └─────────────────┘
          │ 概念はさらに限定されて
          ▼
┌───────────────────────────────────────┐
│ 契約＝市民法（ius civile）上承認された契約 │
└───────────────────────────────────────┘
     │       │        │         │
     ▼       ▼        ▼         ▼
   要物契約  言語契約  文書契約   諾成契約
```

とりわけ要物および言語契約においては、当初、義務を発生させる原因はまだ意思の合致にではなく、もっぱら物の交付ないし儀式的文言の遵守にあると考えられていた（たとえ両当事者間に意思の合致が存在しない場合でも）。あらゆる契約の基礎には意思の合致があるという認識に到達したのは、古典期法律学によるところの功績である。

学説彙纂第2巻第14章第1法文第3項（ウルピアーヌス告示註解第4巻）
「合意（conventio）という表現は一般的なものであり、当事者が交渉しまた和解するために同意するところのものすべてに関係する。なぜなら、様々な場所から1つの所に集まることをconvenireと言うように、様々な動機に基づいて1つのことに合意すること、すなわち同一の見解に達することもまたconvenireと言うからである。合意という表現は、非常に一般的なものであり、まさにペディウスが簡潔かつ要を得て述べた通り、合意がなければ、たとえそれが物の交付、言葉によって発生するものであるとしても、契約も債務関係も存在しないのである。なぜなら言葉により発生する問答契約でさえも、合意がそこになければ無効だからである」。

【注意】市民法は数の限られた一定の契約しか承認しなかった。市民法により承認された契約（contractus）だけが、訴権による保護を付与された（類型強制）。訴求可能な契約の範囲は、無名契約および訴求可能な無方式合意によって拡張された。

無名要物契約 とは、契約の枠外にある（したがってそもそもは無名の）給付交換を目的とした契約であり、当事者の一方が先に給付をすることが前提となる契約である（例えば交換：Aは自己の物を、BがAにある物を与えるとの合意のもと、Bに与える）。反対給付実現のために法務官は事実訴権を付与した。詳しくは第3部第1章を参照。

　　無方式合意 とは、法務官法上（法務官法上の無方式合意pactum praetorium）または皇帝立法により（法定の無方式合意pactum legitimum）訴求可能な、無方式の、債務を発生させる合意約束である。詳しくは第3部第2章を参照。

第3節　無方式合意（pactum）の概念

　名詞pactumは、paciscor, -i, pactus sum「和解する、合意する」という動詞に由来する。専門的な用法として、この概念は以下の意味で用いられる。古ローマ法において、

1) 贖罪契約としてのpactum
　　この意味はすでに十二表法に見られる。身体に対する傷害が行われた場合に、加害者と被害者との間でpactumが締結されて、私的復讐権を金銭の支払によって放棄させることが可能となる。これにより加害者は殺害ないし同害報復を免れた。

　古典期にはpactumはより広い意味で用いられ、何であれ無方式の約束、合意を示す言葉として用いられた。特に以下の意味で、

2) contractusと対立するものとしてのpactum
　　ローマ契約法では類型強制が妥当し、決してすべての合意が訴求可能な債務関係を発生させるわけではなかった。訴求可能ではない合意、約束が、pactumと表現された。

これについてはパウルス『断案録』2,14,1 を参照せよ。すなわち、「単なる合意からはローマ市民間に訴権は発生しない（Ex nudo enim pacto inter cives Romanos actio non nascitur）」。

【設例】消費貸借の利息についての無方式利息約束（問答契約という方式をとってのみ、そのような合意は有効となる。つまり問答契約は契約 contractus である）。

3) 無方式の免除約束 pactum（de non petendo）＝無方式の免除ないし猶予の約束
　無方式の債務免除ないし猶予の約束はたいていは市民法上効力が無い（したがって債務は市民法上は依然として存在する）が、法務官法上は有効である。債権者が約束にもかかわらず訴えたならば、法務官は債務者に抗弁（いわゆる合意約束の抗弁）を付与した。

　3) の pactum が抗弁を発生させるのに対して、それどころか中には訴権を付与されるものもあった。

4) 付加的無方式合意 ＝承認されている契約に付加された取決
　誠意契約においては、付加的無方式合意はそれぞれの主たる契約から発生する訴権によって実現することができる。

5) 法務官法上の無方式合意 および 法定の無方式合意
　法務官または皇帝立法によって訴求可能性を付与された独立の無方式契約

　註釈学派はさらに以下の分類を行った。

裸の合意（pactum nudum）	服を着た合意（pactum vestitum）
（訴求不能）	（訴求可能）
	例えば、付加的無方式合意、法務官法上および法定の無方式合意

第4節　準契約・準不法行為

> 原因の種々の態様

「原因の種々の態様」という概念は『日常法書（すなわち日常の法律問題）』または『黄金法書（すなわち黄金の法準則）』に見られる。この作品は、確かにガーイウスの名で流布したが、たぶん間違いなくガーイウスのものではなく、後古典期にガーイウス『法学提要』に手を加えて作られた作品であろう。この著作の中で、（ガーイウス『法学提要』に見られる）契約と不法行為の2分類はすべての債務関係を含むわけではなく、契約にも不法行為にも入らない義務が存在する（例えば事務管理）との考察がなされている。ユ帝はその『法学提要』において、「原因の種々の態様」を準契約（契約類似の要件事実）と準不法行為（不法行為類似の要件事実）とに分けた。

> 準契約

とは契約類似の要件事実を言う。例えば、

AがBの委任に基づきBのために事務の管理を引き受けたならば、AとBとの間には**合意**がある。つまり**契約**に基づく**債務関係**が発生する。	AがBの委任なくして（例えばBが不在のため）Bのために事務を管理したならば、これは事務管理である。この場合にAとBとの間に**合意**はない。**契約に準じた債務関係**が発生する。

・AはBに対して適切に事務を管理し、清算する義務を負う。
・BはAに対して費用償還義務を負う。

契約とは異なり、準契約には合意（consensus）が欠けている。しかし債務の内容として、対応する契約に基づくそれと類似の義務が発生する。

準不法行為 とはユ帝が、以下の理由から、独自のまとまりとして分類したものである。すなわち、そこには不法行為とは異なり故意が要求されないか、または自己の過失ではなくて他人の過失について責を負うことになるという理由からである（例えば家屋から投下された物、ないし流出した物に関する居住者の責任〔流出投下物訴権 actio de deiectis vel effusis〕）。§ 1318ABGB 参照（349頁に条文がある）。要件事実それ自体はすでに古典期には知られていた。

第5節　契約と契約の自由

(1) 契約とは何か

法律行為
法律効果の発生に向けられた意思表示

単独的法律行為
ここにあるのは1人の者の意思表示
例えば、遺言
　　　　告知
　　　　物の放棄

双方的法律行為
ここには2人（ないしそれ以上）の者の合致した意思表示がある。双方的法律行為の代表は、
契約 である。
当事者の合意（consensus）によって法律効果がもたらされる。

今日契約は私法のあらゆる領域で（そしてまた私法以外でも）行われている行為である。例えば婚姻、養子縁組は家族法上の契約である。しかし、契約は債権法において最も重要な意義を持つ概念であり、その歴史的起源もまた債権法に遡る。**債権法上の契約**とは、例えば売買、賃貸借、雇傭、消費貸借、使用貸借等である。契約の目的は給付義務の発生にあり、またこれを債権者の側から見るならば、債権の成立にある。

(2) 契約の自由とは何か

　法秩序が個々の権利主体に彼らの法律関係形成を委ねるならば、そこには私的自治が存在する。私的自治の本質の現れが、契約の自由である。

　契約の自由にはいくつかの側面がある。

もしその自由が守られるとすれば	もしその自由が制限されるとすれば
1）締結の自由	締結の強制
契約を締結するかしないか、また誰と締結するのかは、各権利主体の自由である。	契約を締結するについて法的な義務が存在する。
	締結の禁止
	契約の締結が禁止されている。

継続的契約関係（例えば賃貸借、雇傭）において、以下のことは重要である。

終了の自由	終了の制限
契約関係を一方的に解消することは各当事者の自由である（例えば解約告知により）。	一方的解消は困難ないし不可能である。例えば労働法、借家法における解約告知からの保護。

2）形成の自由	
類型の自由	類型の強制
法秩序は契約上の合意がすべて法的に実現可能であることを承認する。当事者は法律が規定するところの契約類	法秩序は一定の、法秩序が定めた契約類型しか認めない。当事者はこの類型に従わなければならない。承認済み

型に拘束されることなく、新しい契約を「創造し」（**非典型契約**）、あるいは規定の設けられているいくつかの契約の要素を結合すること（**混合契約**）ができる。

の契約に対応しない合意は、法的に実現不可能である。

内容の自由　◀――――▶　内容の制限

当事者は契約に基づく彼らの権利・義務について自由に合意することができる。当事者は、彼らが考えている契約類型に妥当する法規定を合意により変更することができる。変更可能な法は、**任意法規**（ius dispositivum）と呼ばれる。

内容の自由は、法秩序が一定の契約内容を強制的に命令ないし禁止するという限りで、制限されている。それはたいていの場合、経済的弱者を保護するためにある。合意による変更の不可能な法は、**強行法規**（ius cogens）と呼ばれる。

3）方式の自由　◀――――▶　方式の強制

法秩序はある契約の成立に関して何ら特定の方式を規定しない。

当該契約が成立するためには一定の方式を践むことが必要である。

（3）ローマ法における契約の自由

1）**締結の自由**はローマ法では根本において実現された。
・締結強制は、ただ、その締結が間接的に強制可能であった特定の問答契約において見られるにすぎない（例えば**未発生損害担保問答契約** cautio damni infecti ＝ 倒壊のおそれのある建物によりその発生が予想される損害についての担保約束）。直接的な締結強制は国庫に関する法律に見られる。（締結しようとする請負人が誰もいないときに）徴税請負契約の締結が国庫（fiscus）によって強制されていた証拠がある。
・締結の禁止についてはよく知られている。

マケドー元老院議決（SC Macedonianum）：家息への金銭貸付の禁止。
ウェッラエウス元老院議決（SC Vellaeanum）：婦女の加入の禁止。
禁止された加入行為としては、保証、質の設定、債務参加、債務引受、第三者のための債務発生がある。
キンキウス法（lex Cincia）の贈与禁止（一定額を超える贈与の禁止）
夫婦間の贈与禁止

終了の自由は、ローマ法の継続的債務関係においてはまったく制限されていなかった。

2) 類型の自由は、ローマ法においては実現されていない。
ローマ法においては類型強制が支配した。
市民法は**限られた数の契約類型**しか知らない（種類限定主義 numerus clausus、閉じた体系）。

契約（contractus）と呼ばれたのは、**承認された契約類型**に対応し、その実現のために**市民法上の訴権**が行使可能な契約だけである。承認された契約類型に対応しない契約は、市民法上訴求不能である。それは**無方式合意**（pactum）と呼ばれる。

もっとも、類型強制は古典期において以下の事情によりその及ぼす力を弱められた。すなわち、承認された契約類型の1つである問答契約がきわめて柔軟性のある契約であったという事情である。可能かつ適法な給付はすべて、問答契約の目的とすることが可能であったからである。

類型強制の弛緩、したがって訴求可能な契約の拡張は、
①**無名要物契約**
②**法務官法上の無方式合意および法定の無方式合意**
の2つによってもたらされた。

ローマ法は類型強制を克服することができなかった。中世に註釈学派および註解学派（pactumの理論の構築）並びに教会法学（約束の拘束力の理論）が、類型

強制克服のための教義学的基礎の発見に努め、成功した。最終的には、類型の自由は自然法の影響のもとで実現されたのである。

承認された契約類型の枠内で権利義務内容を決定することは、ローマ法においては近代的法秩序よりも大幅に当事者の自由な交渉に委ねていた。例えば対価の決定について古典期後期の法学者パウルスは次のように述べている。

学説彙纂第19巻第2章第22法文第3項
「売買契約においてはその性質上当然に、高い物をより安く買い、安い物をより高く売り、したがってお互いが相手をだましてもうけることが許されている。そして同じ法が賃約においても妥当する」。

取り決められた契約内容に対して統制、修正を行うために、古典期においてときに**信義誠実**（bona fides）**の観念**が引き合いに出された。例えばケルススはこの観念によって故意についての免責条項の無効を根拠づけた（D.50,17,23「**悪意については責を負わない旨の合意** pactum, ne dolus praestetur」；参照、オーストリア消費者保護法（KSchG）6条1項9号［消費者契約法8条1項特に2号、4号参照］）。確かに私的自治は、契約において当事者の帰責事由を法律の定めよりも重く、または軽くすることを許す。しかし、故意責任を契約において前もって排斥することはできない。

法律による私的自治への修正的介入は、とりわけ**後古典期**において経済的弱者を保護するために行われた。例を示せば、
・ディオクレティアーヌス帝の最高価格統制令
・**莫大な損害** laesio enormis（半分を超える対価の減額）も同じくディオクレティアーヌス帝に遡る。
売主は、もし合意した価格が売買目的物の真の価値の半分を下回るならば、売買契約を解除することができる。もっとも買主は差額を追加払いすることによって契約を維持することができる。

【注意】ローマ法においては莫大な損害は売買契約に限定されており、さらには、この法的保護手段は売主のためのものであって、買主をも保護するものではない。これに反して今日莫大な損害は、有償契約のすべてに関して規定されている（§934ABGB）。もっとも莫大な損害は1979年に至るまでは任意法規にすぎなかったが（したがって契約において排除することが可能であったし、実務においてはよく約款を用いてこれが行われた）、1979年10月1日から強行法規となった（§935ABGB）。

質契約の分野においてコンスタンティーヌス帝は質流れの取決（いわゆる流質約款 lex commisoria〔この場合のlexは契約条項の意味〕）を禁止した。それまで実務でよく行われていた流質約款は、債務の弁済なき場合の、債権者による質物の所有権取得を定めていた（「質物は債権者の手に帰すべし」）。貨幣の欠乏、信用危機の時代には、債務者はしばしば被担保債権額をはるかに上回る価値を持つ物を質入れすることを余儀なくされた。したがって質流れは債務者にとっては酷なものであり、貸主側の搾取をもたらした。質流れの禁止はこのような状況に対抗した処置であった。§1371ABGBも流質約款を禁止している［民法349条参照］。

3）**方式の自由**は、ローマ法においては部分的にしか実現されなかった。
真に方式不要なものはただ諾成契約のみ（売買、賃貸借、雇傭、請負、委任、組合）であった。諾成契約においては単なる合意で契約が成立し、この意思の合致がどのような形で表明されたのかは問われなかった。若干の無方式合意の承認によって、その後、方式自由な契約の範囲は広げられた。要式契約は、例えば問答契約であり、定型の儀式的文言が遵守されなければならなかった。

第6節　契約の種類と分類

1) 契約成立の態様に従って、ガーイウスは以下の区別をしている。

① 要物契約　　② 言語契約　　③ 文書契約　　④ 諾成契約

契約は以下のことによって成立する。

| 物の交付 | 定型的儀式文言の遵守 | 文書作成行為 | 単なる合意、それがいかなる形で表明されたのかを問わない。 |

これらの契約においても古典期の理解によれば、合意が存在している。もっとも、単なる合意だけでは契約成立には不十分である。

① **要物契約**においては合意の他にさらに物の交付が、契約成立にとって、したがって契約に基づく義務の発生にとって必要である。

要物契約とは、消費貸借、寄託（無償）、使用貸借、質、信託である。

要物契約は受領した物の返還義務を発生させる。

② **言語契約**においては、合意は一定の定型文言により表明されなければならない。最も重要な言語契約は問答契約であり、債権者側の問いと債務者側の答えによって成立する。例えば、債権者：「君は私に100金が与えられることを誓約するか」債務者：「誓約する」。問答契約においては、適法かつ可能な給付である限りすべて契約の目的とすることができた。したがって、問答契約が用いられる領域は非常に広い。

③ **文書契約**は、文書作成行為によって成立する。ローマ法における文書契約とは、債権者の家計簿への借方記入（expensilatio）であり、これにより債務者への、擬制としての貸付金支払が記帳される。

【注意】当然のことながら、どんな契約の場合であっても証拠のために書面を作成することはあり得る。しかしながら、このような書面によって確認された契約は文書契約ではない。それは要物、言語、諾成契約、またはその他の法律行為について証書を作成したのである。

④**諾成契約**とは、単なる合意によって成立する契約である。この合意がいかなる形式で行われたのかは、基本的に何の役割も果たさない。ローマ法において諾成契約に属するものは、売買、賃約（賃貸借・雇傭・請負）、委任、組合の各契約である。

近代法において契約は申込と承諾により成立する。しかしなおABGBには要物契約（例えば消費貸借、使用貸借、寄託）が存在する。

2）発生する給付義務（ないし債権）の数および方向により、我々は以下の区別をする。

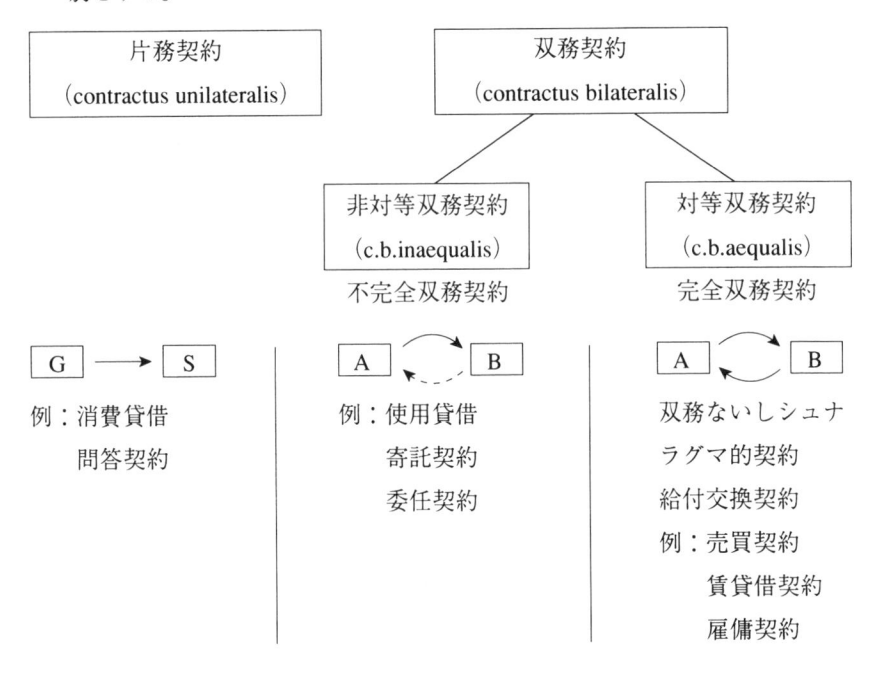

片務契約 (contractus unilateralis)	双務契約 (contractus bilateralis)	
	非対等双務契約 (c.b.inaequalis) 不完全双務契約	対等双務契約 (c.b.aequalis) 完全双務契約
G → S	A ⇄ B（点線）	A ⇄ B
例：消費貸借 問答契約	例：使用貸借 寄託契約 委任契約	双務ないしシュナラグマ的契約 給付交換契約 例：売買契約 賃貸借契約 雇傭契約

・**一方だけが義務を負う契約**（略して片務契約）の場合、一方方向の給付義務だけが発生する。当事者の一方は債権者で、他方は債務者である。
・当事者の一方が負う給付義務の他に、契約に基づき場合によっては（しかし必ずというわけではなく）他方の給付義務が発生する場合、これを**不完全双**

務契約という。

【設例】使用貸借（＝無償で物を使用させる契約、要物契約であり、使用目的物を交付してはじめて成立する）。使用貸借契約からはどんな場合にも借主の目的物返還義務が発生する。貸主が義務を負うのは、以下の特別な場合に限られる。すなわち、例えば貸主がそれと知りながら中身の漏れるワイン瓶を貸し、借主がそのために損害を被ったならば、貸主は損害賠償義務を負う。また借主が目的物のために費用を支出したときは、貸主は費用償還義務を負う。

それが不完全双務契約であることは、ローマ法の場合以下のことから認識することができる。
　・……直接訴権（actio directa）　　主たる債権の実現のため
　・……反対訴権（actio contraria）　場合により発生し得る反対債権の実現のため
例えば使用貸借契約の場合には、以下のようになる。

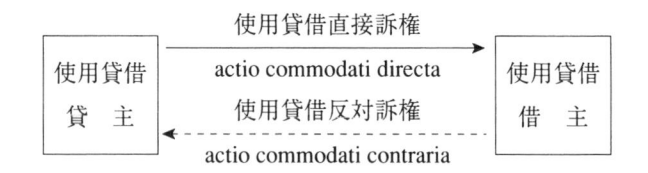

```
                使用貸借直接訴権
                actio commodati directa
 使用貸借                                使用貸借
   貸主    ←─────────────────          借主
                使用貸借反対訴権
                actio commodati contraria
```

契約から必然的に両当事者に債務（ないし債権）が発生し、したがって当事者は各々債務者にして債権者である場合、この契約を**完全双務契約**という。
　例えば、売買、賃約（賃貸借・雇傭・請負）である。

ローマ法においては、完全双務契約は二重の名称を帯びている。そこから発生する訴権もまたそれぞれ名称を異にする。

例えば売買の場合には、以下のようになる。

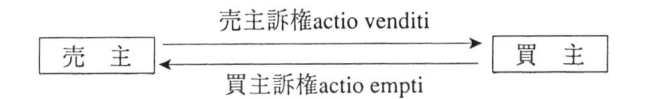

```
                    売主訴権actio venditi
        ┌─────┐ ──────────────────────→ ┌─────┐
        │ 売主 │                          │ 買主 │
        └─────┘ ←────────────────────── └─────┘
                    買主訴権actio empti
```

こうした契約は給付交換を目的としているので、シュナラグマ的契約とも呼ばれる（$συναλλάττειν$＝交換する）。

「シュナラグマ」という表現は、これを確かにローマ法学者は用いたが、今日とは異なる意味を持っていた。ラベオーは諾成契約の意味で使い、アリストーは交換の意味で用いた。

今日「シュナラグマ」とは、双務契約における両給付義務相互の**牽連関係**を意味する。

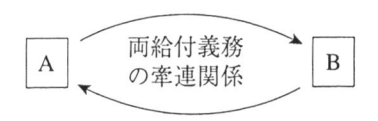

```
        ┌─┐   両給付義務   ┌─┐
        │A│ ⇄ の牽連関係 ⇄ │B│
        └─┘              └─┘
```

Aの給付義務とBの反対給付義務とは交換関係にあり、

①両義務の発生は ┐　　　　　　　　　　（発生におけるシュナラグマ）
　　　　　　　　├ 相互に結びついている
②両義務の履行は ┘　　　　　　　　　　（履行におけるシュナラグマ）

①に関して：債権（A→B）が成立しなければ、債権（B→A）もまた成立しない。

②に関して：AはBに　　　　　　BはAに

自己の給付を履行するかわりにのみ、相手が負う給付を請求することができる。つまり各当事者は相手方に対抗して、反対給付の履行あるまでは給付を拒否する権利を持つ。

ローマ法において、この給付拒否権はさしあたり売買契約において創り出された。
・買主は目的物給付後にはじめて売買代金支払を強制された。
・売主は売買代金の支払あるまで、目的物の給付を留保することができる（ローマの法学者はこれを、「売主は売買目的物を『質物のごとく（quasi pignus）』留置することができる」と構成した）。

　その後、とりわけ普通法においてこの給付拒否権は一般化された。すなわち、双務契約においては各当事者はいわゆる同時履行の抗弁 exceptio non adimpleti contractus（契約未履行の抗弁）を持つ。
　もし当事者の一方が、契約の性質上あるいは明示の合意により先行給付義務を負う場合には、この給付拒否権は存在しない（例えば、売主は直ちに商品を給付すべき義務を負うが、買主は1月後にはじめて代金を支払えばよい旨、合意された場合）。

第4章　債権の目的

　ローマ法においては、請求されるその給付の種類に従い債務者の義務は以下の3つに分類される。

与える dare	為　す facere	給付する praestare
市民法上の所有権または制限物権の供与 　例えば、奴隷スティクスの所有権譲渡を、あるいは1万金の給付を目的とする問答契約。	あらゆる種類の作為・不作為 　例えば、賃貸借契約における目的物の使用権供与という貸主の義務。	広義の給付 　保証する、責に任じる、責任を負うといった意味も含む。

　これら3つの概念の関係を図示すれば、以下のようになる。

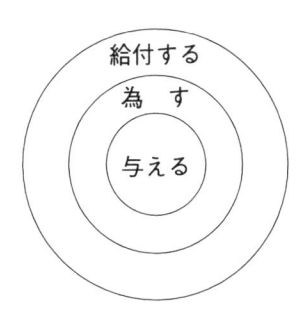

（給付する ⊃ 為す ⊃ 与える　の同心円図）

第1節　債権の目的に関する要件

　すでに述べたように、確かにローマ法は類型強制によって支配されていた。つまり当事者は、法秩序が承認した類型に依拠しなければならなかったのである。しかし承認された契約の枠内では当事者は契約内容を自由に定めることが可能だったのであり、とりわけ問答契約はその概念構成上、多種多様な給付内容をその目的とすることができた。ローマ法は債権の目的に関する以下の一般的要件をつくりあげていった。

〔概　観〕
- 給付は**可能なもの**でなければならない（「不能な給付を目的とする債務は成立し得ない impossibilium nulla obligatio est」）。
- 給付が**不法**または**公序良俗に反する**ものであってはならない。
- 第三者のための給付義務を発生させることはできない（「何人も他人のための給付を債務者に約束させることはできない alteri stipulari nemo potest」）。
- 給付は**確定ないし確定可能**なものでなければならない。通常給付の範囲は当事者自身によって決定されるが、これを第三者の判断（arbitratus）に委ねることもできる。
- 給付は**金銭で評価することのできる財産的価値**を持っていなければならない。この要件は金銭判決の原理からくるものである。すなわち審判人は金銭でしか判決を下すことができないからである。
- 給付義務が当事者の一方の死後に（post mortem）はじめて開始するものとする契約も許されず、無効である。

第2節　不能の理論

(1) 不能とは何か

　債権の目的に関する要件の1つとして、給付は可能なものでなければならない（「不能な給付を目的とする債務は成立し得ない」）。給付不能に関しては以下の区別がなされる。

　例えば、AがBに奴隷ティティウスを諾約したとして、

客観的不能	主観的不能
その給付が何人にとっても不可能である場合。 　例えば、奴隷ティティウスの死亡。	給付が債務者にとって不可能ないし困難であるにすぎない場合。 　例えば、奴隷ティティウスは債務者ではなく第三者のものであった。
事実的不能	法律的不能
不能である理由が、事実または自然法則に因るものである場合。 　例えば、奴隷ティティウスの死亡。	不能である理由が法秩序にある場合。 　例えば、ティティウスは奴隷ではなくて、自由人であった。
原始的不能	後発的不能
債務関係成立（契約締結）時にすでに不能であった場合。 　例えば、AはBに奴隷ティティウスを売却したが、ティティウスはすでに死亡していた。 　原始的不能は、債務が有効に成立するのかしないのかという問題に関係する。	債務関係成立（契約締結）後にはじめて不能となった場合。 　例えば、契約を締結して3日後にティティウスが死亡した。 　後発的不能は、すでに有効に成立した債務関係がどう展開するのかという問題に関係する。

（発生源の瑕疵）　　　　　（展開過程における瑕疵＝給付障害）

債務者の責に帰すべき不能	債務者の責に帰すべからざる不能
例えばAがティティウスを殺害した。	ティティウスは自然死として死亡した。

(2) 原始的不能

　客観的な原始的不能は通常当該契約を無効なものとする。例えば、すでに死亡した奴隷の売却、宗教地（locus religiosus）の売却、契約締結時にすでに全焼していた家屋の売却。そのような契約からは履行義務は発生しない。しかし場合によっては契約締結上の過失（culpa in contrahendo）の理論に基づき損害賠償義務が発生し得る。例えば契約締結時に不能であることを知っていて、相手にこれを告げなかった者は、相手が契約の有効を信頼したために被った損害について賠償責任を負う（信頼利益、消極的利益：損害を被った者は、もし適時にこれを告げられて契約を締結しなかったならばそうであったと同じ状態におかれなければならない）。
　これに対して主観的な原始的不能は、債務の有効な成立を妨げるものではない。例えば、Aは金がないにもかかわらず1万金の債務を負った。
　　　　Aは当時Cのものであった物をBに諾約した。
　このような場合には、債務は有効に成立する。すなわち給付義務が発生する。後者の例ではAはCのものを手に入れるよう努めなければならない。もしこれに失敗すれば、Aは契約類型に応じて物の価額（例えば厳正債務の場合）か、積極的利益（誠意債務の場合）を給付しなければならない。

　【注意】問答契約も売買契約も、債務者ではなくて**第三者に帰属する物**を目的とする場合であっても、**有効である**。

(3) 後発的不能

後発的不能は給付障害の問題であり、給付障害（第6章）のところで詳しく扱うことにする（100頁以下）。

もし債務者の責に帰すべき不能であれば、債務者は当該債務の類型に応じて、物の価額または積極的利益を賠償しなければならない。

もし債務者の責に帰すべからざる不能であれば、特定物債務の場合には債務者は債務を免れる。種類債務の場合に不能となることは滅多にない。というのは「種類物はなくならない（genus non perit）」からである。

第3節 特定物債務・種類債務および選択債務

当事者が給付目的物をどのように決めたのかにより、我々は以下の区別をする。
- 種類（genus）債務
- 特定物（species）債務
- 選択債務（obligatio alternativa）：さらにこの選択債務からいわゆる補充権（facultas alternativa）を区別する必要がある。

(1) 特定物債務と種類債務

種類 genus 債務	特定物 species 債務
種類債務においては給付目的物は種類の特徴によって決定される（その際当該種類は狭くも広くも決めることができる）。	特定物債務においては、給付目的物は個々のそれとして決定される。

例えば、
　100升の小麦
　100升のアフリカ産小麦第2等級
　100升のアフリカ産小麦
　　品名「純白粉」第2等級
　10lのワイン
　10lのマルサラ産ワイン
　料理の知識を持つ奴隷
　カタログで売られているテレビ
　　品名「X」タイプ「Y」

　100セステルティウス（金銭債務は変則的種類債務である）

制限種類債務（限定種類債務）
　給付目的物は種類によって決定されるが、一定範囲の中にあるものでなければならない。
例えば、
　Xの貯蔵庫にあるワイン

例えば、
　奴隷ティティウス
　Xのその花瓶
　犬の「ネロ」

　奴隷ティティウス
　店で選んで見つけたテレビ品名「X」タイプ「Y」で、納品番号16とついているもの

【注意】種類債務の目的物は、通例代替物であり、特定物債務のそれは不代替物である。しかしこの分類の仕方は完全なものではない。大量生産の工業製品（例えばテレビ）は、種類債務の目的にも、また特定物債務の目的にもなり得る。逆に不代替物（例えば奴隷）も種類債務の目的となることがあり得る（例えば料理の知識を持った奴隷）。代替物か不代替物かの区別は客観的な取引観念を基準としているのに対して、種類債務か特定物債務かは、それぞれの当事者意思に基づいて判断される。

種類債務	特定物債務
種類債務か特定物債務かの区別は、特に危険負担の問題において重要となる。	
種類債務において、債務者が給付しようとしていたその種類物が、分離される前に債務者の責なくして滅失した場合、	特定物債務において、給付目的物が債務者の責なくして滅失した場合、
例えばAはBに対して100升の小麦給付の債務を負っていた。Aの小麦倉庫が落雷のために焼けてしまった場合、	例えばAはBに奴隷ティティウス給付の債務を負い、そしてこの奴隷が自然死した場合、
Aは別のものを給付しなければならない（Aは他でその小麦を手に入れなければならない）。	債務者Aはその給付義務を免れる。
すなわち、事変による滅失の不利益は債務者が負担する。	すなわち、事変による滅失の不利益は債権者が負担する。
「種類物はなくならない」	「特定物はその債権者の負担においてなくなる species perit ei cui debetur」
危険は債務者が負担する。	危険は債権者が負担する。
制限種類物の場合に限り債務者は、もし倉庫全体が焼失したのであれば、債務を免れる。	

種類債務の特定（集中）

　種類債務の場合には、いつかの時点で、しかし遅くとも履行のときには、給付すべき具体的なものが定まっていなければならない。この特定によって、種類債務は特定物債務にかわる。同時に危険もまた債務者から債権者に移る。いつ特定

されるかについては、とりわけ普通法において2つの見解が主張された。
　①分離主義（Thöl）：危険はすでに債務者が目的物を分離し、債権者に通知したことによって移転する。
　②履行主義（Jhering）：危険は現実の履行によってはじめて移転する。

(2) 選択債務と補充権

選択債務（obligatio alternativa）	補充権（facultas alternativa）
選択債務の場合、2つ（ないしそれ以上の）給付物が債務の目的となるが、しかしその中の1つだけが実際に給付されることになる。	補充権という場合は、ある1つの給付だけが債務の目的であるが、債務者（ないし債権者）は、その給付に代えて他の給付を行う（ないし請求する）権利を持っている。
「2つのものが債務関係の中にあり、履行においては1つのものがある（duae res sunt in obligatione, una res est in solutione）」。	「1つのものが債務関係の中にあり、履行においては2つのものがある（una res est in obligatione, duae res sunt in solutione）」。
選択権は、別段の合意がない限り債務者にある。	
例えば、Aは問答契約でBにスティクスまたはパンフィッルスの給付を約束した。	例えば、Aは問答契約でBにスティクスの給付を約束した。しかしAはスティクスに代えてパンフィッルスを給付することもできる。

　両者の違いは、ここでも、給付が事変により不能となった場合の**危険負担**において現れる。

もしスティクスが死亡すれば、選択権は消滅する。Aはパンフィッルスを給付しなければならない（パンフィッルスも債務として負っている！）。	もしスティクスが死亡すれば、Aは債務を免れる。Aはパンフィッルスを給付する必要はない（パンフィッルスは債務として負ってはいない！）。
危険は債務者Aが負担する。	危険は債権者Bが負担する。

以下の場合にそれぞれどのような結果となるか、自分で考えてみよ。
①パンフィッルスが死亡した。
②まずスティクスが死亡して、次にパンフィッルスが死亡した。
③まずパンフィッルスが死亡して、次にスティクスが死亡した。

・ローマ法における補充権の例

　もし売主が莫大な損害（半分を超える対価の減額、例えば1,000金の価値を持つ物を499金で売却した場合）を理由として売買契約を取消したならば、買主の方は、売買代金返還とひきかえに、売主に目的物を返還する義務を負う。しかし買主は、この返還義務に代えて、差額（したがって501金）を追加払いして、返還義務を免れることができる。

第4節　付加的約定

1) 付加的約定が、基礎となっている義務に対していかなる効果を持つかによって、我々は以下の区別をする。

・**債務を加重するための**（ad augendam obligationem）付加的約定　この約定によって債務者の義務ないし責任は重くなる。例えば、利息の約定、責任を重くする合意、債務者多数の場合の連帯責任。

・**債務を軽減するための**（ad minuendam obligationem）付加的約定　この約定によって債務者の義務ないし責任は軽くなる。例えば、猶予、分割払による支

払、責任の軽減。

2) 付加的約定がなされた時点に関して、以下の区別がなされる。
・**同時に**（in continenti）なされた合意：付加的約定は主たる契約とともに締結された。
・**隔てて**（ex intervallo）なされた合意：付加的約定は主たる契約と同時にではなく、後になってようやく合意された。

3) 付加的約定の効力については、ローマ法において以下のことが妥当した。
・誠意契約の場合の 付加的無方式合意（pactum adiectum）
誠意契約（例えば売買契約）である場合には、無方式の付加的約定（いわゆる「付加的無方式合意」）は契約の一部として妥当し、しかも、

| 債務を加重する無方式合意は主たる契約とともに（したがって同時に）締結されなければならない。 | 債務を軽減する無方式合意は後でも（したがって隔てて）締結することができる。 |

訴訟上、付加的無方式合意はそれぞれの主たる契約に基づく訴権により実現され、またはそこで考慮される。
・厳正法上の債務関係（例えば問答契約）の場合には、無方式の付加的約定は契約に基づく訴権において顧慮され得ない。もっとも、法務官は債務を軽減する無方式合意（例えば免除、猶予）の場合には、抗弁を付与した。

第5節　主たる給付と従たる義務

主たる給付義務	従たる義務
当該債務関係を特徴づける給付義務	主たる給付義務の他にそれ以外の義務が合意される場合に発生する、あるいは信義誠実に基づいて発生する義務
例えば売買契約の場合、 ・売主の売買目的物給付義務 ・買主の代金支払義務	例えば売買契約の場合、 ・土地の売主が負う、買主に境界と隣人を教える義務 ・当該土地に関わる証書を交付する売主の義務

　ローマ法において従たる義務は誠意債務の場合にしか考慮され得なかった。その際に従たる義務発生の基礎となり得たのは、**付加的無方式合意**か信義誠実の原則それ自体であった。従たる義務は当該契約それ自体に基づく訴権によって請求することができた。

第6節　利息債務

(1) 利息債務

　金銭債務の場合に特に問題となる従たる義務は、利息支払義務である。

利息＝他人の元本使用の対価

利息支払義務発生の法的根拠が何であるかにより、以下の2つが区別される。

法定利息	約定利息
利息は法律に基づき（特別の合意がなくても）当然に発生する。	支払義務は債権者債務者間の合意に基づいて発生する。

ローマ法における法定利息の例
・未だ売買代金を支払っていない買主は、売買目的物の引渡から、代金債権について利息を支払う義務を負う。
・不確定のものを目的とする訴権、とりわけ誠意訴権の場合、遅延利息を計算に入れることができる。

(2) 約定利息に関する注意点

厳正債務の場合、利息は付加的無方式合意によって約束することはできず、要式の利息についての問答契約によってのみ約束することができる。	誠意契約の場合、利息は付加的無方式合意によって有効に合意することができる。
実現手段としての訴権は、問答契約に基づく訴権である。	実現手段としての訴権は、当該契約に基づく訴権である。
このことはとりわけ厳正法に属す消費貸借契約の場合に妥当する。消費貸借においては要式の利息についての問答契約がなければ、利息を請求することはできない。	

ローマ法において利息は原則として単利計算を基礎として計算される。複利 (anatocismus) の合意および計算は無効であった。

2倍を超える (ultra alterum tantum) 利息払の禁止：利息が元本額に達して後は、利息は発生しない（参照、§1335ABGB）。

(3) 利率についての歴史

1) 十二表法は消費貸借（この時代はまだ消費貸借契約 mutuum ではなくていわゆる拘束行為 nexum であった）における最高利率を定め、これを超えた場合に罰を設けた。

　最高利率は1アース As（＝12ウンキア Uncia）につき1ウンキア（fenus unciarum）と定められた。したがって $\frac{1}{12}$ となる。その際に十二表法が基礎とした利率の期間が何であったのかについて、学説上争いがある。

1年	1か月
$\frac{1}{12}$ とは、年利 $8\frac{1}{3}$%を意味する。	年利 $\frac{12}{12}$ ＝100%を意味する。

2) 紀元前4世紀にこの最高利率は半分に下げられた。すなわち元本の $\frac{1}{24}$（fenus semiunciarium）。

3) ゲヌキウス法 lex Genucia（前342年）により、一般に利息が禁止された。その後、徐々にこの法律は廃れていった。

4) 共和政末に最高にしてかつ一般的な利率として、以下の利率が導入された。

　　　　　　月1%　　　　　＝　　　　　年12%
　　　　（centesimae usurae）

　リスクの大きい海上冒険貸借（fenus nauticum）は例外とされ、利率を任意に合意することが可能であった。

5) ユ帝が導入した段階ごとの利率（最高利率）

一般的利率	6%	商人の場合	8%
貴顕の者の場合	4%	海上冒険貸借	12%

第7節　第一次給付と第二次給付

とりわけ契約に関しては、以下の分類が重要である。

第一次給付	第二次給付
契約からまず第一に発生する債務者の義務＝第一次給付義務 　　　主たる義務　　従たる義務 　例えば、売買契約に基づいて発生する、売主の売買目的物給付義務。さらに従たる義務も発生する場合がある。	第一次給付義務を怠るとき、これに代わりまたはこれと並んで、債務者の第二次給付義務が発生する。 　例えば、売買目的物が売主の責により滅失した場合、売主は損害賠償をしなければならない。 　例えば、売主が遅滞に陥った場合なお第一次給付義務を負うが、それと並んで遅滞による損害賠償義務をも負うことがある。

【注意】ローマ法の場合：ローマ民事訴訟手続においては金銭判決の原理が妥当する（「有責判決はすべて金銭で下される」）。すなわち、審判人は常に金銭でしか判決を下すことができず、例えば物の給付もしくは返還、または役務の提供について判決を下すことはできない。このことからローマ債権法においては以下の帰結が生じる。

・第一次給付それ自体が実現可能であるのは、給付がはじめから金銭の形をとる場合に限られる（例えば、借りた金の返還、アクィーリウス法に基づく損害賠償、金銭給付の問答契約に基づく義務）。

・そうでない限りは、審判人は有責判決を下すに際して、訴求されている第一次給付の金銭的価値を決定しなければならない。すなわち、判決においては第二次給付義務が確定されることになる。給付義務確定に際して審判人にどれだけの裁量の幅が認められるのかは、それぞれの方式書のタイプによって決まる。

第8節　損害賠償義務

(1) 損害賠償義務の発生

損害賠償義務は、以下の2つを原因として発生する。
- 契約の相手方に対する、契約に基づいて発生した行為義務の違反　例えばAはBに給付をしない。AはBに遅れて給付した。Aは、Bに負う物を毀損または喪失した。Aは注意義務・保護義務に違反して契約の履行中にBに損害をもたらした。このような場合、第二次給付義務として契約に基づく（ex contractu）損害賠償義務が発生する（**契約責任**）。
- 他人に対する一般的行為義務違反　例えばAは違法かつ有責にBの物を毀損した。これは不法行為となり、不法行為に基づく（ex delicto）債務関係を発生させる（**不法行為責任**）。この場合の損害賠償責任は第二次給付ではなくて第一次給付である。

今日契約に基づく損害賠償の方が、不法行為のそれよりも多くの点で被害者に有利に働く（例えば補助者の責任の場合）。ABGBは2種類の損害賠償についてその主要な点を1つにまとめて規定し、§1295の一般規定で契約および不法行為に基づく一般的損害賠償義務を定めている。

ABGBは、過失責任主義を原則としている。この原則に立つならば、損害賠償請求権成立の要件は、損害の発生と、責任を負うべき者の以下の行為である。
- 損害発生の原因となるもので、　　　因果関係
- 違法であって、　　　　　　　　　　違法性
- 有責である、　　　　　　　　　　　有責性
　　すなわち故意（dolus）または過失（culpa）として主観的非難可能性がある。
近代法においては、さらに特別法で単に危険な活動の行使に基づき、その際有責かどうかを問題としない責任が存在する（危険責任：運行の危険に対する責任、例えば鉄道、自動車運行）。

ローマ法は、個々の事例ごとに構築された法体系をとっているので、当然一般的な損害賠償義務を知らない。ローマ法にあるのはそれぞれ個別の損害賠償に関する要件事実でしかないのである。契約に基づく損害賠償は、法学者による方式書の解釈を通して形成されていった。不法行為に基づく損害賠償の展開は、とりわけアクィーリウス法の中で行われた。アクィーリウス法は、以下の2つの不法行為について規定している。

・他人の奴隷および四足の家畜の殺害（第1章）
・他人の財物の毀損（第3章）
　　（なお、第2章は不誠実な参加要約者 adstipulator に関わり、ここでは関係がない）

(2) 損害と損害の算定

　損害とは、任意ではなく、以下のものを失うことを言う。

財　産	財産以外の法的に価値を持つもの、例えば、健康、名誉、自由
財産的損害	非財産的損害

　ローマ法は金銭判決の原理をとっているので、原則として財産的な、金銭に見積もり得る損害しか対象となり得ない。もっとも、非財産的損害を顧慮する考えは、不法行為の1つである人格権侵害 iniuria（他人の人格の侮辱）において見られる。

　財産的損害において、賠償されるべきその範囲を基準として以下の区別がなされる。

積極的損害（damnum emergens）	消極的損害（lucrum cessans）
既存財産の損失	通常通りにことが運べば期待することのできた利益の喪失
（すでに持っていたものを失った）	（持つはずであったものを失った）

損害賠償の算定は、今日いわゆる差額法によって行われる。

まず、
・一方で実際にどうなったのかを調べる（例えばAはBの物を壊した。今やその物は財産的価値を持たない）。
・他方で、もし損害を惹起した事情が発生しなかったとすれば、どうなったのかを仮定として考察する（例えばもしAがその物を壊さなかったとしたならば、その物はなおBのもとで財産的価値を持っていた）。

次に、
両者間の数値の差（＝計算額としての損害）を求める。

これら2つの数値の差を考察する場合、以下の2つの方法があり得る。

損害を被った当該財産だけに（被害者の財産におけるその置かれていた状況、意味を問題とせずに）限定し、万人にとってのその価値を基礎に据える。	被害者の財産全体を問題とし、まさに被害者の具体的な財産におけるその価値、意味を基礎に据え、被害者の財産に対してその損害が及ぼしたあらゆる影響を考慮に入れる。
客観的・抽象的な損害の算定	主観的・具体的な損害の算定
この算定方法は**客観的な物の価値**（一般価格）の賠償をもたらす。	この算定方法は**利害関係の賠償**をもたらす。

　ローマ人も、すでに2つの財産状況を比較してその差額によって損害を算定していたというのが、長い間通説であった。ローマの法学者は、「審判人は id quod interest（利益） について原告勝訴の判決を下すべし」という表現をしばしば用いたが、近世、とりわけパンデクテン法学の時代、この表現は今述べた通説の意味において理解された。つまり、「interesse＝その間に存在する、違いとして存在する」という意味

から出発し、id quod interestとは、引き算の答えと考えたのである。近代法の損害概念もこれに基づいている。

　近時の研究が明らかにしたように、ローマの法学者はid quod interestなる表現を前後2つの財産状況の差という意味で理解してはいなかった（あるいは少なくとも例外的にのみこの意味で理解していた）。Id quod interestは、しばしば特定の当事者を指示し、説明する言葉を伴う。例えば、
　　quod emptoris interesse rem habere　「物を持つことについて買主が有する利益」
したがってこの表現は、被害者の特別な事情が留意されるべきことを示唆している。つまりこの表現は、**客観的な物の価値を超える**損害、あるいは有体物との関係がそもそも無いような損害をも損害として把握することを可能にする。

(3) 方式書と損害の算定

①確定のもの（certum）を目的とする方式書の場合（例えば、奴隷給付の問答契約、すなわち確定物の問答契約に基づく訴権）に、有責判決が命じるものは、以下のものである。
　　「その物が値する（値するであろう）額　quanti ea res est（erit）」
基本的には客観的な物の価値がこれにより判決として下される。

　個々の事例の取扱において、場合によって柔軟に判断されることがある。例えば奴隷の価値に、第三者がこの奴隷に遺した相続財産の価値が加えられる。

②不確定なもの（incertum）を目的とする方式書の場合（例えば、不確定物の問答契約に基づく訴権、買主訴権）、その給付義務は、すでに学んだように、以下のものである。
　　「被告が原告に（信義誠実に基づいて）与え為すことを要するものは何であれ」
したがってこの場合には、判決額を決定する際にはじめから審判人に広い裁量の自由が与えられている。損害額を算定するにあたっては、常に「id quod

interest ＝ utilitas ＝ 具体的な被害者の利益」が考慮される。例えばウルピアーヌスは買主訴権に関して次のように述べている。

> **学説彙纂第19巻第1章第1法文首項**
> 「売却された物が引き渡されなかった場合、利害関係あるところのものが訴えの対象となる。これは物を持つことについて買主が有する利益を意味する。ときにそれは、物の値または売買代金を上回る利益を有する場合、物の価値を超えることがある」。

もっともローマの法学者は、損害賠償としての利益の算定があまりに広がらないように配慮した。以下の普通法における限界の設定はパウルスの一文に基づく。

（賠償に値する）　物それ自体に**関わる**利益 utilitas circa ipsam rem （直接損害）
（賠償に値しない）　物から**離れた**利益 utilitas extra rem （間接損害）

パウルスは、例えば穀物を買ったがそれが引き渡されず、そのため買主の奴隷が餓死した事案を挙げ、買主の履行利益としては、穀物の価額だけが賠償され、餓死した奴隷のそれは賠償され得ないとしている。

ユ帝は利益を物の価値の2倍に制限した。

(4) 積極的利益と消極的利益

契約においては以下の区別が行われる。

履行利益	信頼利益
（積極的利益）	（消極的利益）
履行利益が意義を持つのは、成立した契約上の給付義務に違反した場合である（不履行による損害）。	信頼利益が問題となるのは、有効な契約が成立しなかったが、当事者の一方は契約の有効を信頼し、そのために不利益を被った場合である（信頼による損害）。

例えば、売主Vは代金を1万金としてある土地の売買契約を買主Kと締結した。当該土地は売却すれば1万500金の値が付く土地であった（したがってKには得な買い物であった）。	例えば、Vは代金を1万金としてある土地の売買契約をKと締結した。植物が生い茂っていたために、Kはそこにたくさんの墓があることに気づかなかった（そしてVもKがそれに気づくような注意をしなかった）。当該土地は宗教地であり、取引対象とはなり得ず、売買契約は無効である。
VはKに土地を引き渡さない。	Kはすでに家の設計を建築家に依頼し、380金を出費した。

　損害は、実際にどうなったのかと、どうなったはずであったのかという仮定とを比較する、という方法で算定されることになる。

もし契約がその通り履行されたとした場合にはどうなったのか。	もし信頼した当事者が適時にそれが分かり、したがって契約を締結しはしなかったであろう場合にどうなったのか。
上述の例では、契約がその通り履行されていたならば、Kの財産は500金増加していた。	上述の例では、適時にそれが分かればKは契約を締結しなかったのであり、建築家に金を払いはしなかった。

第9節　給付の時期と場所

(1) 給付の場所

　給付の場所（履行の場所）とは、債務者がその給付をなすべき場所であって、そこで給付することにより債務者はその義務から解放される。この観点から、

我々は今日、以下の区別を用いる。

①取立債務：給付場所は債務者の住所である。
②持参債務：給付場所は債権者の住所である。
③送付債務：給付場所は債務者の住所であるが、給付の結果は債権者の住所において発生する（例えば送付売買）。

給付の場所は、以下のことにより決まる。
①まず第1に、給付場所についての当事者間の定めによる。例えば、
　「君はエフェススで私に100金が与えられることを誓約するか」─「誓約する」
②取引の性質による（例えば不動産売買）。
③それ以外の場合には、どこであれ債権者が債務者を訴えることのできる場所で給付を請求することができる。

給付が定められた場所以外のところで訴求される場合、事情により価値の差が生じ得る。当該給付の価値は、給付場所よりも訴えた場所での方が高かったり、低かったりする。この価値の差は、判決において債務者の有利に考慮することができる。

・不確定方式書による訴えの場合は、価値の差を考慮することは審判人の裁量範囲内である。
・確定のものを目的とする厳正法上の訴えの場合、審判人にはそのような考慮をすることはできない。この場合法務官は打開策として特別の訴権、特定の場所で（与えるを要することについて）の訴権 actio de eo quod certo loco（dari oportet）を付与した。

(2) 給付の時期

給付の時期とは、債務者が給付を行わなければならず、また債権者が給付を請求することのできる時期である（債務の履行期到来）。履行期の到来は履行遅滞

の発生に関して意味を持つ。履行期は以下のことにより到来する。

①一般的なものは当事者自身が定めた期限（dies）である。例えば、
「君は11月1日に私に100金が与えられることを誓約するか」－「誓約する」
②状況により　例えば、
「君は家が建てられることを私に誓約するか」－「誓約する」
　この場合、履行期の到来と訴求可能性は、その間に家を建てることが可能な期間が経過してはじめて発生する（D.45,1,14）。
③それ以外の場合には履行期は直ちに到来する。D.50,17,14「期限の定めのない債務においてはすべて、直ちに義務を負う：In omnibus obligationibus, in quibus dies non ponitur, praesenti die debetur.」。§904ABGB［民法412条3項］参照。

第10節　手附（arrha）

(1) 手附とは何か

　AとBとの間で将来の給付について契約が締結され、Aはすでに契約締結時に一定額の金銭をBに支払ったとする。金銭支払の目的としては、以下のことが考えられる。

①内金として：Aは自己の給付の一部を行ったのであり、内金の支払は給付義務履行の一部として扱われる。
②契約が締結されたことを確証させるものとして：**証約手附**（arrha confirmatoria）
　証約手附は通常（内金の場合と同様に）手附を交付する側の給付義務履行の一部として扱われる。この取扱が予定されていないか、不可能である場合には（例えば買主が証約手附として指輪を交付した場合）、履行の際に返還を請求することができる。

③契約を強化し給付義務を確実にするため
　　違約手附（arrha poenalis）
　　（手附金 Angeld、参照 § 908ABGB）
　　交付したＡが契約を履行しない場合、

④解除権を発生させるため
　　解約手附（arrha poenitentialis）
　　（解約金 Reugeld、参照 §§ 909f. ABGB［民法557条1項参照］）
　　Ａが契約を解除した場合、

　　　　　　　　手附はＢのものとなり、

　　受け取ったＢが契約を履行しない場合、

　　Ｂが契約を解除した場合、

　　　　　　ＢはＡに手附の倍を返還しなければならない。

(2) 手附の歴史

　手附の制度はギリシャ・ヘレニズム法圏に由来する。そこでは手附は給付約束の遵守を確実にするために機能した。つまり、手附を交付した者は約束を守らなければそれを失い、受け取った者は約束を守らなければその2倍を返さなければならない。手附は主として売買契約において行われた。

　古典期ローマ法においては、そのような履行の確保は必要なかった。なぜなら売買契約は諾成契約であって、手附の交付が無くても有効に成立し、実現可能だったからである。したがってガーイウスは、手附（arrha）は「売買契約が締結されたことの証拠」にすぎないものとしている（『法学提要』第3巻第139節）。したがって古典法が知っていたのは証約手附ということになる。

　ユ帝法は、ギリシャ・ヘレニズム法に由来する制度（契約に対して誠実ではない当事者の、手附の喪失ないし倍返し）を受け入れた。しかも、売買契約の予約（当事者は将来売買契約を締結すべき義務を負う）についても、また完成した売

買契約それ自体についても妥当するものとされた。そこから普通法は、違約手附と解約手附という概念（内容的に一部定義が異なるところがあるが）を導き出した。

第11節　違約罰

真正違約罰	不真正違約罰
違約罰とは、以下の目的で、 目的：既存の債務を強化し、確実にする	目的：それ自体としては義務のない給付を強制する
以下の場合を条件として、 条件：不履行ないし適当ではない履行ある場合に	条件：望み通りの結果とならないか、または望んではいない結果となった場合に

あらかじめ定められた金銭が支払われるべきことが、当事者によって合意される場合をいう。

この場合、それは金額の確定された損害賠償を意味する。原告はとりわけ具体的な損害額の証明をしないで済む。	これは、それ自体としては義務のない給付を間接的に強制するための手段である。これにより作為のみならず不作為もまた強制可能となる。

ローマ法においては、違約罰は**問答契約**を用いて合意された。

債権者「君はパンフィルスが私に与えられることを誓約するか。もし君がパンフィルスを与えなかったならば、君は100金が与えられることを誓約するか」	債権者「もし君がパンフィルスを与えないならば、君は私に100金が与えられることを誓約するか」
債務者「誓約する」	債務者「誓約する」
第一次給付の目的は奴隷パンフィッ	奴隷パンフィルスは債務の目的で

ルスであり、違約罰は第二次給付である。

はない。罰金に関しての条件付給付義務があるにすぎない。しかし債務者はパンフィッルスを給付することによってこの罰金を免れることができる（補充権）。

第5章 責　任

第1節　責任とは何か

　一般的な語法において「責を負う (haften)」は「責任を持つ (einstehen)」というほどの意味を持つ。法律用語においてもまたそうした意味で用いられるが、それ以外のいくつかの意味で使われている。以下の諸例を比較してみると、

1	2	3
「債務者は締結した義務についてその財産をもって責を負う」。	「債務者は故意・過失に基づいて責を負う」。「何人かの債務者は保管責任に基づいて責を負うが、不可抗力に基づいては責を負わない」。	「盗訴権の場合、盗人は2倍額を内容とする責を負い、現行盗のときには4倍額を内容とする責を負う」。

次のようなそれぞれ異なる意味で「責を負う」という表現を用いていることが分かる。

1)　責任 Haftung ＝債権者の条件付摑取力（かくしゅりょく）に服すこと
　　この意味での責任は、債務関係から発生した義務を強制可能なものとするための手段に関係する。今日、概念として以下の区別がなされる。

債務 Schuld	と	責任 Haftung
給付をなすべきである（Leisten-Sollen）義務を負っている		給付をなさなければならない（Leisten - Müssen）責に任ぜざるべからざること条件付摑取力に服していること

2) 責任 Haftung ＝ 一定の事情に基づいて責任をとる、責を負う

　例えば、「過失（広義）責任」、「故意責任」、「過失責任」、「保管責任」といった概念は、この意味で使われている。史料上は、その際しばしば praestare という表現が用いられている。例えば、culpam praestare（過失責任を負う）、custodiam praestare（保管責任を負う）

3) 責を負う Haften ＝ 債務を負っている、義務を負っている

　1)と2)におけるような厳密な概念上の区別とは違って、「責を負う」という言葉はときに「債務を負っている」、「義務を負っている」と同じ意味で使われる。

　「彼は物の価値の2倍額を内容とする責を負う」
　　　　　　＝彼は物の価値の2倍額の債務を負っている。
　「アクィーリウス法に基づき損害賠償の責を負う」
　　　　　　＝アクィーリウス法に基づき損害賠償義務を負っている。
　この非技術的な意味においては、ローマの法律用語としてしばしば teneri（責を負う）が使われる。

第2節　債務と責任

(1) 概　説

　今日では、債務（義務を負っている、給付すべきであること）の背後には責任が存在する。すなわち債権者は給付なき場合に強制的な摑取力を持つ。この摑取力の対象が何であるかに応じて、人的責任と物的責任とが区別される。

1) **人的責任**とは、不履行の場合に債権者の摑取力が以下のものに向けられる場合をいう。
・**債務者の人格**それ自体（例えば債務奴隷、殺害）
・**債務者の財産**：不履行の場合に債権者はまず判決をもらい（ローマ法においては常に金銭で下される：金銭判決の原理）、次に債務者の財産から満足を

得ることができる（財産執行）。我々はこれを**財産をもってする人的責任**と呼んでいる。通常債務者の全財産が債権者の摑取力の対象となる（「債務者はその全財産をもって責を負う」）。つまりこれは無制限の人的責任である。そうではなく債務者の責任が制限される場合も見られる。例えば債務者が「為し得る限りにおいて in id, quod facere potest」の判決を下され、したがって債務者に最低生活費が留保されることになる訴権の場合。

2）**物的責任**とは、特定の債務に関して特定の個別財産が、債権者の摑取力の対象となり、優先的な満足を得させる場合をいう。とりわけ質権の場合がこれに該当する。

例えばSはGに1万金の債務を負い、

Sの人的責任だけが存在する。	Sの人的責任以外にさらに、	
	S自身の設定した質権がある。	第三者Cの設定した質権がある。

債務不履行ある場合、いずれにせよGはSの全財産にかかっていくことができる。しかし、他にもSに債権者がいる場合には、彼らもまたSの全財産にかかっていくことができる。しばしば債権者全員が十分な満足を得るという結果にはならない。Sが支払不能である（insolvent）場合がよくあるからである。

| この場合、債権者全員の案分比例による満足ということになる。したがってGは場合により債権の一部しか受け取ることができない。 | この場合、Gは設定された質から、彼だけが、そして質物全部について満足を得ることができる。 | この場合もGはCの設定した質から、彼だけが、そして質物全部について満足を得ることができる。（ただし、GはCのこの質物にのみかかっていくことができるのであって、Cのそれ以外の財産にかかっていくことはできない。Cは当該債務につい |

て人的責任を負ってはいないからである。)

(2) ローマ法における債務と責任

「債務関係(obligatio)」という概念(言葉としては結び付けること、縛り付けること)は、ローマ法において以下のように変遷した。

1) 比較的古い時代のobligatioの概念においては、責任が前面に出ていた。すなわちobligatioにおいて債権者の捕取力が生じた。債務者は給付義務を負うのだという観念は未だ完全には展開していない。責任(初期の段階には債務者の人格をもってする責任が通常であった)は、以下のことにより発生した。

不法行為によって	責任設定行為によって
最初の段階 被害者側の復讐権(殺害、四肢傷害の場合の同害報復) **後の段階** 贖罪金の支払により復讐権を放棄させる。 ・任意に、被害者加害者間の贖罪契約(pactum)によって ・国家が贖罪金額を定めることによって(同時に私的復讐は禁止)	給付なき場合の、人格に対する捕取力行使の容認 例えば**拘束行為**:証人の面前での儀式的銅衡行為。Gから貸付金を衡り渡されたSは、返還なき場合に自己の人格に対する捕取力行使をGに容認する。

【注意】
　贖罪金の支払およびSの給付は、このような概念構成においては、義務の履行ではなくて(給付はこの段階ではまだ債務として負わされている、というものではない)、責任からの解放手段である。拘束行為においては、儀式的行為によって責任から解放される。すなわち拘束行為の解放(nexi liberatio)、銅と衡による弁済(solutio per aes et libram)によって。

2）obligatioのより新しい**概念**では、債務者の給付すべきであること、すなわち債務それ自体が前面に登場する。債務者は今やまず第1に給付を為すべき義務を**負う**。債務の背後にある責任は、**この義務の確保**に奉仕する。自己の人格をもってする債務者の始源的な責任は、財産をもってする責任に取って代わられる。債権者が満足を得るための基本財産は、通常債務者の全財産である。これに対して**責任なき債務**とは自然債務のことをいう。自然債務においては、確かに給付は債務として負わされているが、訴求可能性ないし執行可能性がない。

第3節　帰責事由としての責任

この観点のもとで扱われる問題は、法制度上見過ごすことのできない結果の発生について、人はどの範囲まで責任を負わなければならないのか、どのような事情について責を負うべきなのか、いかなる前提のもとで当該結果について責任を負わされることになるのか、という問題である。

このような責任の問題は、不法行為（例えばSはGの物を毀損した）の場合にも、また契約の展開（Sはある物の給付義務をGに負っている。Sはその物をGに給付しない、Sは物を失った、壊した。その物は盗まれた）においても起こる。したがって「不法行為責任」と「契約責任」との2つに分けて論じることにしよう。

（1）不法行為責任

不法行為に関してある結果（例えば殺人、傷害、物の毀損）がSに帰せしめられるべきであるとする場合、我々は原則として以下の区別をする。

結果責任	過失責任
Sは次の場合に責を負う。	Sは次の場合に責を負う。
①Sがその結果を引き起こした（客観的要件事実）	①Sがその結果を引き起こした（客観的要件事実）
②違法に行為した	②違法に行為した
その際、責任非難は問題とはならない（「行為が人を殺害した」）。	③彼の行為は非難に値する（主観的要件事実）

帰責事由（広義のculpa）
├ dolus（故意）
└ 狭義のculpa（過失）
　・重過失 culpa lata
　・軽過失 culpa levis

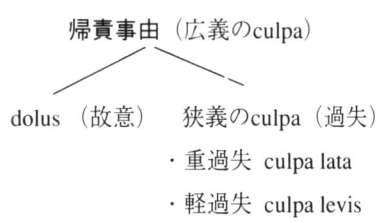

中間の段階として位置づけられるのが、類型化された有責事由 である。
　この段階では、経験に照らして、特定の結果が生じればそれについて帰責あるものとされた。したがって法秩序は、原則として責任をその結果に結び付け、具体的な帰責可能性を問題としない。とはいえ、類型化された免責事由（例えば不可抗力）の場合には、免責可能性が開かれている。
　①古拙な時代にはおそらく純粋な結果責任が支配したであろう。
　②十二表法の時代、少なくとも公の刑法の領域においては（例えば parricidium ＝自由人の殺害）、意識して欲した結果と偶然生じた結果とは区別された（例えば武器がたまたま手から滑った場合には、刑罰に代えて、贖罪の犠牲として牡羊、牡牛が捧げられた）。類型化された有責事由も見いだされる。これがすでに私の不法行為においても妥当したのかについては争いがある。
　③私の不法行為法にとって重要な意味を持ったアクィーリウス法（紀元前286年）は、加害者が "iniuria"（言葉としては不法に）行為したことを要求するにとどまり、帰責事由については未だ何も述べてはいない。
　④共和政期の法学は、"iniuria" 概念の解釈作業を通して主観的非難可能性の要件をつくり出した。すなわち、

・まずdolusについて　　　　　　そしてこれら2つの帰責事由を
・その後狭義のculpaについて　　広義のculpaとして把握した。

(2) 契約責任

帰責事由概説

契約の展開において給付障害（債務不履行、遅滞、給付の後発的不能、目的物の滅失、物ないし権利の瑕疵、積極的債権侵害）が生じた場合、ここでも債務者は責任を負うのか、負うとしていかなる範囲でか、またどのような事情について責を負わなければならないのかという問題が起こる。

例）SはGに花瓶給付の債務を負う。
・地震の際に花瓶が倒れて壊れた。　　　　　　　　不可抗力
　　　　　　　　　　　　　　　　　　　　　　　（vis maior）　　　事変
　　　　　　　　　　　　　　　　　　　　　　　　小事変
・花瓶は盗まれた。　　　　　　　　保管責任
・Sの不注意な行動によって　　　　軽過失
　花瓶が倒れて壊れた。
・運送に際しSは包装して箱詰　　　重過失　　　　　　帰責事由
　めすることもせず、花瓶は
　運送中に壊れた。
・Gに損害を与えようと、Sは　　　悪　意
　故意に花瓶を壊した。

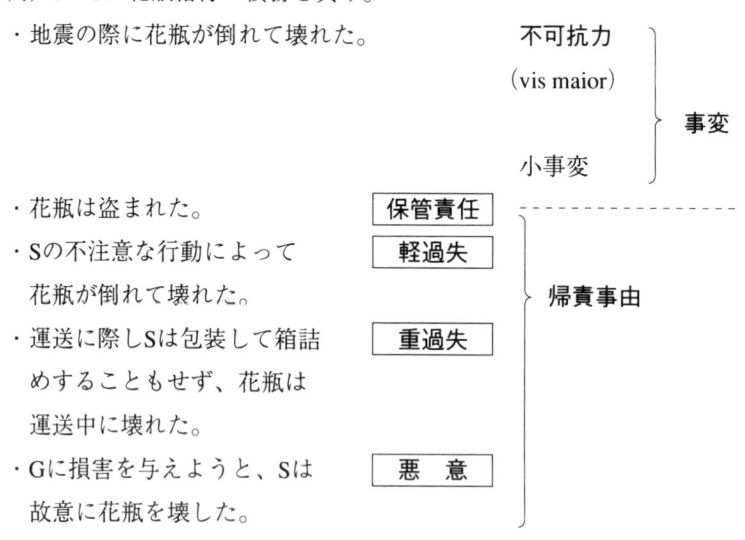

以上の例において、債務者はこれらの事情のうち、いずれについて責を負わなければならないのかという問題が出てくる（すなわち具体的には、第二次給付すなわち花瓶についての金銭賠償がなされ得るのか）。どこまで責任を負わなければならないのかは、それぞれの契約類型によって決まる。ローマ法はその際責任基準に関して以下の区別をした。

1) 悪意責任　債務者はdolusがある場合に限り責を負い、しかし例えば過失により結果を引き起こしたときは責を負わない。
   【注意】悪意（dolus）とは、古典期：認識ある誠実義務違反、信義誠実（bona fides）違反
   　　　　後古典期およびユ帝の時代：culpaと対立する帰責事由としての故意
   　　　　（さらに法務官法上の不法行為である"dolus"悪意、詐欺）

2) 過失責任　債務者は過失についても責に任じなければならない。債務者の行態は懈怠（neglegentia）、注意義務（diligentia）違反として示される。
   重過失 culpa lata：重大な注意義務違反
   軽過失 culpa levis：軽度の注意義務違反
   重過失および軽過失について責を負わなければならないときは、債務者はすべての過失（omnis culpa）について責を負うことになる。

注意義務違反の存否を判断する基準として、以下の客観的基準と主観的基準とがあり得る。
抽象的過失 culpa in abstracto
　基準となるのは、正常な普通人（注意深い家長 diligens pater familias）の行動態度である。
具体的過失 culpa in concreto
　基準となるのは、**その債務者**が自己の事務において払う注意である。これを、**自己の事務において払うを常とする注意** diligentia quam in suis（rebus adhibere solet）と呼んでいる。自己の事務における注意はその概念構成からして、だらしのない人には責任を軽くし、特別注意深い人には責任を重くする。（具体的過失はようやくユ帝法において練り上げられたものである〔後述95頁参照〕）。

3) 保管責任　債務者は注意深く物を保管する責を負う。悪意および過失のみならず、類型的に監視の懈怠に帰せしめられる事情、特に第三者による盗についても責を負う。

保管責任は類型化された有責事由であり、そこで個別的に過失の存否が調べら

れるわけではない。小事変もこれに含まれる。これに対して不可抗力の場合には、保管責任は問われない。

古典期には以下の者が保管責任を負った。
①使用貸借の借主
②特定の請負人：洗濯屋（fullo）、繕い屋（sarcinator）
③占有質の場合の質権者
④物の引渡あるまでの売主
⑤物の使用賃貸借の賃借人
⑥船主、旅館の主人、厩の主人（客が持ち込んだ物品について）

4) 最初から帰責事由を問題としているわけではないが、法学者がときにそのようなものとして解釈するのが、以下の責任の表現である。

もし給付しないことが彼の責に帰すべきものであるならば、
（si per eum stetit, quo minus daret）
この基準は厳正法上の債務関係において用いられている。

5) 事変 casus とは、債務者の責に帰すべからざる事由のことをいう。例えば、第三者が債務の目的物を盗む、毀損する場合である（この場合確かに第三者は責任を負うが、債務者の側か見みれば事変である）。事変の中でより程度の高いものが、不可抗力である。すなわち「**抵抗することのできない事変** casus quibus resisti nec possit」である。古典期法学者は自然死をこの中に数え、そしてさらにいわゆる「天災のカタログ（地震、山崩れ、洪水、火災、難船、海賊の襲撃、敵の侵攻）」を作り上げた。事変については責を負わないのが通常である。すなわち「**何人も事変については責を負わない** casus a nullo praestantur」。しかし法秩序は、そのような何人も責に帰すべからざる事由から生じた経済的不利益を誰が負担すべきなのかという問題を明らかにしなければならない。これが**危険負担**（periculum）の問題である。

歴史的展開の概説

前古典期および古典期の法学は、なおしばしば債務者の行動態様を客観的・類型的に考察し、さらに無過失責任の若干の事例を知っていた。

ようやく後古典期、とりわけユ帝法において主観的・個別的考察方法に基づく過失理論が練り上げられた。債務者の行動態様に関しては、非難可能要因としての故意・過失が前面に現れた。悪意と過失は帰責事由の程度の問題となる。さらに過失ある場合にのみ責任を負うという原則（過失責任の原理）が作り上げられた。

古典期法学

古典法に関しては、法秩序のカズイスティックな構造に対応して、契約責任の一般的原理は定立されなかった。法学者はそれぞれの契約類型およびそれに特有の利害状況に応じて然るべき責任基準を設けたのである。厳正法上の債務関係においては、「もし給付しないことが彼の責に帰すべきものであるならば」と表現される責任が問題とされた。それ以外の場合には、とりわけ一方で悪意責任、他方で保管責任の二者択一が問題となった。

悪意責任	保管責任
【注意】この責任基準は、悪意以外は責を負わないので、緩い。	【注意】この責任基準は、悪意と過失以外にもさらに小事変（特に第三者による盗）の場合も含むので、厳しい。

どの場合に軽い責任が、どの場合に重い責任が発生するのかを線引きするために、いわゆる**利益原理**が展開された。

当該契約から何ら利益（utilitas）を得ることなく、したがってまったく、あるいはほとんど利害関係を持たない者の責任は、 　　　　　軽　い	当該契約から利益（utilitas）を得、したがってその者だけが、またはもっぱらその者が利害関係を持つ場合、その者の責任は、 　　　　　重　い

この区別は古典法においてとりわけ以下の2つの契約の比較において現れる。

寄託契約	使用貸借契約
もしBがAから保管のために物を受け取ったならば、受寄者Bは当該契約（注意：寄託は無償契約である）に基づく利益を有しない。 　したがって受寄者は悪意についてのみ責任を負う。	もしBがAから使用貸借として物を受け取ったならば、借主Bは当該契約から利益を得る。 　したがって使用貸借の借主は保管責任を負う。

後古典期

後古典期には 利益原理 がさらに練り上げられ、以下の2つの責任を線引きするために引き合いに出された。

　　　　悪意責任　　　　　と　　　　過失および悪意責任
　　（利益を有しない場合）　　　　（一方的にまたはもっぱら利益を有する場合）

【注意】以下の事例は利益主義に対応しない。
- ・受任者 ⎫
- ・事務管理人 ⎬ 利益を有しないにもかかわらず（これら三者はすべて無償の事務管理者である）、過失についても責任を負う。
- ・後見人 ⎭
- ・容仮占有の借主は借主のみが利益を有するにもかかわらず、悪意についてしか責任を負わない。

【注意】上述の図式は、重過失もまた悪意に算入されることによって（D.50,16,226「重大な過失は悪意である」；D.11,6,1,1「重過失はもちろん悪意と同視されるべきである」）、さらに複雑なものとなる。緩やかな責任と厳しい責任との間の境界線は、したがって結果としては重過失と軽過失との間にあることになる。

ユ帝法

法発展の最終段階、すなわちユ帝法においては、したがって以下の図式となる。

　　　　　　　　　　悪意および重・軽過失責任

が、過失理論の影響のもと、原則となる。

ただし特別の事例に限っては、より軽い責任（例えば利益原理が働いて悪意および重過失についてのみ責を負う）、より重い責任（例えば保管責任の事案の場合）が発生する。

さらにユ帝では、**抽象的過失**（債務者の行動態様を判断するに際して「注意深い家長」を基準に据える）に加えて、若干の事例において**具体的過失**が知られている。「自己の事務における注意」は、例えば以下の場合に要求される。
・組合員
・嫁資の管理における夫
・被後見人の財産管理における後見人

これらの事例は、同一の者が自己および他人の財産を管理する場合である。自己の事務における注意は、確かに古典期にその出発点を持つ（例えば寄託契約における相対的悪意の観念、「他人の物を自己の物よりも悪く扱うことは悪意である」）が、本質的にはようやく後古典期において完成された。

すでに述べたように（91頁以下）、具体的過失はだらしない者にとっては責任の軽減を、注意深い者にとっては責任の加重を意味する。これに対してユ帝法においては、「自己の事務における注意」は責任の加重として考えられていた（すなわち債務者は特別の注意を求められた）。自己の事務における注意という概念は、今日においてもなお、合名会社および合資会社における組合員相互の内部的責任の場合に見られる（これはドイツ商法がオーストリアに導入されたことに因るものである。これを別にすれば、オーストリア民法は「自己の事務における注意」という概念を知らない［民法659条参照］）。

内容に関する契約の自由として、当事者は法定の基準とは異なる責任を定めることができる。例えば悪意責任に代えて保管責任について、あるいはその逆について合意することができる。すなわち、

免責約款：責任が軽減される（例えば軽過失の排除、したがって悪意および重

過失のみ責を負えば足りる)。いわゆる故意についての免責条項は無効である。悪意(おそらくは重過失も)を排除することはできない(D.50,17,23)。

損失負担の引受：当事者の一方が帰責事由の存否とは無関係に責任を引き受ける。

第4節　危険負担

危険負担(periculum)の観点からは、誰もそれについて責を負うべきではない出来事により生じた経済的不利益を、誰が負担するのかという問題が扱われる(例えば地震による花瓶の毀損)。

この問題を解決するには以下の方法があり得る。

債務関係の外の問題として　　　　債務関係内部の問題として、

物の危険一般	給付の危険	対価の危険
物が滅失ないし毀損して、誰にもそれについて責を負わすことができないとき、所有者がその不利益を負担しなければならない。すなわち所有者は誰にも損害賠償を請求することはできない。**「事変は所有者が被るcasus sentit dominus」**§1311 Satz 1 ABGB参照	債務として負う物の、責に帰すことのできない（偶然の）滅失は債務関係に対していかなる影響を及ぼすことになるのか、という問題である。債務者は債務を免れるのか、それともさらに給付をするよう努めなければならないのか。	双務契約（例えば売買、賃貸借、雇傭）の場合に、一方当事者の給付義務がなくなったにもかかわらず、他方の当事者は対価を払わなければならないのか、それとも払わなくてよいのか。　売　買：**代金の危険**　賃貸借：**賃料の危険**　雇　傭：**報酬の危険**

　それぞれの債務関係において誰が危険を負担するのかは、債務関係ごとにこれを考察しなければならない。例えば、「**危険は買主にあり** periculum est emptoris」という命題は、売却され、しかしまだ引き渡されていない物が事変により滅失したときでも、買主は代金を支払わなければならないことを意味する。すなわち「買主が（代金の）危険を負担する」。

第6章　給付障害

第1節　給付障害とは何か

債務関係が何の問題もなく展開する場合。

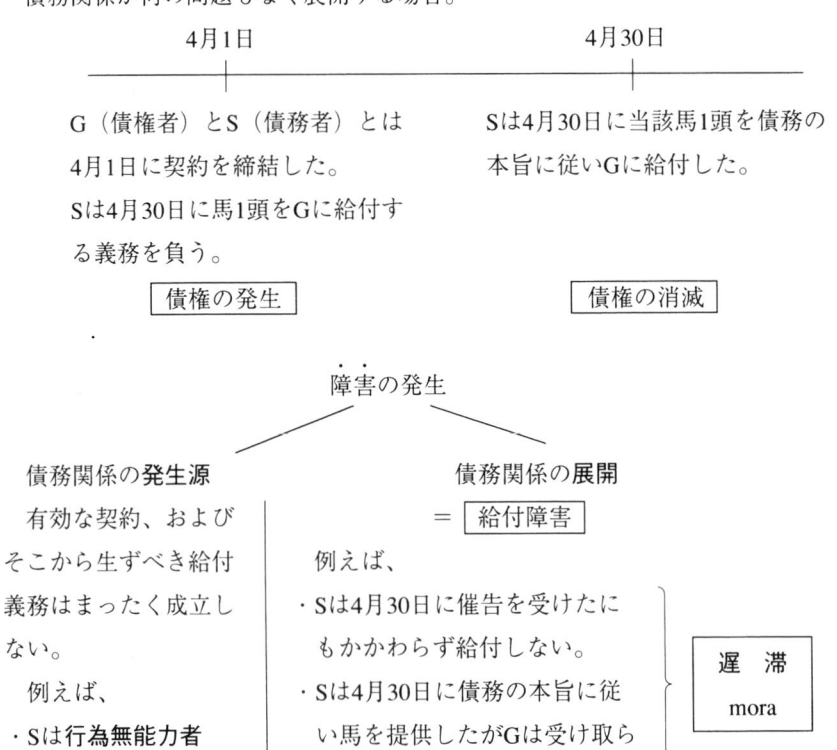

```
         4月1日                    4月30日
───────────┼────────────────────────┼───────
G（債権者）とS（債務者）とは      Sは4月30日に当該馬1頭を債務の
4月1日に契約を締結した。          本旨に従いGに給付した。
Sは4月30日に馬1頭をGに給付す
る義務を負う。

       債権の発生                  債権の消滅
```

　　　　　　　　　　障害の発生

債務関係の**発生源**	債務関係の**展開**
有効な契約、および そこから生ずべき給付義務はまったく成立しない。	＝ 給付障害
例えば、	例えば、
・Sは**行為無能力者**	・Sは4月30日に催告を受けたにもかかわらず給付しない。
・**意思に瑕疵**がある （錯誤、強迫、詐欺）	・Sは4月30日に債務の本旨に従い馬を提供したがGは受け取らない。

右側の二例：**遅滞** mora

第6章　給付障害　99

・給付がはじめから
　客観的に不能
　違　法
　不確定
・必要とされる形式が
　践まれていない

・4月26日Sは乗馬中にその馬を
　酷使し、死亡させた。
・4月26日馬は牧場で落雷に遭
　い死亡した。

　後発的
　不能

・4月30日に馬を給付する際、S
　は不注意からGの馬小屋で損害
　を与えた。（保護義務ないし
　注意義務違反）

　積極的
　契約侵害

・4月30日にSは馬を給付した。
　馬は乗馬には役に立たず、喘
　息を患っている（物の瑕疵）。
・4月30日にSは馬を給付した。
　馬はEが所有するものであった
　（権利の瑕疵）。

　担保責任

ローマ法（および**普通法**）は、以下のものだけを債権侵害として把握した。

1) **後発的不能**：契約締結（債権の成立）後に生じた事情により給付が最終的に不可能となった場合：給付不能
2) **債務者遅滞**：給付が可能であり、履行期が到来し、催告を受けたにもかかわらず、債務者が給付しないことによって発生する：給付遅滞
　　ローマ法においては法的効果はそれぞれ基礎となる方式書のタイプによって異なる。
3) **債権者遅滞**は、ローマ法においてもまた近代法においても、義務違反ではない。しかし債務者がおかれる状況は軽減される（例えば責任の軽減）。債権者は、債務の本旨に従い提供された給付を受領しない場合に、遅滞に陥る。

4) **積極的契約侵害**という概念は20世紀の初頭にはじめて教義学的に完成されたものである。積極的契約侵害（債権侵害）とは、債務者が**保護義務・注意義務違反**によって、不履行ないし遅滞によるそれとは異なる損害を債権者にもたらした場合をいう。この理論はシュタウプStaubに遡り、彼は、債務者の遅滞としても、また給付不能としても把握することができない債権侵害が存在することを明らかにしようと試み、「積極的契約侵害」なる概念を導入した。この概念は、オーストリア法において今日でも論争の対象となっている。

  ローマ法では、保護義務・注意義務違反については、信義誠実が妥当する法律関係において然るべき考慮を行うことが可能であった。

5) **担保責任**とは、確かに給付はなされたが、給付に瑕疵がある場合をいう。物の瑕疵と権利の瑕疵とに分けられる。担保責任は、権利および物の瑕疵に対する、帰責事由とは無関係に構成される債務者の責任である。今日あらゆる有償契約において問題となる（§922ABGB）。

  ローマ法はとりわけ売買契約の場合について担保責任を展開させたので、これについては売買のところで扱うことにする。

以下では、後発的不能および履行遅滞について述べることにしよう。

第2節　後発的不能

 不能理論に関しては、原始的不能と後発的不能の2つに区別しなけらばならない。原始的不能は発生源の瑕疵であり、有効な債務関係は成立しない。これに対して、後発的不能は給付障害の1つであり、契約およびそこから発生した給付義務は、まずは有効に成立する。しかし、債務となっている給付が、例えば当該目的物の滅失によってその後不可能になったとすると、この事情は給付義務にいかなる影響を及ぼすのかという問題が、発生することになる。

 基本として、後発的不能は、以下の2つに区別する必要がある。

債務者の**責に帰すべき**後発的不能	債務者の**責に帰すべからざる**後発的不能
例えば、Sは奴隷の給付義務をGに負っていたが、その奴隷を酷使したために、死亡させた。 この場合債務者は**責を免れない**。債務者はそれぞれ方式書に従い、物の価値または積極的利益について賠償責任を負う。	例えば、その奴隷が自然死した。 この場合（少なくとも特定物債務の場合には）債務者は**責を免れる**。債務者の義務は消滅する。

どのような場合に債務者が責を負わなければならないのかは、責任の基準による。それぞれの債務関係ごとにこの基準が定められる（悪意、過失、保管責任、「もし彼の責に帰すべきものであるならば」）。

(1) 責に帰すべき不能

債務者が不能について責を負うべき場合、債務者は責を免れない。不能となった第一次給付に代わり第二次給付として金銭賠償をしなければならない。債務者の賠償義務に関して、ローマ法は基本として以下の区別をする。

1) **債務の永久化**（perpetuatio obligationis）：この概念構成は、厳正法上の確定物（certa res）を目的とする訴権の場合に出てくる。滅失した物がなお存在するものと擬制されて、これにより債務が保持され（永久のものとされ）、債務者は「その物が値する額＝客観的な物の価値」について有責判決を受ける。それを上回る損害について考慮することはできない。後述105頁以下参照。

2) **不確定訴権**：この場合債務者は方式書の文言に基づき、「被告が与え為すことを要するものは何であれ」について有責判決を受ける。通常は、不履

行による損害の賠償＝積極的利益となる。

(2) 責に帰すべからざる不能

【注意】種類債務の場合には、その種類がすべてなくなった場合にしか不能は発生し得ない。そのような事態はほとんどあり得ないことである（「種類物はなくならない」）。

不能について債務者が責を負うべきではないならば、債務者は**責を免れ**（そして第二次給付義務も発生せず）、債権者の債権は消滅する。
これにより問題として出てくるのが危険負担の問題である。

・片務契約の場合

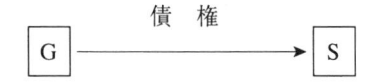

```
         債　権
    G ─────────→ S
```

例えばSは問答契約で奴隷ティティウスの給付をGに約束したが、ティティウスは死亡した。この後発的不能は責に帰すべき不能ではないので、債権は消滅することになる。Sはもはや給付する必要はないので、したがってGが、偶発的不能による経済的不利益を負担しなければならない。これを、債権者が（給付の）危険を負担する、という。すなわち、「特定物はその債権者の負担においてなくなる species perit ei cui debetur」。

・完全双務契約（給付交換関係、例えば売買、賃貸借、雇傭）の場合

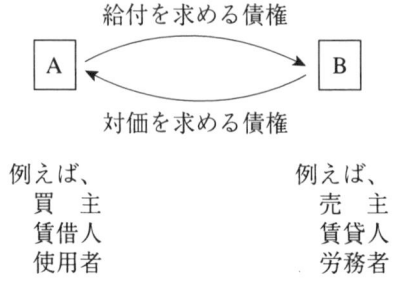

```
         給付を求める債権
    A ←───────────→ B
         対価を求める債権
```

例えば、　　　　　　例えば、
　買　主　　　　　　　売　主
　賃借人　　　　　　　賃貸人
　使用者　　　　　　　労務者

Bの給付が偶発的に不能となったことにより（例えば売却されたが未だ引き渡されない中に、目的物が地震により滅失した：鉱山で浸水が起こり労務者が役務を提供することができない）、AのBに対する債権は消滅する。ここで、BのAに対する反対債権も消滅するのかという問題が発生する。

消滅する	あるいは	消滅しない
その結果、Aもまた対価支払債務を免れる（ないしはすでに支払った対価の返還を請求することができる）。		その結果、Aは、給付を受けてはいないにもかかわらず、対価支払義務を依然として負う（ないしすでに支払った対価の返還を請求することはできない）。
「危険はBが負担する」		「危険はAが負担する」

ここで問題となっているのは、**対価の危険**である。

第3節　遅　滞

債務者遅滞	債権者遅滞
履行遅滞（mora solvendi）	受領遅滞（mora accipiendi）
債務者遅滞（mora debitoris）	債権者遅滞（mora creditoris）

（1）債務者遅滞

債務者遅滞は以下の場合に発生する。すなわち、債務者が、
・履行期が到来しても、
・なお可能な給付を
・債務者の責に帰すべき事由により（「もし給付しないことが彼の責に帰すべきものであるならば」、客観的遅滞ではなくて主観的遅滞）、
・催告を受けても、

・履行しない、ないし本旨に従った履行をしない場合に発生する。

債務者遅滞はローマ法において一般的に催告を前提とした。普通法においてはじめて、期限付債務について「期限は人に代わって催告する dies interpellat pro homine」なる命題（すなわち「遅滞は催告なしに当然に発生する」）が妥当した。ローマ法において盗人は当然に遅滞に陥る：「盗人は常に遅滞にある fur semper in mora est」。

債務者遅滞は通例責任の加重をもたらす。債務者は特に今や事変（casus）についても責を負う。ローマ人は厳正法上の確定訴権の場合に、債務の永久化（目的物はなお存在するとの擬制、後述105頁以下参照）を用いた。

不確定訴権、とりわけ誠意条項付きの訴権の場合、遅滞による損害も考慮され得る。金銭債務の場合には計算により算定される遅延損害として**遅延利息**が問題となる（例えば、売主が売買代金の支払を買主に求める売主訴権の場合）。

債務者遅滞の終了原因は、
・履行
・猶予の約束
・債権者遅滞の発生（例えば債務者が本旨に従い給付を提供したが、債権者はそれを受け取らない）

(2) 債権者遅滞

債権者遅滞は、債権者が、
・適時に適切な場所で適当な方法で債務者が履行の提供をなしたが、
・それを受領しなかった場合に、発生する。
【注意】履行期の定めがあっても、債務者は履行期到来以前でも履行することができるのであって、もし債権者が受領しない場合にはこれによって受領遅滞となり得る。つまり、期限の定めは、（疑わしいときは給付は直ちに請求され得るという原則の例外として）債務者のためにあるのであって、債権者のためにあるのではない。

受領遅滞は、債権者は受領義務を負ってはいないので、義務違反ではない。もっとも、このような把握にもかかわらず、債務者に債権者を相手方とする訴求可能性を認める見解が、散発的にではあるが見られる。例えば、買主が売主の採石場にある岩石を購入したが、これを取りに行かない場合について (Pomp.D.19,1,9)。また、ある見解は、あらかじめ然るべき予告をしたならば、給付義務の目的であるワインを流して捨てることを、売主に許している。また捨てないという場合には、支払ったないし支払うべき瓶の使用料を売主は買主に請求することができるものとしている (Ulp.D.18,6,1,3)。さらに債務として負う物を公けの場所に供託することも可能であった。後古典期には、これにより債務を免れることとなった。

受領遅滞はいずれにせよ責任の軽減をもたらす。債務者はもはや悪意についてのみ責を負えば足りる。さらに危険が債権者に移る。

第4節　債務の永久化 (perpetuatio obligationis)

確定物 (certa res) の供与 (dare) を目的とする厳正法上の債務 (例えば奴隷スティクス給付の問答契約) の訴訟方式書は、

> もし被告が原告に奴隷スティクスを与えることを要することが明らかならば

であり、「与えることを要すること」という言葉の意味についてローマ人は次のように理解した。つまり、給付義務を負う目的物が争点決定時に存在する場合にのみ当該の義務があると、理解したのである。したがって、審判人は、いかなる理由からであれ目的物がすでに滅失している場合には、方式書のこの理解に従い、免訴判決を下さなければならなかったのである。この帰結は、債務者が物の滅失について責に任ずべき場合には (「もし給付しないことが彼の責に帰すべきものであるならば」)、納得のいくものではないであろう。

ローマ法は保護を与えるために擬制を用いた。すなわち、争点決定時に物はなお存在するものと擬制したのである。これによって債務関係は永久のものとなり(**債務の永久化**)審判人は方式書にある「与えることを要すること」を肯定して、第二次給付としての物の価額について有責判決を下すことができるようになった。

債務の永久化（厳正債務で確定物を目的とする場合）は、以下の要件事実のもとで見られる。
①債務者の責に帰すべき後発的不能
②債務者遅滞発生後の不能：遅滞に陥ると債務者の責任は加重されるので、遅滞中の事変による滅失の場合にも上述の債務の永久化が生じる。

第7章　債権の消滅

債権の消滅に関しては、以下の2つの概念を区別して考える必要がある。

債務関係（広義のobligatio）の消滅　　　債権（狭義のobligatio）の消滅

これら2つの局面は同時に起こり得るが、必ず重なるわけではない。

【設例1】Aは問答契約に基づき馬1頭の所有権を譲渡する債務をBに負った。AがBに馬の所有権を譲渡すれば、2つの局面が同時に発生する。片務の一回的債務関係においては、広義のobligatioと狭義のそれとが重なり合うのが普通である。

【設例2】AとBとの間で賃貸借関係が存在する。Bは2000年9月分の家賃を払った。これによって2000年9月分の賃料債権（狭義のobligatio）は消滅するが、賃貸借関係は消滅しない。

【設例3】KとVとは売買契約を締結した。契約締結後ではあるが履行行為がなされる前に（re adhuc integra）、2人は契約を解消する旨合意した。これによって法律関係全体（広義のobligatio）も、またそこから発生した債権（狭義のobligatio）も消滅する。

第1節　概　観

債権が消滅するとして、以下の2つに場合を分けることができる。

第1に、債権者の満足を伴う場合
① 履行　　　　　　　　　弁済
② 履行に代わるもの　　代物弁済　　相殺　　供託
第2に、債権者の満足を伴わない場合
① 債権者の免除
　　要式免除行為：　受領問答契約
　　　　　　　　　　仮装行為としての銅と衡による弁済
　　方式を用いない免除の合意：　無方式の免除約束
② 混同 ：債務者と債権者が同一人となること
③ 債務者の責に帰すべからざる事由による後発的不能
④ 自力救済の違法な行使：神帝マルクスの裁決（decretum divi Marci）以降
⑤ 債権者ないし債務者の死亡：能動ないし受動的に相続不能な債権の場合
⑥ 原因の競合
⑦ 更改

さらに消滅事由に関して、ローマ法は以下の区別をする。

第1に、 法律上当然に ipso iure 消滅する場合
　市民法上債務関係が消滅し、債権者は訴権を失う。

第2に、 抗弁の働きによって ope exceptionis 消滅する場合
　　債務関係は市民法上はなお存続する。債権者は訴権を持つが、**訴えられた債務者の申出に基づき**方式書の中に抗弁が挿入され、この抗弁によって審判人は原告の訴えを退けることになる。

第2節　弁済（solutio）

　債権はすべて、債務者が債務として負う給付を債権者に履行することによって消滅する。債務者はこれにより法律上当然に解放される。solutio が弁済を意味す

る言葉として用いられたその理由は、歴史的に、すなわちobligatioのより古い概念から説明することができる。obligatioの古い概念のもとでは、責任（＝債務者の人格に対する債権者の条件付摑取力）がなお前面に出ていた。solvereとは文字通り「解放すること」であり、したがってsolutioは責任からの解放を意味したのである。

通常弁済は、①債務者自身が、②債務として負う給付を、③そのすべてについて、④債権者に、給付することによって生じる。しかし、若干の場合にその変則が存在する。

(1) 第三者による給付

原則として給付は、これを債務者自身が行わなければならない。

第三者による給付が場合により起こり得るが、その目的は、

| 債務を消滅させるため。債務者の解放をもたらす。その結果債権は消滅する。 | 第三者が債権を取得するため（「債権の請戻支払」）。その結果、今や当該債権は、債務者に対する求償の基礎として、弁済した第三者に帰属する。 |

ローマ法において**第三者による給付**は、原則として**解放**の効果をもたらし、債務者の意思に反してすらも可能であった。債権者も、一身専属的な、債務者の人格に結びついた給付義務である場合（例えば芸術家としての仕事）に限り、これを拒否し得るにすぎない。

給付した第三者は債権を請戻すという考えは、すでに古典期のローマ法において保証人の求償の基礎としてときどき言及されている。主債務者のために支払った保証人は、主債務者に対する債権の譲渡を債権者に請求することができる。ユ帝法においては、これが発展して、**訴権譲渡の利益**（beneficium cedendarum actionum）となる。

(2) 第三者への給付

債権者Gと債務者Sとの間に存在する債務は、通常Gに給付することによってしか消滅しない。第三者Dへの給付が債務からの解放をもたらすのは、以下の場合である。

【設例1】 Dが参加要約者 adstipulator（問答契約での従たる債権者）である場合。参加要約者は請求および受領の権限を持つ。

【設例2】 Dが支払場所として（弁済のために付加された者 solutionis causa adiectus）問答契約において合意された場合。弁済のために付加された者は単に受領権を持つだけで、請求することはできない。

【設例3】 Dが債権者から受領権を与えられていた場合（たとえば**委託事務管理人** procurator として）、または債権者が事後的にDへの給付を認めた場合（**追認**）。

【設例4】 **支払指図**（delegatio solvendi）ある場合。

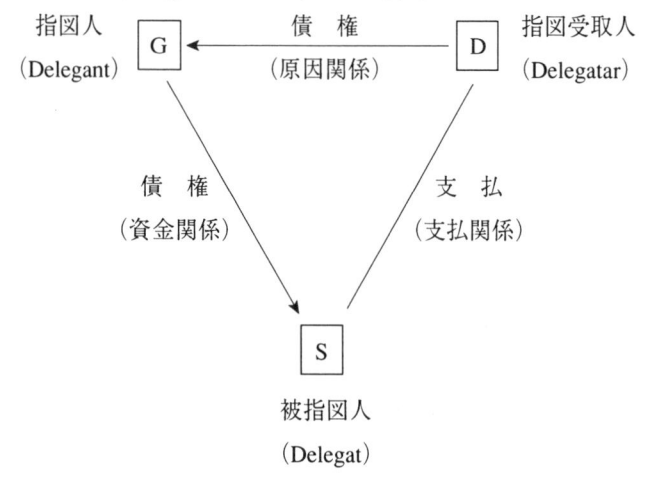

```
指図人              債  権              指図受取人
(Delegant)  [G] ←──(原因関係)──── [D]  (Delegatar)
              \                    /
               \                  /
            債 権              支 払
          (資金関係)          (支払関係)
                 \            /
                  \          /
                   ↓[S]
                  被指図人
                  (Delegat)
```

GはSに対して債権を持っている：資金関係
DはGに対して債権を持っている：原因関係
指図により指図人Gは、指図人Gの計算において指図受取人Dに給付する権限を被指図人Sに授与する。

そこで、もしSがDに支払うならば、
・GのSに対する債権は消滅する。これは第三者への給付である。
・DのGに対する債権は消滅する。これは第三者による給付である。

学説彙纂第46巻第3章第64法文「私の授権により、君が私に負うものを君が私の債権者に支払ったならば、一方で君は私から解放され、他方で私は私の債権者から解放される」参照。

第3節　代物弁済（datio in solutum）

　原則として、債務者が解放されるためには債務の内容である給付がなされなければならない。他のもの（aliud）を給付した場合でも債務者を解放する効果が生じるのは、債権者が承諾したときに限られる。それが代物弁済（datio in solutum）である。債権者の承諾した代物弁済がいかなる意味で解放の効果を持つのかについて、ローマ法上学派間の論争があった。

①サビーヌス学派：代物弁済は**法律上当然**に債務者を解放する。したがって債権者は市民法上訴権を失う。
②プロクルス学派：代物弁済は**抗弁の働き**によってはじめて債務者を解放する。すなわち、債権者は市民法上訴権を持つが、もしそれを行使するならば、債務者の申出に基づき、法務官は（悪意の）抗弁を付与する。
ユ帝法ではサビーヌス学派の見解が採用された。

　必要的代物弁済（datio in solutum necessaria）とは、債務者が債権者の承諾なしでも他のもの（aliud）を給付することによって解放される場合をいう。これはロ

ーマの法発展において、例外的にしか見られない。例えば、

- カエサル発布の金銭消費貸借に関するユリウス法（lex Iulia de pecuniis mutuis）は、債務者の責任を免除する非常措置として、債務消滅のために、債務者の財産価値を評価し、これを債権者に引き渡すべきことを規定した。
- ユ帝法において、支払不能の債務者は破産を回避するために支払に代えて債権者に土地を引き渡すことができた。

代物弁済において、もし債権者Gにとって問題が起こり得るとすれば、それは債務者Sがある物をGに交付したところ、その物が第三者の権利の目的となっていた（例えばCの所有する物であった）場合ということになろう。そこでCが当該の物を追奪したならば、ローマ法においては、解決方法として以下の2つが考えられる。

①債務関係は依然として存続する。つまりSは債務から解放されなかったことになる。
②Gは買主と見られる。Gは当該目的物を有償で（つまり債務者を解放する代わりとして）取得した。したがってGはSを相手方として、担保責任を問うための救済手段を買主として行使することができる。このような法律構成は、§1414ABGBにも見られる。

代物弁済（弁済に代えての給付）と区別する必要のあるものが、いわゆる弁済のための給付である。後者の場合、債務の本来の目的ではない物を受領したからといって、債権が直ちに消滅するのではなく、債権者がそこから満足を得てはじめて債権が消滅することになる。さらに補充権（facultas alternativa）からも代物弁済を区別しなければならない。補充権においては、債務者は、本来の債務の目的ではないものを交付することで債務から解放される権利を、最初から持っているからである。

第4節　相殺（compensatio）

(1) 相殺の要件

相殺とは、債権を反対債権によって全部または一部消滅させることである。

【設例1】GはSに対して1万金の債権を持つ。SはGに対して1万金の反対債権を持つ。相殺をすることによって両債権は消滅する。

【設例2】GはSに対して1万金の債権を持つ。SはGに対して7,000金の債権を持つ。相殺をすることによってSの債権全額が消滅し、Gの債権として3,000金が残る。

相殺の一般的要件としては、以下のものがある。
①**有効**であること：相殺するに適している債権は、抗弁に服してはいない有効な債権のみである。しかしローマ法は自然債務（弁済可能ではあるが訴求可能ではない債権）をもって相殺することを認めた。
②**弁済期にあること**：弁済期にある債権だけがこれをもって相殺することが可能であり、期限付、または条件付債権をもって相殺することはできない。
③**相対立する債権**であること：それをもって相殺することができるのは、原則として債務者Sが債権者Gに対して持っている債権のみである。

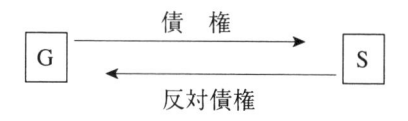

```
         債　権
  ┌─┐ ──────→ ┌─┐
  │G│           │S│
  └─┘ ←────── └─┘
        反対債権
```

例外として、例えば、
・保証の場合

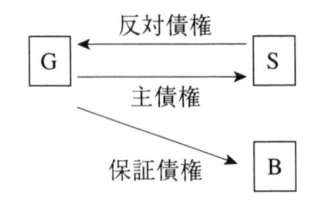

```
     反対債権
  G ←──────── S
    ────────→
      主債権

         保証債権
         ────→ B
```

保証人Bは、債権者Gから請求された場合に、主債務者Sが持つ反対債権をもって相殺することができる。

・債権譲渡の場合

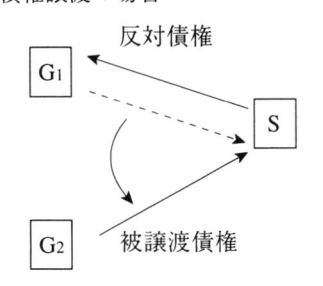

```
      反対債権
  G₁ ←────────
              S
       ┊
       ↓
  G₂  被譲渡債権
```

債務者Sは、旧債権者G_1に対して持っている債権であっても、これをもって新債権者G_2に対して相殺することができる。

④**同種の目的を有すること**：相殺に適しているのは、その給付目的が同種である債権のみである。例えば金銭と金銭、同種の種類物相互。例えば特定物債権は不適である。

⑤**証明が容易であること**：それをもって相殺しようとする反対債権は、手間のかかる調査をすることなしに容易に証明し得るものでなければならない。

(2) 相殺の方法

債権者Gが債務者Sに対して債権を有するが、これに対してSがGに対して相殺可能な債権を持つとき、相殺のやり方として以下の方法が考えられる。

GとSとの間の合意によって	相殺の方法として Sの一方的な、相殺の形成的意思表示によって	2つの債権が相殺可能な状態で相対立するや自動的に（「法律上当然に相殺される ipso iure compensatur」）

(3) 相殺の歴史的展開

1) 古典期

①当事者合意の上での相殺については、債権者債務者間の無方式合意（pactum）によってこれを行うことが可能であった。

②合意によらない相殺に関しては、ローマ人は純粋に訴訟法の立場からこれを考察した。すなわち、ローマ人は、債権者Gの債務者Sに対する訴訟において、もしSのGに対する反対債権ある場合、この反対債権を考慮することができるのかどうかを問題としたのである。

そこで以下の区別が重要となる。

厳正法上の債務関係	誠意の債務関係
この場合審判人は、方式書の文言（GのSに対する債権の存否のみが問題となっている）に厳格に拘束されるため、反対債権を考慮に入れることは許されない。Sとしては自分で訴えを提起してその債権の実現を図るしかない。 しかし以下の場合には、反対債権が考慮された。	審判人には裁量の自由が与えられているので、判決において同一の法律関係の枠内で（**同一の原因よりして ex pari causa**）、反対債権を考慮することが許された。 したがってこの場合には両債権の関連性という条件が加わる（ただし、同種の債権である必要はない）。

① **銀行業者 argentarius**
　銀行業者は控除した残額しか債務者に対し、訴えることができない。「相殺して訴える agere cum compensatione」もし多額の請求をすれば全面敗訴の危険を負う。

② **破産財団の買主 bonorum emptor**
　破産財団の買主は、財団中の債権について、反対債権を控除した上で債務者を訴えなければならない。「控除して訴える agere cum deductione」。

③ **マルクス帝以後**
　厳正法上の債務関係すべてについて、**悪意の抗弁**の付与により相殺が認められた。GがSを訴えるとき、Sの申出によりこの抗弁が方式書に挿入される。相殺は「抗弁の働きにより」発生する。

　例えば、売主が売買契約に基づき買主に代金支払を求めて訴えた場合に、被告買主は、例えば委任契約に基づく債権があるからといって、これをもって原告売主に対抗することはできない。当該売買契約に基づく債権をもってしか相殺は認められない。

【注意】古典期において抗弁は、訴えの全面敗訴をもたらす。ようやく時代が進んで、請求額を単に減らす結果をもたらすことになった。

2）ユ帝法
　すでに後古典期において方式書訴訟手続は特別訴訟手続に取って代わられた。方式書および抗弁はその意義を失う。
　この新たな訴訟手続を基礎として、ユ帝は相殺を一般的に認めた。その際ユ帝は「**法律上当然に相殺される**」という原則を唱えたが、その意味するところは、裁判官はGのSに対する訴訟において被告Sの反対債権を考慮に入れなければならず、もはや残額についてしか有責判決を下すべきではないということである。

3）註釈学派

ローマ法大全には以下の対立が見られる。

「抗弁の働きによる」相殺 ⟷ 「法律上当然に相殺が行われる」

ローマ法においては、この対立の背景に訴訟手続の問題があったのであるが、註釈学派はこのような背景から解放され、そして以下の論争が生まれた。

アゾ Azo	対	マルティヌス Martinus
アゾは相殺発生の要件として、相殺の意思表示を要求した。単に相殺適状にあるだけでは、相互の差引はなお生じない。		マルティヌスは「法律上当然に相殺が行われる」という原則を、相殺適状（相殺可能な2つの債権の対立）が存在すれば、すでにそれだけで自動的に相互の差引が生じるものと、理解した。

4）近代法

通説は「法律上当然に相殺が行われる」との原則を退け、相殺の意思表示を要求した。§1438ABGB［民法505条1項参照］には以下のように表現されている。

> 「正当にして同種の目的を有する債権が相対立し、かつそれらの債権について、当事者の一方が債権者として権利を有する目的物が、同時にその者を債務者として他方に弁済され得るものでもあるときは、両債権の対等額の限りで、債務の相互の消滅（相殺）が生じるものとする。この消滅により当然に相互の弁済の効果が発生する」。

この表現については、相殺適状が存在すれば自動的に相殺が生じるという意味ではなくて、以下の意味であると理解されている。すなわち、相殺の意思表示は相殺適状が存在した時点に遡って相殺を発生させる、という意味であると［民法506条2項参照］。

第5節　供託（depositio）

給付の用意のある債務者でも、例えば以下の場合には給付することができない。

・債権者の受領遅滞ある場合
・関係し得る複数の人の中、誰が債権者であるかについて不確かである場合
・債権者の不在、または発見し得ない場合

これらの場合に、債務者は債務の目的物を公共の場所に預けることができる（供託 depositio、寄託 depositum と区別せよ）。

古典期	後古典期
債務者は確かに供託したからといってなお最終的に解放されはしないが、債務者としての状況は軽減される（例えば利息債務は停止、質権は消滅）。	債務者は然るべき供託によって解放される。

第6節　免　除

要式免除行為	無方式の免除
・銅と衡による弁済 ・受領問答契約	無方式の免除約束（不起訴の合意）

(1) 要式免除行為の展開

1) ①**拘束行為**（消費貸借借主が5名の証人と持衡器者 libripens の前で、支払なき場合に自己に対する条件付摑取力を債権者に認める行為）によって責任を負うに至った者は、その責任から解放されるためには、反対行為、**銅と衡による弁済**を行う必要があった。債務者は5名の証人と持衡器者の前

で債務として負う金銭を衡り渡し、これによって自己の責任から解放された。
② GとSとの間に問答契約に基づく給付義務が存在する場合、元来は給付を行って後に、さらに要式の受領の意思表示によって債務を消滅させなければならなかった。

債務者S：「私が汝に諾約したものを汝は受領したか」

債権者G：「私は受領した」

2）古典期の時代、これら2つの行為はもはや免除目的のために利用されたにすぎない。ガーイウスはこれを「仮装の弁済 imaginaria solutio」と呼んでいる。

① 銅と衡による弁済の場合、単に象徴的硬貨が債権者に引き渡されるにすぎない。
② 債権者は、何も受領していないにもかかわらず、要式の受領の意思表示を行う。受領問答契約は、問答契約上の債務を免除するために用いられる。それ以外の債務を要式免除したい場合には、その債務をまず更改により問答契約の債務に変更しなければならなかった。

(2) 免除行為の効果

　要式免除行為の効果は**法律上当然に**発生する。

　債務関係は市民法上消滅し、債権者は訴権を失う。

　無方式の免除約束は、厳正法上の債務が問題となる場合、抗弁の働きによりその効果が発生するにすぎない。

　債務関係は市民法上は依然として存在し、債権者は訴権を持ち続けるが、債務者は法務官法上保護される。

　もし債権者が免除約束にもかかわらず訴えるならば、法務官は申出に基づき債務者に抗弁を付与する（**合意約束の抗弁**）。

第7節　種々の消滅事由

(1) 混同 (confusio)

混同とは、債権者の地位と債務者の地位とが同一人に帰属することを言う。例えば債務者が債権者の相続人（権利承継人）となった、あるいはその逆の場合。このような場合には、債権者債務者間に存した債権は消滅するに至る。

(2) 債務者の責に帰すべからざる後発的不能

後発的不能については、給付障害との関連において我々は以下の2つに分類しておいた。

債務者の責に帰すべき不能	債務者の責に帰すべからざる不能
例えば、債務者Sは、債権者Gに負う奴隷を餓死させてしまった。保管責任を負う債務者から目的物が盗まれた。	例えば、SがGに負う奴隷が自然死した。債務の目的物が地震によって壊れた。

債務者の責に帰すべき不能の場合には、金銭ないし損害賠償を目的とする第二次給付義務が発生する。これに対して責に帰すべからざる後発的不能では、債務者は**責を免れる**ことになる。

(3) 自力救済の違法な行使

神帝マルクス（マルクス・アウレリウス）**の裁決**以降、物の給付を目的とする債権を持つ債権者が、正規の法的手段に訴えることなく債務者に自力救済の処置をとったとき、債権者は債権を失うものとされた（「もはや債権を持つべからず ius crediti non habebit」）。この裁決は、金銭債権を念頭においてはいなかった。

(4) 原因の競合（concursus causarum）

【設例】Sは問答契約により、Gにある物の所有権を譲渡する義務を負ったが、この物は当時なおCの所有物であった（注意：そのような契約は有効である）。その後Cはその物をGに贈与した。

この場合、Gには2つの取得原因（問答契約および贈与）が重なって生じている。これが**原因の競合**である。そこで、CのGに対する贈与が、GのSに対する債権にどのような効果をもたらすのかが問題となる。この債権は存続するのか、それとも消滅するのか。

原因の競合に関しては、以下の場合分けが可能である。

2つとも無償の取得原因	一方は有償で他方は無償	2つとも有償
例えば贈与と遺贈	例えば売買と遺贈	例えば非所有者と所有者からの購入

展開の歴史
・比較的古い時代の考え：いずれの場合にも債権は消滅する。
・ユーリアーヌスはこれを制限し、無償原因と有償原因とが重なっても消滅はしないものとした。
・ユ帝：無償の取得原因が2つ重なる場合に限り、債権は消滅する。2つの無償原因の競合（concursus duarum causarum lucrativarum）

第8節　更改（novatio）

更改とは、既存の債務関係が新たな債務関係に変わることであり、これによって旧債権が消滅し、それに代わって新たな債権が成立する。すなわち、新債務は

旧債務に対して変更（何か新しいこと aliquid novi）を被る。

更改によって発生する変更に応じて、以下の区別をすることができる。

単純な更改 novatio simplex	特殊な更改 novatio qualificata
（当事者の交替のない更改）	（当事者の交替を伴う更改）
・法律原因の変更	・債権者の交替
・条件・期限の付加または撤廃	・債務者の交替

更改は法律行為によって行われ得るのみならず（ローマ法においては常に問答契約が用いられる）、訴訟手続の中でも請求された債権の更改が生じる。それに応じて以下のように分類される。

任意的更改 novatio voluntaria	必要的更改 novatio necessaria
問答契約を用いた更改契約　これにより旧債務は従たる権利（例えば質権、保証）も含め法律上当然に消滅する。これらの権利は、新債権のために新たに設定されなければならない。	①訴訟（合法訴訟 iudicium legitimum）における**争点決定**によって訴権は消滅する（訴権の消耗）。訴えの目的となった債権はこれにより訴訟における債務関係に変わる。 ②**判決**によってこの債務関係はさらに判決債務に変わる。ここでは従たる権利および担保はそのまま存続する。

(1) 任意的更改

更改によって従前の債務に代わって問答契約債務が発生する。新旧債務間の牽連関係は、次の点に存在する。すなわち、一方で旧債権は法律上当然に消滅し、他方で新債権は、旧債権が有効なものとして存在していた限りにおいて、有効に成立する。

【設例】・売主Vは買主Kに対して100金の売買代金債権を持つ。
　　　・VはKと以下の問答契約を締結した。
　　　　V：「汝が購入に基づき私に負う100金が私に与えられることを、汝は誓約するか」
　　　　K：「私は誓約する」

これにより売買代金債権は消滅する。Kは今や厳正法上の問答契約に基づいて債務を負う。

```
      ── 売買代金債権 ──→
[V]                        [K]
      ── 問答契約債権 ──→
```

（2）更改の要件

問答契約によって更改の効果を発生させるためには、以下の要件が具備されていなければならない。

1) 更改されるべき債権が有効なものとして存在すること。もし更改されるべき債権（上述の例では売買代金債権）が存在しなければ、問答契約に基づいては何らの債務も発生しない。
　　通常問答契約の文言には原因となる行為が言及されているので、この牽連関係は問答契約自体から分かる（いわゆる原因を持つないし有因の問答契約、これと異なるのが無因の問答契約であり、この場合関連は文言からは分からない）。

2) **何か新しいこと**（aliquid novi）：旧債権と比べて何らかの変更がなければならない。大半の設例では法律原因または当事者の変更である。

3) **更改意思**（animus novandi）：当事者が更改の意思で問答契約を締結したことが明らかなものでなければならない。例えば旧債権は存続させながらかつ新債権を加える意図であった場合には、更改は成立しない。更改意思の理論はようやく後古典期およびユ帝期に展開されたものである。

(3) ローマ法における更改の意義

・債権者にとっての長所：更改によって何であれ債務は、厳正法上の債務に変わる。

・保証のより古い形式（誓約 sponsio、信約 fidepromissio）は、問答契約債権を担保するためにしか用いることができなかった。
　例えば、もし初期の時代において売買代金債権を保証人の設定によって担保しようとする（第三者が未だ代金を支払っていない買主のために保証する）ならば、売買代金債権はまず問答契約債権に変更しなければならなかった（上述の例を参照）。

・アクィーリウスの問答契約 stipulatio Aquiliana：これはその発案者である法学者ガーイウス・アクィーリウス・ガッルス　C. Aquilius Gallus の名に因んで名付けられた更改のための問答契約であり、2人の当事者間に存在する債務すべて（期限未到来の債務を含む。ただし不法行為に基づく債務を除く）を更改の目的とし得るものである。その目的は、今や1つとなった問答契約債務を受領問答契約によって直ちに消滅させることにあった。したがってアクィーリウスの問答契約は、二重行為として、とりわけ争いのある諸債権についての和解目的で用いられた。

・更改は、ずっと長い間債権者または債務者の交替をもたらすための唯一の手段であった。ローマの債務関係は、ローマ人の考えによれば、債権者と債務者との間に存する人的拘束であり、第三者に譲渡し得ないものであった。当事者の変更を伴う更改においても、新当事者間に旧当事者間のそれと同一の拘束がそのまま存在するのではなく、AとBとの間に存した旧債権は消滅してそれに代わってAとCとの間に新たな債権が発生するのである。

（4） 当事者の交替を伴う更改

債権者の交替

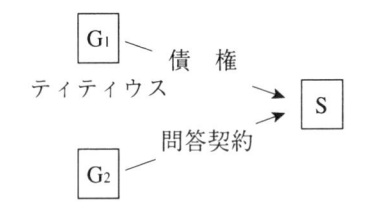

G₁ —債権→ S
ティティウス
G₂ —問答契約→ S

・G₁はSに対して債権を持つ。
・G₂とSは問答契約を締結。

G₂「汝がティティウスに負うものを私に与えることを汝は誓約するか」
S「私は誓約する」

・これによりG₁の債権は消滅し、G₂が新債権者となる。
　当然、旧債権者G₁の同意のもとでのみこれは可能である。実際G₁は従前の債権を失うことになるからである。

債務者の交替

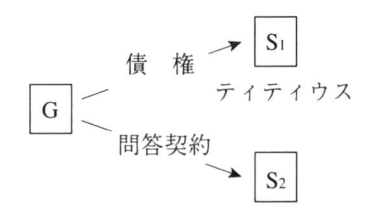

G —債権→ S₁
ティティウス
G —問答契約→ S₂

・GはS₁に対して債権を持つ。
・GとS₂は問答契約を締結。

G「ティティウスが私に負うものを私に与えることを汝は誓約するか」
S₂「私は誓約する」

・これによりGのS₁に対する債権は消滅し、S₂が新債務者となる。
　これはたとえ旧債務者S₁の同意がなくても可能である。S₁は解放されるからである。
　債務引受の問答契約（expromissio）

ところでこの行為は通常3名の当事者全員の同意のもとで行われる。これは**義務設定指図**（delegatio obligandi）である。

　　能動的指図　　　　　　　　　受動的指図
　債権者G₁（指図人）は債務者S（被指図人）に、債権者G₂（指図受取人）に対して義務を負うよう指図する。　　債務者S₁（指図人）は債務者S₂（被指図人）に、債権者G（指図受取人）に対して義務を負うよう指図する。

| G_1とSの間の資金関係に基づく債権が更改され、G_1とG_2との間には、原因関係が存在する。 | GとS_1の間の原因関係に基づく債権が更改され、S_1とS_2との間には、資金関係が存在する。 |

指図に関しては一般に以下の区別がなされる。

| 支払指図（delegatio solvendi）
指図人は被指図人に、指図人の計算において第三者（指図受取人）に給付するよう指図する（110-1頁参照）。 | 義務設定指図（delegatio obligandi）
指図人は被指図人に、第三者（指図受取人）に対して義務を負うよう指図する。 |

第9節　債務関係の消滅

（1）概　説

これまでに述べてきた債権（狭義のobligatio）の消滅事由の他に、さらに債務関係全体（広義のobligatio）の消滅をもたらす事由が存在する。当然、これら2つの局面は1つの同じ事由によって実現されることがある。とりわけ、片務の債務関係が1つの債権から成り立っている場合がそうである（例えば金銭の問答契約、消費貸借）。

債務関係全体の消滅を目的とする事由については、以下の区別が存在する。

| そのときから ex tunc
当該債務関係は遡って解消される。 | 今から ex nunc
当該債務関係は、**将来に関してはもはや効果をもたらさないものとして、**解消される。すでに行われた、ないし期限の到来した給付は、影響を受けない。 |
| 例えば莫大な損害を理由とする売買の解消 | 例えば、賃貸借関係の解消 |

(2) ローマ法における債務関係の解消

ローマ法においては、個々の債権消滅事由とは反対に、債務関係全体の消滅事由に関して、総則的理論は存在しなかった。むしろ必要に応じて個々の債務関係それぞれについて消滅事由が展開された。

1) 同意に基づく解消（解消契約）
　ローマ法においては**反対行為**（contrarius actus）**の理論**が引き合いに出された。つまり、一定の行為によって成立した法律関係は、それに対応する反対行為によって解消されるというのである。
　　例えば、拘束行為　　　—　　　拘束行為の解放（銅と衡による弁済）
　　　　　問答契約　　　　—　　　受領問答契約

とりわけ諾成契約において、この理論は用いられた。その履行がなおなされていない契約は、**反対合意** contrarius consensus（両当事者の解消意思）によって解消された。

2) 一方的な解消
・**契約の解除**：遡及効 ex tunc
　今日では、契約の解除はとりわけ有償契約における給付障害との関連で問題となる。
　ローマ法においては、契約の解除に関する一般理論は未だ練り上げられてはいなかった。そうはいっても、解除に似た法制度が、とりわけ売買契約において見られる。

　　例えば、付加的無方式合意 pactum adiecta の形で**解除の留保**が合意された場合に。
　　例えば、いわゆる「解除」：買主が物の瑕疵に基づき売買契約の解除を求めた場合に。

例えば、**莫大な損害**：売主が半分を超える代金減額を原因として売買契約の解消を求めた場合に（もっとも買主は差額の追加払いによりこれを阻止することができた）。

・**撤回**：未だ履行が着手されていない（"re adhuc integra"）委任は一方的に撤回することができる。
・継続的契約関係の告知に関しては、ローマ法には法律学的理論形成は見られない。賃貸借の一方的終了は未だ法律行為としての意思表示としてではなく、事実的な措置として把握されていた。賃借人のmigrare（引っ越すこと）、賃貸人によるrepellere（文字通り追い出すこと）。

3）期間の定めある債務関係における期間の経過
　期間の定めある雇傭契約（紀元後164年11月13日まで）が、例えば蝋引板に残されている。これはトランシルヴァニアの採石場で発見されたものである（FIRA Ⅲ 151）。

4）死亡は以下の契約において解消事由となる。
・委任
・組合

第8章　多数当事者の債務関係

第1節　概　説

債務関係の典型例はそれぞれ債権者と債務者が1人ずつの場合である。

$$\boxed{債権者G} \longrightarrow \boxed{債務者S}$$

ところで、債権者側についてもまた債務者側についても当事者が複数存在することもあり得る。

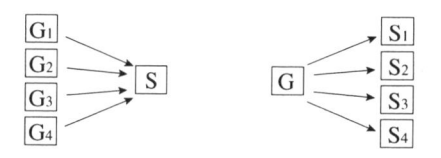

ローマ法においては、可能なものとして以下の形態が存在する。

1）重畳的債務関係

| 各債権者は債務者に給付を請求することができる。債務者はその都度重ねて給付しなければならない。 | 各債務者は給付全部について債務を負う。債権者はそれぞれから重ねて給付を受け取る。 |

2）連帯債務関係

| 各債権者は債務者に給付の全部を請求することができる。しかし、債務者は一度限りでのみ給付すれば足りる。 | 各債務者は給付全部について債務を負う。しかし、債権者は1度限りでしか給付を受け取ることができない（全員が1人のために、1人が全員のために責を負う、すなわち全員が連帯して責を負う）。 |

| 連帯債権 | 連帯債務 |
| （能働連帯） | （受働連帯） |

3）分割債務関係

| 各債権者は一部についてしか請求することができない。 | 各債務者は一部についてのみ責を負うにすぎない。 |
| 分割債権 | 分割債務 |

いくつかここで具体例を挙げてみることにしよう。

【設例1】債権者多数の重畳的債権が発生することはまれである。ローマ法においては、例えば債権遺贈の場合にこの形態が発生する。すなわち、同一物が複数の受遺者に債権遺贈され、この遺贈が分離的（disiunctim）なものと見られた場合である。この場合には相続人は1人の受遺者に当該の物を、その他の受遺者にはそれぞれ当該の物全部の評価額を給付しなければならず、したがって重畳的に債務を負う。これに対して遺贈が結合的（coniunctim）なものと見られた場合には、連帯債権が発生し、各受遺者は相続人に対して目的物の給付を請求することができるが、相続人はその物を1度給付すれば足りる。

【設例2】債務者多数の重畳的債務は、とりわけ罰訴権との関連で発生する。1つの不法行為（例えば窃盗）が複数人によって行われた場合、被害者は各共同行為者に対して罰金全額を請求することができる。すなわち被害者はそれぞれから重ねて罰金を受け取る（盗の場合、各共同行為者を相手方として罰訴権である盗訴権を提起することができる。重畳的訴権の競合）。

【設例3】分割債務関係はとりわけ可分給付（例えば金銭給付）を目的とする債権関係において発生する。

$$\boxed{G} \longrightarrow 1{,}200金 \longrightarrow \boxed{S}$$

債権者が死亡し、彼に代わり複数の共同相続人Eが（それぞれの相続分に応じて）承継し、例えば、

債務者が死亡し、彼に代わり

$E_1 \ (\frac{1}{2})$ - 600
$E_2 \ (\frac{1}{6})$ - 200
$E_3 \ (\frac{1}{6})$ - 200
$E_4 \ (\frac{1}{6})$ - 200
　　　　　　→ S

G → 600 → E_1
　　 → 200 → E_2
　　 → 200 → E_3
　　 → 200 → E_4

この分割は自動的に発生する：「**法律上当然に分割される債権債務**（nomina ipso iure divisa）」

もし、不可分給付（例えば奴隷の給付義務）である場合には、共同相続人の承継に際して、連帯債権ないし連帯債務が発生する。

【設例4】ハドリアーヌス帝以来、複数の共同保証人ある場合に負担分に応じた責任が発生することとなった。債務者SがGに債権者Gに1,000金の債務を負い、4人の保証人B_1、B_2、B_3、B_4がGに保証債務を負う場合、各保証人はその負担分（すなわち250金）についてのみ責を負う（「**分割の利益** beneficium divisionis」）。

【設例5】連帯債務関係は、ローマ法においてはとりわけいわゆる連帯設定問答契約によって発生した。

　　　　　能働連帯　　　　　　　　　　　　　　受働連帯
債権者側に複数の当事者が現れ、債務者に対して、全員への同一給付（idem）を約束させる場合に発生する。　　　債務者側に複数の当事者が現れ、債務者全員が、債権者への同一給付（idem）を約束する。

【設例6】その他の債務関係においては（問答契約は別にして）、以下の場合に連帯債務関係が発生し得る。

・不可分給付
・可分給付で、例えば複数の債務者の連帯責任が明示的に合意された場合。

・一定の法律関係において法律上当然に発生する場合。例えば、共同後見人の責任、債権遺贈、不法行為に基づく共犯者を相手方とする物追求訴権の場合（罰訴権の場合はこれと異なる）。

第2節　連帯債務と分割債務

　現実の社会生活における法的・経済的な面では、連帯債権の意義は小さく、これに対し連帯債務の意義は大きい。複数の債務者の連帯債務責任は、債権者により大きな便益と確実性を与える。だからこそ、債権者は、債務者が複数いる場合にしばしば契約締結時にすでに、全員の連帯責任を債務者側に約束させているのである。今日でもなお、多数の法律関係において法律または約款でしばしば、複数当事者が連帯して責任を負うべき旨の規定が見られる。

　例えば、G が1,000金の債権を持ち、債務者側に S_1、S_2、S_3、S_4 の4人がいる場合、連帯債務か分割債務かで以下の違いがある。

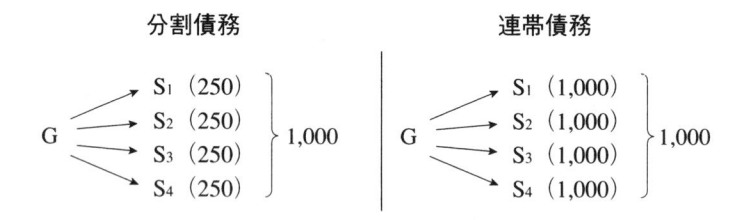

```
           分割債務                    連帯債務

        ┌→ S₁ (250) ┐              ┌→ S₁ (1,000) ┐
        │→ S₂ (250) │              │→ S₂ (1,000) │
    G ──┤           ├ 1,000   G ──┤             ├ 1,000
        │→ S₃ (250) │              │→ S₃ (1,000) │
        └→ S₄ (250) ┘              └→ S₄ (1,000) ┘
```

- 各債務者は債権者に対してそれぞれの負担分（250）を負うだけで、債権者Gは各債務者にそれぞれ250しか請求することができない。したがってGが全額得ようとすれば債務者全員を訴えなければならない。

- 例えばS_3が支払不能（ないし発見不能）の場合、Gはそのために取れなかった250を他の債務者から取り立てることはできない。結局Gは750しか受け取ることができない（一債務者の支払不能の危険はしたがって債権者が負担する）。

- 各債務者はそうでなくてもその負担分でのみ債権者に責を負うだけなので、債務者間内部の求償は必要ない（全員の平等ないし一定割合による負担は、対外的にも確かなものとなっている）。

- 各債務者は債権者に対して債権全部について、したがって1,000の責を負っている。債権者は債務者中の任意の1人にかかっていくことができ、この者に全部を請求できる。給付すれば、残りの全員が解放される。

- 例えばS_3が支払不能（ないし発見不能）の場合でも、このことはGの不利益とはならない。Gは他の債務者中の1人に1,000を請求することができるからである（従って一債務者の支払不能の危険は他の債務者が負担し、債権者は負担しない）。

- 債権者は債務者の1人に全部を請求できるので、内部での求償が必要となる。S_2が1,000を給付したならば、内部関係に従い他の債務者に求償することができる。S_2は他の債務者に各250請求することになろう（負担の調整は内部関係においてのみ可能である）。

第3節　ローマ法における連帯債務

(1) 発生事例

連帯設定問答契約、不可分給付における債務者多数の場合、共同相続人が存在する場合の債権遺贈、不法行為における共犯者に対する物追求訴権、共同後見人の責任等々を挙げることができる。

(2) 絶対的効果と相対的効果

給付障害および消滅事由に関して、一定の事由が債務者全員に効果をもたらすのか、それとも1人について効果をもたらすにすぎないのかという問題がある。

給付障害に関しては、その中の遅滞および債務者の責に帰すべき事由による不能は、1人の債務者についてしか効果を及ぼさない（例えば、責任がより重くなることや遅延利息といった不利益は遅滞に陥った債務者だけが負担し、他の債務者は負担しない）。

消滅事由に関しては、

債務者全員に効果を持つ事由（すなわち債務者全員が解放される）	当該債務者についてのみ効果を持つ事由（すなわち他の債務者は解放されない）
・一債務者による給付 ・受領問答契約（要式免除行為） ・対世的無方式の免除約束 pactum de non petendo in rem（全債務者のための無方式免除）	・対人的無方式の免除約束 pactum de non petendo in personam（特定債務者のための無方式免除）

・更改
・**争点決定**（債務者との訴訟契約の締結：古典法の場合に。ユ帝法ではこれと異なる）
・債務者の責に帰すべからざる事由による後発的不能

・一債務者の債権者との混同（例えば債務者の1人が債権者の相続人となった場合）
・一債務者の頭格減少
　（capitis deminutio）

（3）内部の負担調整

　連帯債務においては、債権者は自己の選択により債務者中の任意の1人に対して債務全部を請求することができる。ところで、例えば債務者S_2が請求されて全部を給付した場合、彼は他の債務者に対して求償することができるのかという問題が生じる。

　そのような求償権の基礎としては、以下の法律学的構成を考えることができる。

共同債務者間の**それぞれの内部関係**、例えば委任、事務管理、組合。この場合、それぞれの法律関係から発生する訴権が求償のための訴権として用いられる。	債権者が、弁済した債務者に自己の債権を**譲渡**する。S_2は、Gに**譲渡**の用意がある場合に限りGに給付する。	皇帝立法に基づく求償：S_2が弁済したという事実だけで、彼には他の債務者に対して求償する可能性が与えられる。

　　　古典期　――――→　古典期後期　――――→　後古典期

(4) 連帯債務における競合の問題

この問題に関しては、古典法とユ帝法とを分けて考察しなければならない。

1) 古典法については以下の2つの事情を指摘しておく必要がある。

| ローマ人の訴権法的思考に対応して、連帯債務の場合には訴権の競合が問題となる。同一の訴権が複数の当事者を相手方として成立しているものと見られる。その際に債権者は、誰を相手方として訴えるのかの選択に迫られる（選択的競合）。 | 原則として市民法の対人訴権の場合には、争点決定によって訴権は消耗し、しかも以下の事由とは無関係に消耗する。
・訴訟の結果がどうなったのか
・原告は実際に満足を得たのか
したがってもう1度訴えることはできない（消耗効：同一物について訴権は2度存在しない）。 |

これら2つの事情から、古典法においては以下の帰結が生じる。連帯債務の債権者は、当該連帯債務に関して、もし債務者中の1人と**争点決定**の手続に達したならば、すでにその時点で自己の債権を失うという帰結である。争点決定以後は、「同一物」が問題となっているがゆえに、債権者は残りの債務者に対してもはや訴権を持たない。

したがって、まずは債務者全員に対して可能な複数の訴権は、**消耗競合**の関係に立つということになる。

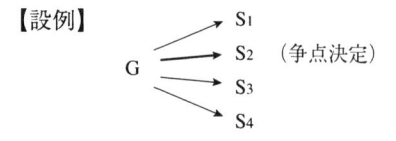

【設例】

G → S₁
　→ S₂　（争点決定）
　→ S₃
　→ S₄

債権者Gは、連帯債務が存在する場合、訴えようとする債務者を任意に選び出すことができる（例えばS_2）。しかしS_2を相手方とする訴訟において争点決定が行われると、それにより訴権は消耗してしまう。もし次の手続においてGがS_2のもとで自己の債権を実現することができなかった（例えば、なるほど訴訟には勝ったが、執行手続においてまったく、ないし不十分にしか満足を得られなかった）としても、GはもはやS_1、S_3またはS_4を訴えることはできない。Gはすでに訴権を消耗させてしまったからである。

2) ユ帝は、債権者に不利益な消耗効を取り除いた。ユ帝法においては、債務者全員に対して可能な複数の訴権は、**弁済競合**の関係に立つ。すなわち、債権者の訴権は、訴訟における債務者との争点決定によってすでに消滅してしまうのではなくて、債務者が給付し、債権者が実際に満足を得てはじめて消滅する。

したがって例えば、まずはS_2を相手方として提起された訴訟が、Gの満足をもたらさなかったならば、Gはなおその後もS_1、S_3またはS_4を訴えることができた。

【概観】

消耗競合 ←————→ 弁済競合
（古典法） （ユ帝法）

連帯債務者の1人を相手方とする訴訟において争点決定がなされると、他の連帯債務者は解放される。	給付または実際上の満足が得られてはじめて、連帯債務者は解放される。

ユ帝は、古典期の法文に**修正を加える**ことによってこの法変更を実現した。すなわちユ帝は、争点決定による消耗効が述べられている箇所については、テキストに手を加えて然るべき修正を行ったのである。もっともその際に、いくつかの箇所が見過ごされて、ローマ法大全には2つの原則が示される結果となった。普通法は前世紀において法源に見られるこの対立に依拠して以下の区別を立てた。

共同連帯（Korrealität）　　　　単純連帯（Solidarität）

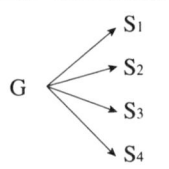

```
            S₁                              S₁
          ↗                               ↗
        S₂                              S₂
G ────<                         G ────<
        S₃                              S₃
          ↘                               ↘
            S₄                              S₄
```

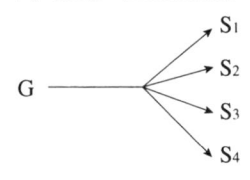

「多数主体の1個の債務」　　　　　　「主体数の数個の債務」
（una obligatio, plures personae）　（quot personae, tot obligationes）

| 弁済および弁済に代わるもの以外もすべて消滅事由は絶対的効力を持つ（例えば受領問答契約、争点決定）。 | 弁済および弁済に代わるものだけが絶対的効力を持ち、その他の消滅事由はこの効力を持たない。 |

今日この理論として極端な、争いのある区別は克服された。「共同連帯（例えば§891ABGB）」、「単純連帯」という表現は同義である。

(5) 新勅法第99号

ユ帝は539年の新勅法第99号において、次の限りで連帯債務者の責任を軽減した。すなわち、ユ帝は各連帯債務者に**分割の利益** beneficium divisionis（言葉としては「分割という法律上の恩恵」、つまりは頭数で割ること）を付与したのである。この利益は、その他の債務者全員に支払能力があり、かつ不在ではない（すなわち債権者はかかっていくことができる）場合に、現実的意味を持つ。さらに裁判官は債務者の1人に対する訴訟において他の連帯債務者も呼び出すよう、指示される。もっとも、連帯債務者の中の誰かが支払能力がなく、あるいは不在である（すなわち債権者はかかっていくことができない）ときは、その不利益は、つかまった債務者が負担することになる。

第9章　第三者の参加

第三者の参加に関しては、以下の区別が必要である。

第三者のために債権を設定することが可能かどうか。	第三者は既存の債権に参加することが可能かどうか。
・第三者のためにする契約	・債権者ないし債務者の交替 ・債権者ないし債務者側への第三者の参加

いずれの面においてもローマ法は控えめな態度をとった。その理由は、債務関係は人的拘束（**法の鎖** vinculum iuris）であるとの理解にある。つまり、第三者は原則としてそのような人的拘束に関与することはできないし、またその拘束は第三者に移転され得ないのである。

第1節　第三者のためにする契約

真正な**第三者のためにする契約**	不真正な**第三者のためにする契約**
AとBとの間で契約が締結され、この契約に基づいて第三者CはBに対する自己の債権、訴権を取得する。	AとBとの間で契約が締結され、この契約に基づいてAは、BがCに対して給付すべきことを請求する債権、訴権を持つ。C自身は債権、訴権を取得しない。

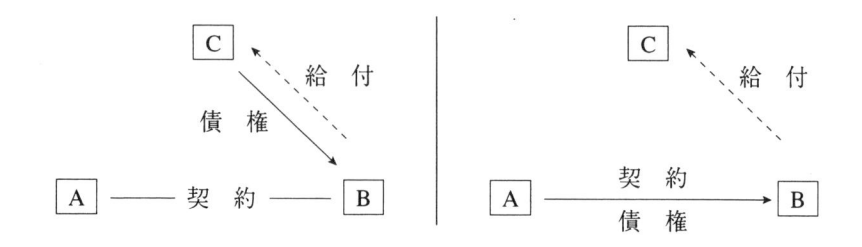

```
    C                              C
    ↑╲ 給 付                       ↖ 給 付
債権 ╲                                ╲
    ╲↓                                ╲
A ── 契 約 ── B          A ── 契 約 ──→ B
                                 債 権
```

古典期ローマ法においては以下の命題が妥当した。

　何人も他人のための給付を債務者に約束させることはできない

この命題に従い、古典法においては原則として以下のことが排斥された。

1) 第三者のためにする契約

2) 直接代理：直接代理とは、代理人が本人の名と計算において、当該法律効果が直接本人に発生するよう法律行為を締結する制度を言う。もしAがCの代理人としてBと契約を締結したならば、C自身が契約当事者となる（これに反して第三者のためにする契約においてはC自身は契約の当事者ではない）。

　不真正な第三者のためにする契約は、要約者が、第三者への給付について財産的利益を持つ場合に認められた。この場合、第三者への給付を求める訴権が要約者に付与された。
　これに対して第三者への訴権の付与は原則として認められなかった。ただし例外的に、第三者に準訴権が付与されることがあった（例えば、AがBに、Bが当該目的物をCに返還するとの取決で、物を貸与した場合である。Cは準訴権としての使用貸借訴権を持つ）。

第2節　債務関係への第三者の参加（概説）

G ─────→ S　　最初の状態

1) 債権者の交替

G₁ ─╳─→ S　　①**更改**：G₂とSとの間の更改のための問答契約によって、
G₂ ─────↗　　　　新債権G₂→Sが発生し、旧債権G₁→Sが消滅する。

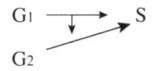

G₁ ─────→ S　②**債権譲渡**：G₁とG₂との間の法律行為によって債権が移
G₂ ────↗　　　　転される。債務者Sの関与は要件ではない。
　　　　　　　　　ローマ法ではとりわけ更改が用いられた。債権譲渡は
　　　　　　　　時代が進むにつれてようやく訴訟代理の制度（G₂がG₁の
　　　　　　　　代理人として訴える）から発展していったにすぎない。

2) 債務者の交替　　責任の解放をもたらす**債務引受（交替的加入）**

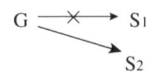

G ─╳─→ S₁　①**更改**：GとS₂との間の更改のための問答契約によって、
　 ────→ S₂　　　新債権G→S₂が発生し、旧債権G→S₁が消滅する。
　　　　　　　　　（**債務引受の問答契約**）

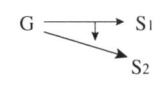

G ────→ S₁　②**債務引受**（技術的意味での）：債務者S₁はS₂に債務を
　　↓　　S₂　　　移転する。S₁は債務を免れ、S₂がS₁と交替する。債務
　　　　　　　　は存続する。
　　　　　　　　　ローマ法は未だ技術的な意味での債務引受を知らず、
　　　　　　　　債務者の交替をもたらす更改と、S₂がS₁の訴訟代理人と
　　　　　　　　して自己の負担において訴えられるという手段しか知ら
　　　　　　　　なかった。
　　　　　　　　　債務引受と区別を要するのが、**履行の引受**である。

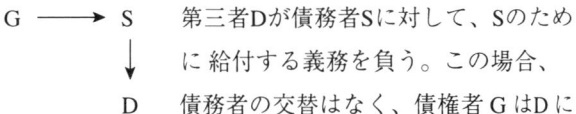

　　　　　　　G ────→ S　　第三者Dが債務者Sに対して、Sのため
　　　　　　　　　↓　　　　　に給付する義務を負う。この場合、
　　　　　　　　　D　　　　　債務者の交替はなく、債権者GはDに
　　　　　　　　　　　　　　　対する訴権を持つわけではない。

3）債務者の参加

G ─→ S₁
　　↘ S₂

①**債務参加**（**重畳的加入**）：債権者Gに対してさらに加えて債務者S₂が同一の給付を約束する。このときS₁とS₂は連帯して責任を負う（連帯債務）。

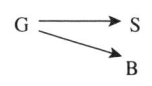

G ─→ S
　　↘ B

②**保証**：保証人Bは債権者Gに対して、主債務者Sと同一の給付義務を負う。しかしBの義務は**附従性**（主債務に従属）と**補充性**を帯びる。Bは、従たる債務者である（ただし、ローマ法については注意を要する。附従性と補充性ははじめから認められていたわけではない）。

4）債権者の参加　　**参加要約**：問答契約に際し、債務者が主たる債権者への諾約後にもう1度同一の約束を従たる債権者（参加要約者）に行う。参加要約者の債権は**附従性**を帯びる。

G ─→ S
G₁ ↗

第3節　当事者の交替（概説）

1）GとSとの間に存在する「法の鎖」が第三者に移転され得るという考えは、基本的にローマ法にとっては疎遠なものである。債権者債務者間の関係は人的拘束として把握されていたからである。

2）以下の場合には、利害関係からして何ら問題はない。

| 債務者の同意がある債権者の交替 | 債権者の同意がある債務者の交替 |

これに対して、当事者の保護に値する利益を考えるならば、

| 債務者の同意がない債権者の交替 | 債権者の同意がない債務者の交替 |

| それでも交替が正当化されるのは、一定の要件が具備された場合に限られる。 | そもそも正当化されない。 |
| ・誰に給付すれば債務を免れること | ・もしこれが許されるのであれば、 |

ができるのか、またいつ新債権者に給付すべきであり、給付してよいのかが、債務者にははっきり分かっている必要がある。
・債務者の法的状況が悪化してはならない。すなわち、債務者は旧債権者に対して対抗し得る抗弁すべて（例えば相殺）を新債権者に対しても対抗できなければならない。

債務者が無資力の新債務者を債権者に差し出して、債権者は新債務者に対して債権を実現できなくなるという危険が生じてしまう。

ローマ法においては、上記1）の考えが前面に出ていた。

例えばガーイウスは債権譲渡に関して次のように述べている。すなわち、債権はなるほど無体物（したがって財産的価値を持つもの）ではあるが、有体物のように移転することは、できない。G_1の債権者としての地位をG_2に移転させるためには、更改か、G_2がG_1の訴訟代理人として債権を取り立てるという構成をとるしかない、と。したがってローマ法においては、法律行為による当事者の交替としてはもっぱら**更改**が用いられた。しかし、更改は決してある人から他の人への債権ないし債務の移転ではなく、内容としては同一の債権が、交替した当事者間において新たに成立し、これにより更改された債権が消滅するに至るものである。

更改の場合には、利害状況に関しては何ら問題は生じない。なぜなら更改は、

債権者交替の場合は債務者の協力を必要とし、
債務者交替の場合は債権者の協力を必要とし、
したがって、債務者ないし債権者の意に反して、あるいは同意なしにこれを行うことはできないからである（上述125頁参照）。

第4節　加入（intercessio）

（1）加入とは何か

「加入する（intercedere）」とは、他人の債務への加入を意味する。加入の概念はローマ法においては非常に広く、その射程範囲も広い。

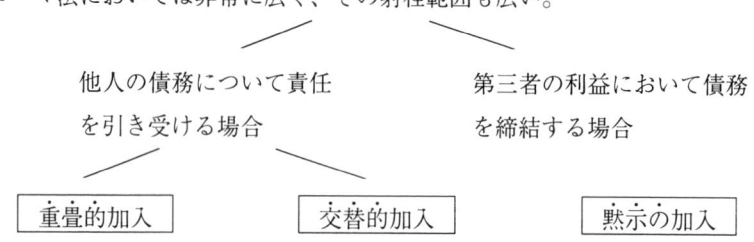

```
              加入
        ／          ＼
他人の債務について責任     第三者の利益において債務
を引き受ける場合         を締結する場合
   ／      ＼
```

重畳的加入	交替的加入	黙示の加入
G→Sの債務について、第三者Dが以下のやり方で責任を引き受ける。 ・保証 ・債務参加 ・質の設定	G→Sの債務に第三者DがSに代わって参加し、Sは債務を免れる。 ・債務引受の問答契約 （expromissio）	Sはお金を必要としているが、第三者DがSのために金を借りた（例えば債権者GはSにはもう金を貸す気はないが、Dなら資力があるので貸す）。この場合黙示の加入が存在する。 G → D
この場合、債務者の責任にさらに加入者の責任が加わる。	この場合、これまでの債務者に代わって加入者が登場する。	加入者がはじめからSの利益において債務を負う。

(2) 婦女に対する加入の禁止

1) アウグストゥスとクラウディウスの告示：妻が夫のために加入することの禁止

2) ウェッラエウス元老院議決（紀元後46年）：婦女の加入が一般的に禁止

　もっともこの禁止は、市民法上効力を持つものではなく、法務官法上効力を持つにすぎない。すなわち、婦女が締結した加入行為は市民法上は有効である。しかし法務官は、もし（禁止にもかかわらず）加入した婦女が債権者によって訴えられた場合、敗訴に導く**ウェッラエウス元老院議決の抗弁**（exceptio SCi Vellaeani）を付与した。

　したがって債権者は、婦女を相手方として訴えたとしても、勝訴することはできない。では債権者にはどのような可能性が開かれているのか？

| 重畳的加入の場合には、そうでなくても債権者は債務者を相手方として訴えることができる。 | 交替的加入の場合には、債権者に、「債務を免れた」債務者を相手方とする**債務回復訴権**（actio restitutoria）が付与される。 | 黙示の加入の場合には、債権者に、婦女がその者の利益において債務を締結したその人を相手方として**債務設定訴権**（actio institutoria）が付与される。 |

第5節　債権譲渡

(1) 債権譲渡とは何か

債権譲渡とは、旧債権者（譲渡人）が新債権者（譲受人）に自己の債権を移転する処分行為である。

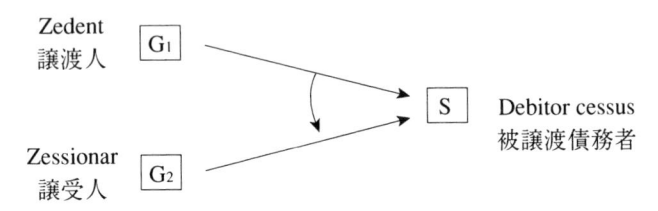

```
Zedent
譲渡人    G₁ ＼
              ＼
               → S   Debitor cessus
              ／      被譲渡債務者
Zessionar    ／
譲受人    G₂ ／
```

ローマ法においては、債務関係は債権者債務者間の人的拘束であるとの観念にしばられて、債権譲渡制度の発達は妨げられた。

(2) 発展の歴史（概観）

第1段階（古典期）　譲受人は譲渡人の訴訟代理人となる

G₁は依然として債権者である。　　G₂は債権者ではないが、取立の権限を持ち、取り立てたものを自己のために保持することが許される。

したがって債務者Sは、これまでと同様にG₁に給付して債務を免れることができる。

第2段階（古典期後期）　譲受人は譲渡人の訴権を準訴権として付与される

G₁は依然として債権者である。　G₂は自己の権利に基づく債権者となる。

G₁の債権者としての地位に変わりはないので、債務者Sはこれまでと同様にG₁に給付して債務を免れることができる。

第3段階（時代をどこに定めるかについては争いがある。後古典期初期かユ帝）　譲受人による債務者への譲渡通知 denuntiatio が基準となる

G₁は依然として債権者である。　G₂も自己の権利に基づく債権者となる。

譲渡通知がなされると債務者SはもはやG₂に給付しなければ債務を免れることはできない。

【注意】ローマ法は、G₁が債権者としての地位を全面的に放棄してこれをG₂に「譲渡する」という意味での債権譲渡を認めるまでには至らなかった。これは普通法においてようやく達成されたことである。

【解説】
第1段階：譲受人は譲渡人の訴訟代理人となる
G₁は訴訟委任（mandatum ad agendum）を用いてG₂を訴訟代理人（委託事務管理人procuratorまたは代訟人cognitor）に任命する。G₂はG₁の名で訴えるが、訴訟で得たものは自己のものとすることができる。G₂は**自己の利益のための委託事務管理人**（procurator in rem suam〔または代訟人cognitor〕）と呼ばれる。

【注意】譲渡人G₁は依然として債権者の地位にあり、譲受人G₂は自己の訴権を持たず、したがって訴訟に至るまでは不安定な立場に置かれる。
・債務者はなお依然としてG₁に給付可能であり、給付すれば債務を免れる。
・G₁は自ら債権を取り立て、あるいは訴訟を提起することが可能である。
・G₁はいつでも委任を撤回することができる。
・委任はG₁またはG₂の死亡によって終了する。
　この不安定な地位は訴訟（G₂→S）において争点決定が行われるまで続く。争点決定が行われると更改効により、債権（G₁→S）に代わって、訴訟債務が発生する。訴訟以前に問答契約を締結することによってG₂のG₁に対する地位を安全なものとすることは可能である。すなわち、G₁が問答契約を用いて、債権譲渡に反するような行為をせず、債権に基づき何かを得たならばすべてG₂に返還することを保証することによって。

第2段階：譲受人の準訴権
皇帝アントニヌス・ピウスは、上述した不利益のいくつかを取り除いた。つまり皇帝は譲渡人の訴権を準訴権として譲受人に付与することを認めたのである。もはや譲受人は他人の名での（alieno nomine）訴訟代理人としてではなく、自己の名において（suo nomine）訴えることができるようになった。

・G₂の地位はこれにより死亡または撤回に左右されないことになった。
・もっとも、債務者がG₁に給付する、またはG₁が債権を取り立てることに対しては、依然としてなおG₂の地位は安全ではない。その場合債務者は、それまでと同様に解放されるからである。

準訴権は、相続財産の売買との関連ではじめて言及されている。相続人が相続財産を買主Kに売却し、その中に債権が含まれていた場合、Kはこの債権を準訴権を用いて訴求することができた。その後この制度がその他の場合にも拡張されたのである。

第3段階：譲渡通知が基準とされたこと

譲受人G₂は、債務者Sへの譲渡通知によって対外的に安全な立場を得た。これによって、G₂の地位は改善された。債務者は、通知後はもはや譲受人G₂に給付しなければ債務を免れることはできない。譲渡人G₁に給付しても、債務を免れることはできない。もし譲渡人G₁がSを訴えるならば、Sは悪意の抗弁によって対抗することができた。

(3) 債権譲渡と原因行為（causa）

【設例】 債務者Sは債権者G₁に、5月1日を履行期日とする1万金の債務を負っている。しかしG₁はそれ以前の3月1日にお金を必要としていた。銀行業者G₂には、今G₁に9,950金を支払い、その代わりにSに対する債権をもらって、5月1日に現金1万金を手に入れることにしようという用意がある。

法的には、債権の取得に関し以下の2つの面を区別する必要がある。

G₁とG₂との間で売買契約が締結された。G₂は代金9,950金でG₁の債権を買ったのである。売買契約は純粋な債務設定契約であり、この契約によってG₁は、債権をG₂に譲渡する義務を負う。売買それ自体は譲渡をもたらすものではなく譲渡のための原因である。

G₁は債権をG₂に譲渡する。これによりG₂は債権者の地位を受け取る（処分行為）。

原因（causa）の設定 ─────────→ 債権譲渡

（物権法においても、正当原因に基づく引渡 traditio ex iusta causa によって所有権が取得される場合に、同じような構成がとられることを想起せよ）。

もちろんこれら2つの局面は時間的に同時に起こり得る。債権譲渡が原因の存在に従属しているとき、我々はこれを有因の債権譲渡と呼び、原因から独立しているとき、これを無因の債権譲渡と呼んでいる。近代法において、オーストリア民法典は有因の債権譲渡、ドイツ民法典は無因の債権譲渡について規定を設けている。

(4) ローマ法における原因行為の意義

古典法およびユ帝法は、原因と原因を基礎とする譲渡行為とを概念として区別している。卑俗法においては、この概念的区別は放棄されてしまった。すなわち卑俗法では、原因行為それ自体ですでに債権譲渡の効果が発生する。ローマ法において原因となり得るのは、例えば売買、贈与、嫁資の設定、債務の履行である。

債権売買における譲渡人の担保責任　もしG_2がG_1から債権を購入したならば、G_2は、実際に債権を回収できることに利害関係を持つ。したがってG_2は通常売主に、債権が実際回収できることについて保証を求めることになろう。明示の保証の引受がない場合、売主（譲渡人）は、

債権の存在（Verität）　　　　　債務者の支払能力（Bonität）
についてのみ責を負い、　　　　については責を負わない。

したがって上述の例では、5月1日に債権がまったく存在しないことが明らかとなった場合には、G_1はG_2に責を負う。しかしSに支払能力がないためにG_2がSから全部または一部しか回収できなかった場合は責を負わない。

アナスタシウス法 lex Anastasiana（506年）　この法律により、譲受人G_2は、彼自身が譲渡人に支払った額以上を被譲渡債務者に請求することは許されないものとされた。これはずっと後の時代にようやく出てきた、皇帝アナスタシウスによ

って設けられた規範である。この法律の目的は、投機的な債権の買主から債務者を保護することにある。すなわち債権者が、怪しげな手段を使って債権を取り立てる第三者に、債権を売却することがしばしば行われたのであった。そしてこの第三者なる人物は、自分が債権取得のために支払った額よりもしばしば著しく高い金額を回収したのである。アナスタシウス法はABGBには継受されなかった。

(5) 債権譲渡の種類

1) 法律行為による債権譲渡
債権譲渡がG_1とG_2との間の法律行為によって行われる場合。これはさらに、
　①任意的譲渡（cessio voluntaria）
　②強制的譲渡（cessio necessaria）とに分かれる。
　　強制的譲渡はローマ法の場合、主債務者に対する保証人の求償、連帯債務者間での求償との関連で生じる。請求された保証人、請求された連帯保証人は、債権者が訴権を自己に譲渡することと引き換えに、債権者に給付する。この構成は、すでに古典期後期に見られる。ユ帝法においては一般的な譲渡強制が存在した（訴権譲渡の利益）。

2) 法定債権譲渡（cessio legis）
　債権譲渡が法律に基づいて自動的に発生する場合。譲渡の意思表示は不要である。ローマ法にはまだ法定債権譲渡は知られていなかった。近代法においては例えば保証人の求償（§1358ABGB［参照、民法459条500条］）、支払った保険者の加害者に対する求償（§67VersVG；§332ASVG）の場合に見られる。

(6) 債権譲渡の制限

1) 一身専属性の高い債権、例えば人格権侵害訴権（actio iniuriarum）、一定の罰訴権は譲渡の対象から除外される。
2) 法律による譲渡の禁止、例えば、
　・後古典期における、有力者への譲渡（cessio ad potentiorem）の禁止

・争いある債権の皇帝または国庫への譲渡の禁止
・被後見人に対する債権の、後見人への譲渡の禁止（ユ帝）
3）法律行為による譲渡制限：債権者債務者間の**不譲渡の合意約束**（pactum de non cedendo）

第6節　保　証

「差出保証」	「支払保証」
保証人は、ある者が現れることについて責に任じる、という義務を負う。ローマ法において差出保証はとりわけ訴訟手続における被告の出頭について行われた（vas＝差出保証人）。	保証人は債権者に対して、もし主債務者が履行しない場合に債権者に満足を与える、という義務を負う。保証人は従たる債務者であって、その債務は附従的、補充的なものである。

私法においては支払保証だけが叙述の対象となる。

（1）保証の経済的機能

保証は信用確保の手段である。債権者は従たる債務者としてもう1人の人間を持ち、場合によっては満足を得るためにその者ないしその者の財産にかかっていくことができる（**人的担保、人的信用**）。これとは対照的に、質権の経済的機能は、債権者が場合によっては満足を得るために特定の物（例えばある土地）にかかっていくことができるようにすることにある（**物的担保、物的信用**）。

物的信用はローマの場合、ローマ質権制度の不備（公示制度の欠如、総財産の抵当、順位優先特権）ゆえに、人的信用よりもその意義が小さかった。それゆえ信用確保は圧倒的に保証人の設定によって行われた。保証を引き受けることについては、なるほど法的強制はなかったものの、道徳的、社会的強制が存在した。

保証は保証人にとってリスクの高い行為である。保証人としては、他人の債務について請求されることを計算に入れなければならない。安易に保証人となるこ

とのないように、今日では一定の形式が要件とされている（ABGBにおける保証の意思表示についての書面作成）。ローマ法では保証債務は確かに問答契約という要式行為によって成立したが、しかしこれは保証人を保護しようという考えに由来するものではない。

(2) 概　説

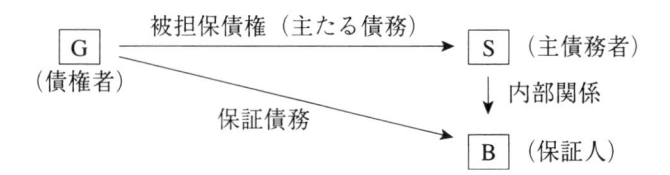

```
                被担保債権（主たる債務）
       ┌─┐ ─────────────→ ┌─┐ （主債務者）
       │G│                    │S│
       └─┘ （債権者）          └─┘
                                  │ 内部関係
             保証債務              ↓
            ─────────────→ ┌─┐ （保証人）
                                  │B│
                                  └─┘
```

附従性の原則：保証債務は主たる債務の存在を前提とする。保証は、債権を確実なものとするための従たるものである。もし主たる債務が存在しなければ、保証も成立しない。主たる債務が消滅すれば、保証債務も消滅する。保証債務は主たる債務よりも重いものであってはならない。保証人は何であれ債務者の持つ抗弁（例えば相殺）をもって債権者に対抗することができる。ローマ法においては、附従性は最初から認められていたわけではなかった。

補充性の原則：保証人は従たる債務者にすぎず、主債務者がその債務を履行しない場合に限り責任を負うよう求められるにすぎない。古典法は補充性を認めなかった。ようやくユ帝法が、いわゆる順位の利益（beneficium ordinis）の導入によって保証責任に補充性を付与した。

(3) ローマ法における保証行為

ローマ法も最初から保証という単一の法制度を知っていたわけではなく、以下の関係するいくつかの制度が存在していた。
　①問答契約によって締結される3つの保証行為：誓約、信約、信命
　　ユ帝法では、その中の信命だけが統一的な制度として残った。
　②保証類似の行為：他人の債務の弁済約束、信用委任

誓約（sponsio）	信約（fidepromissio）	信命（fideiussio）
債権者主債務者間の問答契約締結後に、 G―S ＼／ B	G―S ＼／ B	任意の主債務につき G―S ＼／ B
以下のようにして保証債務が設定される。		
G：「汝は（Sが諾約したものと）同じものを誓約するか」 B：「私は誓約する」	G：「汝は（Sが諾約したものと）同じものを信約するか」 B：「私は信約する」	G：「マエウィウス（債務者）が私に負うものが汝の信義によって存立することを汝は命令するか」 B：「私は命令する」
ここでの文言には、主債務者が（実際に負っている義務それ自体ではなくて）諾約したものが示されているだけである。したがって附従性はきわめて弱い。		ここでの文言には主債務者の義務そのものが示されている。保証債務の附従性。
ローマ人にのみ適用可能	この行為は、 外人のために設けられた（ローマ人にも適用可能）	ローマ人および外人に適用可能
問答契約債務の保証のためにのみ、適用可能		あらゆる債務について適用可能
保証人の側において相続の対象とならない		相続の対象となる
（フリウス法lex Furia以来）2年の期限が定められている		無期限
誓約においてはプブリリウス法 lex Publilia に基づき保証人の法定求償権が存在する		

(4) 保証人の責任

古典法

補充性の不存在	消耗競合
債権者は任意に保証人または債務者のいずれかに請求することができる。債務者と保証人は**連帯債務者**として責を負う（今日で言う「保証人にして弁済者」としての責任に類似、§1357ABGB［参照、民法454条連帯保証］）。	債権者は確かに任意に保証人または債務者のいずれかに請求することができるが、いずれか一方と訴訟において争点決定を行えば、訴権は消滅する（訴権は消耗された）。他方はそれにより債務を免れる。したがって訴訟の結果が債権者に満足を与えるものではなかったとしても、債権者はさらにもう一方を訴えることはできない。

↓　　　　　　　　　　　　　↓

ユ帝法

補充性の存在	弁済競合
債権者は、債務者を訴えたけれど良い結果を得られなかった場合にはじめて、保証人に請求することができる。保証人には**順位**または**先訴検索の利益**（beneficium ordinis sive excussionis personalis）が付与される。	保証人および債務者は、債権者が実際に満足を得てはじめて、解放される。 例えば債務者を訴え勝訴したが、債務者無資力のために良い結果を得られなかったときは、なお保証人を訴えることができる。

(5) 共同保証人の責任

債権G→S（例えば1,000金）が複数（例えば4人）の保証人の設置によって担保されたとすると、それぞれの保証人がいかなる責任を負うかについて以下の構

成が可能である。

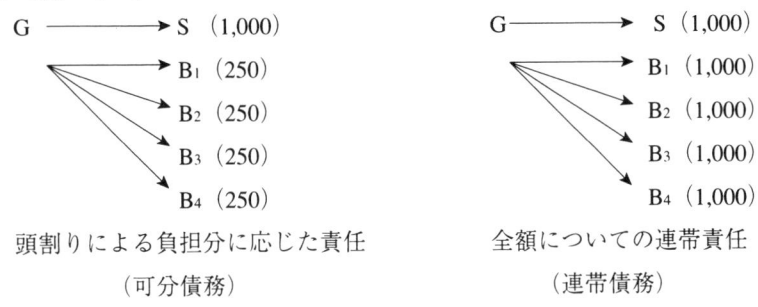

```
G ─────▶ S (1,000)           G ─────▶ S (1,000)
  ├──▶ B₁ (250)                ├──▶ B₁ (1,000)
  ├──▶ B₂ (250)                ├──▶ B₂ (1,000)
  ├──▶ B₃ (250)                ├──▶ B₃ (1,000)
  └──▶ B₄ (250)                └──▶ B₄ (1,000)
頭割りによる負担分に応じた責任      全額についての連帯責任
    （可分債務）                      （連帯債務）
```

共同保証人がどのような責任を負うのかについては、ローマ法上以下の展開が見られる。

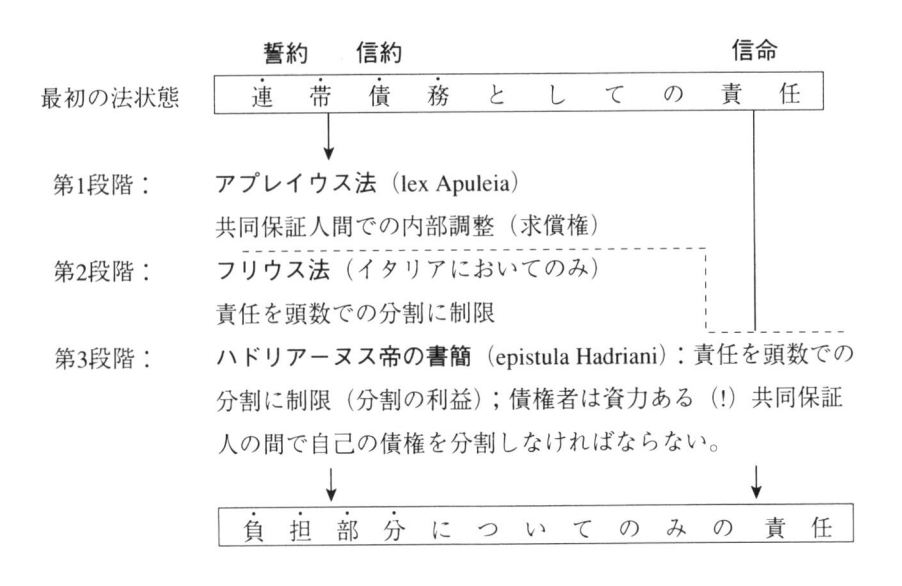

	誓約　信約		信命
最初の法状態	連　帯　債　務　と　し　て　の　責　任		

第1段階：　アプレイウス法（lex Apuleia）
　　　　　共同保証人間での内部調整（求償権）

第2段階：　フリウス法（イタリアにおいてのみ）
　　　　　責任を頭数での分割に制限

第3段階：　ハドリアーヌス帝の書簡（epistula Hadriani）：責任を頭数での分割に制限（分割の利益）；債権者は資力ある（!）共同保証人の間で自己の債権を分割しなければならない。

　　　　　　　負　担　部　分　に　つ　い　て　の　み　の　責　任

(6) 保証人の求償

　保証人Bは、もし債権者Gに満足を与えたならば、債務者Sに求償を要求したいであろう。ローマ法においては、そのような求償権は段階を経て、それぞれ以

下の構成をとって現れた。

1) 誓約における法定求償権

プブリリウス法：Bの弁済後Sは6か月以内に、Bが支払った金額を償還しなければならない。6か月が経過すると、初期の時代にはSに対する拿捕 manus iniectio（人的執行）が認められ、その後は罰訴権としての**弁済費訴権**（actio depensi）によりBはSに2倍額を請求することができた。

2) それぞれの内部関係に基づいて発生する求償権

保証人Bと主債務者Sとの間に内部関係が存在する場合、この内部関係に基づいて求償権の発生する場合があった。

例えば、Bが委任に基づいて保証を引き受けた場合、Bには委任反対訴権が求償のための訴権として帰属する。

例えば、Bが事務管理人として、Sのために保証を引き受けた場合、Bには事務管理反対訴権が求償のための訴権として帰属する。

3) Gの持つ債権の譲渡

古典期後期：債権者は、Bが弁済する際に、Sに対する自己の債権（訴権）をBに譲渡する。すなわち保証人は「債権を請け戻す」。譲渡の強制される場合がいくつか伝わっている。

ユ帝：Bは、Gが自己の債権（訴権）をBに提供した場合に限り、Gへの給付義務を負う（**訴権譲渡の利益**）。すなわち一般的な譲渡強制が存在した（必要的債権譲渡）。

近代法においては法律に基づき（ex lege）債権譲渡が発生する（法定債権譲渡：§1358ABGB）。

(7) 保証人の3つの利益（まとめ）

1) 順位の利益または**先訴検索の利益**

保証人は、まず主たる債務者が訴えられたその後で、訴えられなければならない。順位の利益はようやくユ帝の時代に認められたものである。これにより対外的な（すなわち対債権者との関係における）補充性が実現されたことになる。

【注意】ユ帝法は先訴が不首尾に終わったことを保証人への求償の要件としているが、オーストリア法は主たる債務者にまず催告するも不首尾に終わったことを要件としているにすぎない（§1355ABGB［参照、民法452条催告の抗弁権、453条検索の抗弁権］）。

2）訴権譲渡の利益

保証人は、債権者が同時に債務者に対する彼の債権（訴権）を保証人に譲渡する場合に限り、債権者への給付義務を負う。譲渡強制は、すでに古典期後期にいくつかの事例で見られるが、訴権譲渡の利益を一般的な法制度として創設したのはユ帝である。この利益は保証人の求償権として役立つ。

3）分割の利益

資力ある保証人が複数存在する場合、各保証人はそれぞれ頭割りで責任を負うにすぎない。この分割の利益は、すでにハドリアーヌス帝の時代（古典期盛期）に一般的な制度として確立した。しかし、さらに言えば、それ以前の共和政期にフリウス法が、誓約と信約について、負担分のみの責任を規定した。もっとも、フリウス法の適用領域はイタリアに限られた。

第7節　保証類似の行為

1） 他人の債務の弁済約束

弁済約束は、法務官法上の無方式合意（方式自由な、法務官法上訴求可能な契約）の1つである。この約束により、ある者が、現存債務を一定期日に履行する義務を負う。その場合の意思表示の内容として、以下の2つがあった。

債務者自身が自己の債務について約束する場合。	第三者が他人の債務について約束する場合。
自己の債務の弁済約束	他人の債務の弁済約束

法務官は、一定期日における履行の約束に基づき、弁済約束金訴権を付与した。他人の債務の弁済約束は、保証類似の効果を持つ。すなわち、債務者に対する訴権の他に、弁済約束に基づき債権者は第三者に対する訴権も有するからである。

2) 信用委任

委任は無方式の諾成契約の1つである。委任は、委任者に利益あるものであれば事務の種類を問わずその目的とすることができる。信用委任とは、BがGに、Sに金銭を貸すよう委任するというものである。GがSに貸付金を交付すると、以下の債務関係が発生する。

- GS間の消費貸借契約。この契約に基づきGには確定貸金訴権が帰属する。
- BG間の委任契約。Gが受任者として何らかの費用を支出したならば、Gは委任反対訴権により委任者Bを相手方として費用償還を請求することができる。

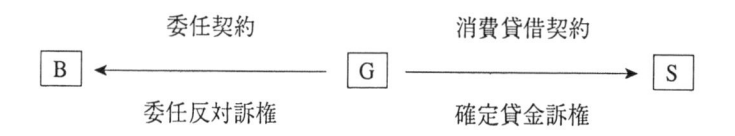

```
              委任契約              消費貸借契約
    B ←──────────── G ────────────→ S
            委任反対訴権              確定貸金訴権
```

したがって、Bは保証人類似の立場に立つ。もしGがSのもとで貸付金の返還を実現することができなければ、それにより被った損失を、費用償還としてBに請求することができるからである。

以上2つの行為は、古典期において、本来の3つの保証行為と比べ以下の長所を持っていた。

- 方式自由である。
- 消耗競合の関係に立たない。すなわち、債権者は、対債務者、対委任者それぞれに別個の訴権を持つ。したがって同一物 (eadem res) とはならない。例えば、Sに対するコンディクティオ (condictio) が不首尾に終わったとしても、Gには依然としてBに対する委任訴権行使の道が開かれている。

ユ帝法においては、これら2つの行為は保証の1つとして取り扱われた。特に、保証人の諸利益もまたこれらの制度に移された。

第8節　参加要約（adstipulatio）

問答契約　　　G：「汝は私に100金が与えられることを誓約するか」
　　　　　　　S：「私は誓約する」

問答契約締結後に、債務者Sは参加要約者G_1に同一物の給付義務を負う。
　　　　　　　G_1：「汝は私に同一物が与えられることを誓約するか」
　　　　　　　S：「私は誓約する」

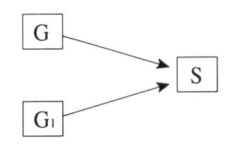

```
  G ─┐
     ├─→ S
  G₁─┘
```

参加要約者G_1は、これにより従たる債権者としての地位を得る。
・債務者Sは、G_1に給付すればその債務を免れることになる。
・参加要約者G_1は、債権について訴求することができる。しかし、それにより得たものは主たる債権者に返還しなければならない。
・もしG_1が債務者Sに対して受領問答契約により債務を免除し、Gに不利益をもたらしたならば（G_1は債権者としての地位に基づき、たとえ免除してはならないとしても、法的には免除をすることができる）、GはG₁を相手方として**アクィーリウス法第2章**に基づく訴権を持つ。

　　　【注意】アクィーリウス法は以下の構成をとる。
　　　　　┌── 第1章：他人の奴隷および四足の家畜の殺害
　　　　　│　　第2章：不誠実な参加要約者の責任
　　　　　│　　第3章：その他の物の毀損
　　　　　↓
　　　第1章および第3章は、不法行為に基づく損害賠償法（不法損害）との関連で扱うことになる。

⊏　第2部　⊐

市民法上の契約

第1章 序　説

ローマ法における契約とその分類

市民法上承認されている契約は、以下の4種に分けられる。

①要物契約　　②言語契約　　③文書契約　　④諾成契約

1) 要物契約の成立要件としては、当事者の意思の合致（**合意** consensus）の他に、さらに**物の交付**が要求される。ローマ法の要物契約においては、契約の成立により返還義務が発生する。

　　　要物契約に属す契約は　　・**消費貸借** mutuum
　　　　　　　　　　　　　　　・**寄託** depositum
　　　　　　　　　　　　　　　・**使用貸借** commodatum
　　　　　　　　　　　　　　　・**質** pignus
　　　さらに場合によっては　　・**信託** fiducia

2) 言語契約の成立要件としては、当事者の意思の合致（**合意** consensus）の他に、さらに**定型文言の遵守**が要求される。

　　　言語契約に属す契約は　　・**問答契約** stipulatio（口頭での給付約束）
　　　　　　　　　　　　　　　・**嫁資の言明** dotis dictio（要式・口頭の嫁資の約束）
　　　　　　　　　　　　　　　・**労務約束** operarum promissio（解放奴隷による給付約束）

3) 文書契約の成立要件としては、当事者の意思の合致（**合意** consensus）の他に、

さらに**文書の作成**が要求される。古典期ローマ法においては、文書契約は1種類だけである。

・**借方記入** expensilatio

4) 諾成契約の成立要件は、当事者の意思の合致（**合意** consensus）のみである。その際、一定の形式も不要である。

  諾成契約に属す契約は ・**売買** emptio venditio
          ・**賃約** locatio conductio（賃貸借、雇傭、請負）
          ・**委任** mandatum
          ・**組合** societas

以上挙げた契約類型だけが市民法上訴求可能である（**類型強制**）。

第2部においては、これらの契約のみを叙述の対象とする。無名要物契約および訴求可能な無方式合意によって、法的保護はさらに拡張されることになるが、これについては第3部において扱われることになる。

第2章　要物契約

第1節　要物契約とは何か

1) ガーイウス『法学提要』が物による債務関係として挙げるものは、**消費貸借**と**非債弁済**の2つだけである。

これら2つの事例においては、交付により返還義務が発生する。いずれの返還義務も、訴訟上**コンディクティオ**（condictio）により訴求可能な義務である。しかし非債弁済は、消費貸借とは異なり契約ではない。ここでは当事者の、契約成立を目的とする合意が欠けているからである。したがって非債弁済は、その後準契約なる範疇に入れられる。ガーイウス自身が述べているのは、未だ要物契約ではなくて、物による債務関係ということになる。

2) 同じくガーイウスの名で伝わる（しかし間違いなく彼に由来するものではないであろう）『日常法書』およびユ帝『法学提要』では、**消費貸借・使用貸借・寄託・質**の4つの契約が要物契約とされている。上記の史料では要物契約の範疇に算入されてはいないが、場合によっては**信託**も入れられることがある。

これらの債務関係においてはすべて、**物の交付によって**（re）受領者側の返還義務が発生することになる。もちろん、あらゆる契約においてそうであるように、当事者の然るべき合意がそこに存在していなければならない。

第2節　消費貸借（mutuum）

> 消費貸借契約は、貸主Gが借主Sに、
> - 金銭
> - その他の代替物（例えばワイン、穀物）
>
> を交付し、その所有権を移転することによって成立する。これにより受領者Sは、同一物idem（したがって金銭の場合受領したその貨幣）ではなくて、**同種同等同量物**（tantundem eiusdem generis et qualitatis）の返還義務を負う。

この定義によれば、消費貸借債務は**種類債務**である。したがって、債務者が危険を負担する。つまり、たとえ受け取った物が偶発の事変により滅失した場合でも、債務者は返還義務を負う。

消費貸借は、厳正債務（obligatio stricti iuris）の1つであり、また片務契約である。貸主には、借主の返還義務履行を求めるための訴権として、厳正訴権の1つである**コンディクティオ**が付与される。

> 【注意】コンディクティオは、その方式書が無因的に構成されているため（方式書には債務原因の記載がない）、その適用領域が広く、消費貸借のみならず、例えば確定物の問答契約等の場合にも用いられる。

コンディクティオ が消費貸借訴権として用いられるときには、次のように呼ばれる。
①金銭消費貸借であれば：**確定貸金訴権**（actio certae creditae pecuniae）
②穀物消費貸借（ないしその他の代替物）であれば：**穀物的コンディクティオ**（condictio triticaria）

（1）消費貸借の約束と消費貸借

【設例】

Sは近いうちに1万金の金銭を必要としていた。4月1日にGはSの求めに応じて、5月1日にSにこの金額を貸すと約束した。	これはまだ消費貸借契約ではなく、将来金を貸すことの約束である。 ↓
5月1日にGは1万金をSに貸付金として交付した。	ここではじめて、消費貸借契約が成立する。

　消費貸借は要物契約の1つであり、したがって物の交付（ datio：金銭消費貸借の場合にはnumeratio＝貸付金の現金支払）によってはじめて成立する。交付に先行する消費貸借の約束は、　　　ローマ法では、

それが無方式で行われるとき、訴えることはできない。それは、いわゆる**貸付の無方式合意**（pactum de mutuo dando）である。	問答契約を用いて行われるときにのみ、訴えることができる

（2）消費貸借契約の成立

　すでに述べたように消費貸借は要物契約であり、実際に貸主から借主に貸付金が交付されてはじめて成立する。もちろん交付は、それについての当事者の合意、つまり消費貸借を目的とする交付である旨の合意に基づくものでなければならない。
　貸主から借主に直接交付するという要件が緩められている場合も見られる。

1) 指図による消費貸借

AはGに1万金の債務を負っている。GはSに1万金を貸し付けようとしている。GがSに1万金を交付するかわりに、Gは彼の債務者Aに、債務として負っている1万金をSに渡すよう指図する。

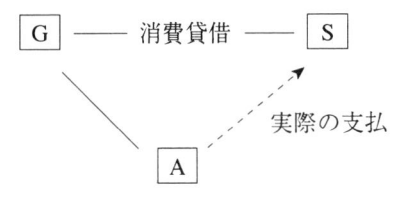

```
   G ── 消費貸借 ── S
     \            ↗
      \          実際の支払
       A
```

AからSへの金銭の交付によって、
　a) GS間の消費貸借が成立し、
　b) Aに対するGの債権の消滅、が生じる。

2) 貸主Gの名において行われる第三者の貸付金交付

ローマ法は原則として直接代理を知らないけれども、アリストーとパウルスの見解によれば、第三者がGの名において金銭を交付した場合にも、GとSとの間に消費貸借関係が成立する。

3) 消費貸借の合意

SはGに対して何らかの原因（例えば委任の清算）により金銭債務を負っている。ところでGS間で、まだ清算されずにSのもとにある金銭をSが貸付金としてそのまま持つ旨の合意が成立した。このような合意による消費貸借に関しては、ローマの法学者の間で意見が分かれていた。ユーリアーヌスは否定し、ウルピアーヌスは肯定した。

4) 危険の契約（contractus mohatrae）

GはSに金を貸したいが、持ち合わせの現金がない。そこでGはSにある物を交付し、Sはこれを売却してその代金を貸付金として受け取るべきものとする。貸付額は受け取った代金の額と同じものとされる。古典期の理解によれば、Sが買主から代金を受け取った時点で消費貸借が成立する。貸付額は、受け取った代

金相当額となる。

　ディオクレティアーヌス帝の勅法は、その変形を認めた。すなわち、物の評価額について合意したうえで、GからSへと物が交付された場合には、この評価額が貸付金とみなされた。この構成は、特に、評価額が取得された代金よりも高いときSに不利である（経済的弱者である債務者を搾取する危険がある）。

（3）債務の内容

無利息消費貸借	利息付消費貸借
借主は受け取った額の返還（元本返済）義務のみを負う。借主は資本利用の対価を支払う必要がないので、これは有償行為ではない。	借主は元本返済の他に利息支払義務を負う。これは有償行為である。利息は資本利用の対価である。

【注意】ローマ法においては、要物契約の場合、**実際に交付された額**の限りでしか義務が発生しない。消費貸借における利息の合意については、以下の2つを区別せよ。

無　効	有　効
合意が無方式で（すなわち問答契約の方式を用いないで）行われたときは、無効である。したがって、債務証書に利息支払の義務を債務者が負う旨記載されている場合でも、無効となる。 ↓ **古典期後期**からは、利息についての無方式合意は、**自然債務**を発生させることになった（弁済は有効であるが、訴権は付与されない）。	合意が問答契約の方式を用いて行われたときにのみ、有効である。利息は問答契約に基づく訴権（普通は不確定のものが問題となるので、問答契約訴権）により訴えることになる。

(4) 営利行為としての消費貸借

　古典期ローマ法の消費貸借は、基本的に、友人間の無利息消費貸借をモデルとして構成されている。貸金業としての利息付消費貸借に対する経済的需要は、とりわけ問答契約によって満たされた。貸主が貸付金を交付する際に、**返還義務**および**利息支払義務**を目的とする問答契約が締結される。証拠としてこれに関する証書（cautio）が作成される。

　古典期の考えによれば、問答契約による返還約束を伴う信用供与は、2個の債務関係（すなわち要物契約と言語契約に基づく債務）を発生させるのではなくて、問答契約債務だけを発生させる。ただし、問答契約が何らかの原因で無効となったときに限り、いわば債権者のための安全装置として、要物契約としての信用供与に基づく訴権がなお付与される。注意を要するのは、そうでなくても問答契約に基づく訴権も消費貸借に基づく訴権も同じものだという点である。つまり、どちらもコンディクティオであり、その方式書の無因的構成によって、どちらの債務発生原因もこのコンディクティオの適用範囲にとりこまれる。

(5) 返還の問答契約ある場合の債務者保護

　債務者Sは問答契約の方式で返還を約束し、それを証明するために証書が作成された。ところがその後借主は何も受け取らなかった、あるいは全額を受け取ったわけではなかった。このようなことが起こらないとは限らない。さて、債権者Gは、Sの問答契約に基づき返還を求めて訴えたとする。この場合古典期においては、Sに悪意の抗弁が付与される。

　古典期後期になると、この抗弁は1つの独立した抗弁となり、

　　金銭不受領の抗弁 exceptio non numeratae pecuniae

と、呼ばれた。カラカラ帝の指令では、これに**挙証責任の転換**も結びつけられた。

```
原告 G  ──コンディクティオ──→  被告 S
       ←──金銭不受領の抗弁──
```

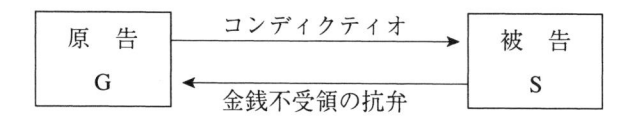

　一般的な挙証責任の分配からすれば、原告は訴権の基礎となる事実、したがって問答契約の締結を証明するだけでよい。これに対して被告は、抗弁の要件事実、したがって金銭不受領を証明する必要がある。ある事実がないことの証明は、経験則上困難である。

　これに反してカラカラ帝の解答（C.4,30,3）によれば、被告が金銭不受領を証明すべきではなく、原告がnumeratio（実際の支払）を証明すべきものとされている。問答契約債務者を抗弁により保護する他に、さらに、**金銭不受領の訴**（querela non numeratae pecuniae）という独自の訴権がつくりだされた。この訴は、返還の問答契約ないしこれを記載した証書の取消を目的とする。もっとも、抗弁および訴による保護には期間が定められていた（最初は1年、ディオクレティアーヌス帝以来5年、ユ帝では2年）。したがってこの期間経過後は、返還の問答契約ないしその旨記載された証書は、取消できないものとなる。

(6) マケドー元老院議決（SC Macedonianum）

　マケドー元老院議決は、家息に対する金銭の貸付を禁止した。
　制定の契機（occasio legis）：マケドー Macedoという名の家息が何人かの高利貸から金を借り、債権者である彼らから返還を迫られた。マケドーはそこで彼の父を殺した（おそらく、殺害により自分が自権者sui iurisになり、相続財産から債権者たちに弁済しようと考えてのことであったと思われる）。

　そこでウェスパシアーヌス帝治下、以下の法律が制定された。

マケドー元老院議決

以下の通り議決する。家息に金銭を貸し付けた者には、家息がその権力下に服していた父の死後であっても、訴権は付与されないものとする。これにより、高利貸業を営んで悪い手本を示している者たちは、父の死を期待してもその死によって家息の債務が良くなるわけではない（＝債権を実現することができない）ことを知るべし。

（議決の文言は、Ulp.D.14,6,1pr. によって伝えられている）

【注意】家息（40才、50才の成人でも家息であり得る）にも、自ら義務を負う能力はある。しかし、家父権（patria potestas）に服している限りは、家息を訴えることは可能なものの、執行することはできない。権力から解放されて（例えば父の死により）、訴えることのみならず、執行することもできるようになる。

マケドー元老院議決により、家息に対する債権者の返還請求は、（権力に服しているときのみならず、権力から解放されて後も）法務官によって拒否される。
①法務官がすでに法廷手続の段階で債権者の訴権を拒否する（**訴権の拒否** denegatio actionis）。
②あるいは、債権者に訴権は付与するが、方式書の中に、審判人による請求棄却を導く抗弁、**マケドー元老院議決の抗弁**（exceptio SCi Macedoniani）を挿入する。

任意に返還されたときは有効である（例えば返還義務を負っていなかったとして、返還を求めることはできない）。マケドー元老院議決に反して締結された家息の消費貸借債務は、したがって自然債務である。

次の場合にはマケドー元老院議決による保護は与えられない。
①消費貸借についての権力者の同意がある場合
②家父権から解放されて後、家息が債務を認めた場合

(7) 海上冒険貸借 (fenus nauticum)

貸主は、海上輸送のための資本として金銭を貸し付け、その際に、船が決められた港に運良く到着した場合に限り、借主は金銭を返還すべき旨が取決められる。これが海上冒険貸借である。

したがって海上輸送の危険は債権者が負担する。そのみかえりとして、

古典期には	ユ帝期には
任意に利率を定めることができた（利息制限法を顧慮しなくてよい）。	最高利率を12％として定めることができた。

海上冒険貸借という制度の起源はギリシャ・ヘレニズム法圏に遡る。

(8) 拘束行為 (nexum)

ローマ法の初期の段階では、消費貸借 (mutuum) はまだなかった。この時代には、拘束行為 (nexum) が消費貸借として用いられた。これは、いわゆる銅衡行為（negotium per aes et libram）の1つで、当事者の他にさらに5人の証人と持衡器者 (libripens) の立会の下で行われる儀式的行為であった。

拘束行為による消費貸借は以下の経過をたどる。

拘束行為 による責任の設定

5人の証人と1人の持衡器者の面前で、GはSにある金額を衡り渡し、そして定められた時期に返還されなかったときにはSの身体にかかっていくことのできる権力を取得する。

返還期日が到来して、

Sは返還する：銅と衡による弁済
　　　　または
　　　　拘束行為の解放
SはGに、5人の証人と1人の持衡器者の面前で当該金額を衡り渡し、これにより自己の責任から解放される。

Sは返還しない：拿　捕
Gは、その責任設定が5人の証人のゆえに明白かつ争う余地がないものなので、訴訟を経ずに直ちにSに対して人的執行を行い、Sを債務奴隷として連れ去ることができた。

　拘束行為はすでに共和政期に衰退し、消費貸借にとってかわられる。古典期には、もはや消費貸借（mutuum）だけが消費貸借のための行為として知られるのみとなる。銅と衡による弁済は、古典期ではもはや免除目的でしか用いられなくなった。債務者から債権者に交付されたのは、実際の金額ではなくて、もはや象徴としての硬貨であった。これによって債務者は解放される。

第3節　寄託（depositum）

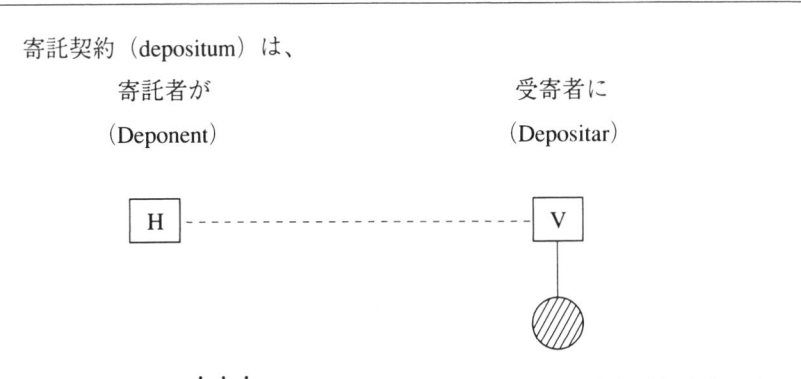

寄託契約（depositum）は、
　　　寄託者が　　　　　　　　　受寄者に
　　　（Deponent）　　　　　　　（Depositar）

　　　　H ----------------------- V

受寄者がこれを無償で保管するとの合意のもと、ある物を引き渡すことによって成立する。

【注意】ローマ法においては寄託は常に無償である。もし有償での物の保管が合意されたならば、それは寄託ではなく賃約（locatio conductio）となる。

物権法上は受寄者は所持者となるに過ぎず、寄託者が間接占有者として占有を続ける。さらに注意すべき点として、寄託者は必ずしも物の所有者である必要はなく、もちろん第三者の物についての寄託も有効に成立し得る。

寄託は、**不完全双務契約**である。いかなる場合にも寄託者から受寄者への請求権（寄託直接訴権 actio depositi directa）は発生する。反対請求権（寄託反対訴権 actio depositi contraria）も場合によっては発生する。古典期において、寄託は信義誠実（bona fides）に基礎を置く関係の1つである。

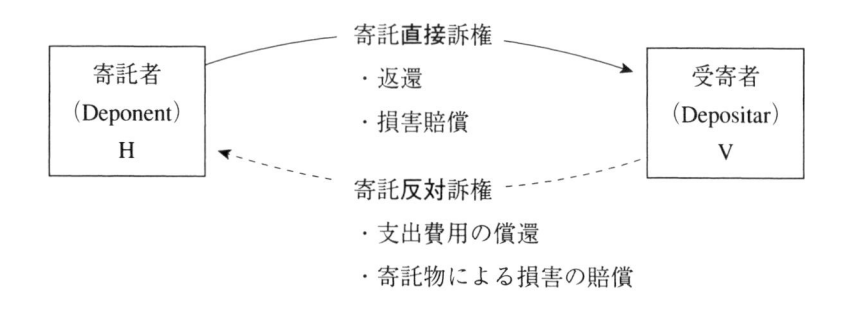

```
                    寄託直接訴権
                    ・返還
  寄託者                               受寄者
  (Deponent)        ・損害賠償         (Depositar)
  H                                    V
                    寄託反対訴権
                    ・支出費用の償還
                    ・寄託物による損害の賠償
```

(1) 受寄者の義務（寄託者の請求権）

　・寄託物の保管
　・寄託物の返還：寄託者は、返還期の定めがあっても、いつでも返還を請求することができる。

受寄者は　悪意　についてのみ責を負う。このように責任が軽いのは、利益原理から説明することができる。すなわち、契約上の利益は受寄者にではなく寄託者にあるからである。もちろん、責任の過重を当事者間で合意することは可能である。後に重過失についても、責任を負うものとなる。

受寄者は寄託物を使用してはならない。もしこれに違反して使用したならば、

使用窃盗 (furtum usus) となる。

(2) 寄託者の義務（場合により発生する受寄者の反対請求権）

・寄託物のために支出した費用の償還
・寄託物により生じた損害の賠償

受寄者の反対請求は寄託反対訴権によって行われる。留置権ないし相殺の主張は許されない。

(3) 法的保護の展開

十二表法：2倍額 (duplum) を求める罰訴権
　　　　　寄託者H→受寄者V
↓
寄託直接訴権　　H ── V

法務官法：法務官は告示において、寄託者のための法的保護を約束した。そのために、事実に基礎を置く訴権が付与され、方式書には以下の要件が挙げられた。
　・寄託者（原告）が寄託したこと
　・受寄者が悪意で返還しないこと
　以上の要件のもと、**物の価額**（「その物が値するであろう額」）について有責判決が下される。
市民法：それと並んで、法律に基礎を置く訴権が設けられ、その「請求の表示」には、受寄者の市民法上の義務と信義誠実の指示が記載されている。その前にある「請求原因の表示」には、寄託がなされたことが挙げられる。

不法行為責任
（返還しないことは不法行為として把握された）

↓

契約責任
（この訴権によって寄託は市民法上の契約となる）

ガーイウスは、古典期において両方式書が並存していたことを伝える（両方式書の文言は下記192頁に挙げておいた）。

寄託直接訴権のもう1つの特徴
寄託直接訴権に基づく有責判決は**破廉恥**（infamia）の汚点を付ける効果を持つ（信頼関係の破壊）。

　　寄託反対訴権　　　　　H ← V

寄託反対訴権は、場合により発生する受寄者の反対請求権（費用償還、損害賠償）行使のために用いられる。反対訴権の方式書は、法律に基礎を置く訴権の方式書において当事者を入れ替えたものである。

(4) 特殊な寄託

1)　　係争物寄託 depositum sequestre
争う2人の当事者が、勝訴した方に返還されるべき旨を約して、係争物を訴訟期間中第三者に寄託する場合を言う。係争物受寄者（Sequester）は**占有訴権付占有者**であり、したがって占有保護を受ける。

2)　　災難危急時の寄託 depositum miserabile
ある者（寄託者）が緊急事態（例えば暴動・火災・建物の倒壊・難船）発生のためある物を他の者に寄託した場合、返還なきときは、法務官は2倍額を目的とする事実に基礎を置く訴権を付与した。

3) 特に重要なのが　　不規則寄託 depositum irregulare
代替物（例えば金銭、穀物）が引き渡されて受寄者の**所有物**となり、受寄者は**同種・同等・同量**の物を返還する債務を負う。
これについては次頁を見よ。

(5) 金銭の寄託

1) 通常の寄託
寄託者は金銭を袋に入れて封印し、これを受寄者に交付する。受寄者は袋に入れられたまさにその金銭を返還する義務を負う。
・受寄者は受け取った金銭の**所持者**となる。
・寄託者がその危険を負担する（**特定物債務**）。

2) 不規則寄託
寄託者は封をしないで金銭を寄託のために受寄者に交付する。受寄者はその同じ金銭ではなくて、同額を返還する義務を負う。受寄者は受け取った金銭を自己のために使うことができる。
・受寄者は受け取った金銭の**所有者**となる。
・したがって危険も受寄者が負担する（**種類債務**）。

さて、**不規則寄託**と**消費貸借**とを区別することは困難である。
　　 不規則寄託 　　金銭を渡す者の寄託の必要が前面に出る。

　　 消費貸借 　　金銭を受け取る方の借りる必要が前面に出る。

古典期において不規則寄託（消費許可を伴う金銭寄託）の法律効果は消費貸借に従った。
・（寄託訴権ではなくて）コンディクティオが、返還訴権として付与された。
・無方式の利息の合意は訴求可能ではない。
後古典期（あるいはすでに古典期後期において）不規則寄託は、消費貸借から分離される。このことは以下の点から分かる。
・寄託訴権が返還訴権として付与される。
・寄託訴権は誠意訴権なので、無方式に合意された利息または法定遅延利息の請求が可能となった。

第4節　使用貸借 (commodatum)

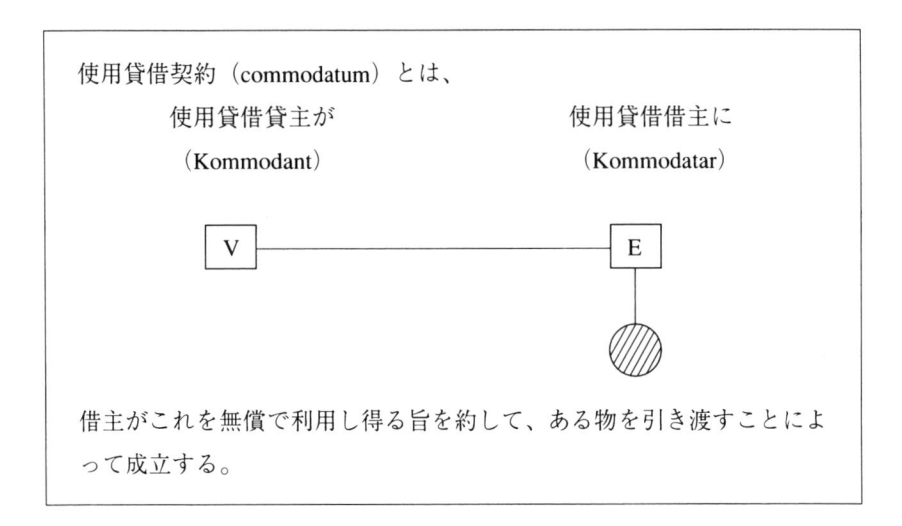

使用貸借契約 (commodatum) とは、
　　使用貸借貸主が　　　　　　　　使用貸借借主に
　　　（Kommodant）　　　　　　　　（Kommodatar）

```
[V]────────────[E]
                │
                ○
```

借主がこれを無償で利用し得る旨を約して、ある物を引き渡すことによって成立する。

【注意】
・使用貸借は無償で物を使用させるものである。有償の場合には物の賃約 locatio conductio rei（賃貸借）となる。
・使用貸借の目的物は、原則として、不代替物の消費不能な物に限られる。消費可能な物、例えばワイン、穀物、金銭を、受領者が同量返還する旨を約して渡した場合は、使用貸借ではなくて消費貸借である。使用貸借は特定物債務を、消費貸借は種類債務を発生させる（危険負担に関し相違が生じる）。
・使用貸借は要物契約なので、実際に貸与されてはじめて契約が成立する。将来ある物を使用貸借として引き渡す旨の無方式合意は、ローマ法上訴求不能である（これに対して、将来ある物を対価とひきかえに利用させるため貸与する旨の無方式合意は、単なる合意によって成立するところの、有効な賃貸借契約である）。
・ローマ法は拘束力を持つ使用貸借の他に、拘束力を持たない容仮占有 (precarium) なるものを知っていた。これについては下記181頁を参照。

　物権法上借主は所持者の地位に立つ。貸主は間接占有者として占有を続ける（注意：貸主は通常所有者であるが、他人の物も使用貸借することは可能である）。

使用貸借は不完全双務契約である。いかなる場合にも請求権V→E（すなわち返還請求権）が発生する。これに対してある一定の場合に限り反対請求権V←Eが生じる。

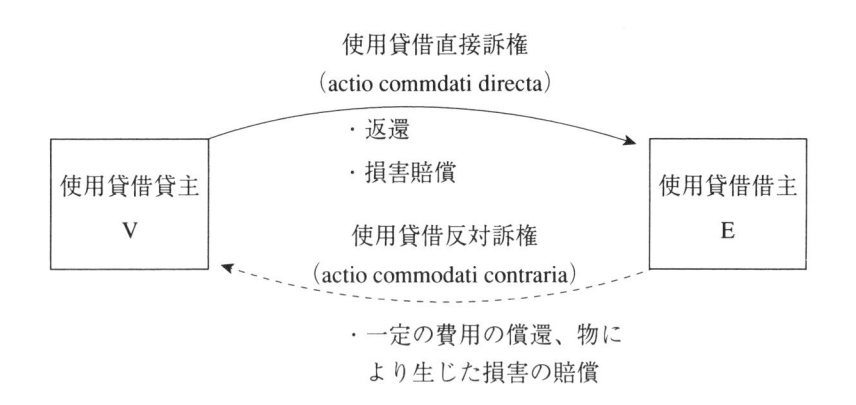

```
                    使用貸借直接訴権
                  (actio commdati directa)
                 ・返還
    ┌─────────┐ ・損害賠償          ┌─────────┐
    │使用貸借貸主│                    │使用貸借借主│
    │    V    │  使用貸借反対訴権    │    E    │
    │         │(actio commodati contraria)│         │
    └─────────┘◄─ ─ ─ ─ ─ ─ ─ ─ ─ ─└─────────┘
                 ・一定の費用の償還、物に
                  より生じた損害の賠償
```

(1) 借主の義務（貸主の請求権）

約定期間終了後または目的に適った利用後の目的物の返還（使用貸借は拘束力を持った契約であり、貸主はそれ以前に目的物の返還を請求することはできない。この点において使用貸借は、何時でも自由に撤回することができる、拘束力を持たない容仮占有と異なる）。

借主は 保管責任 を負う。その理由は利益原理により説明することができる。すなわち、契約締結の利益は借主側にあるからである。不可抗力に関わる危険は貸主が負担する。しかし借主は、取決に反した利用をした場合には、不可抗力についても責を負う。

維持費の負担（例えば借りた奴隷の食費）。

(2) 貸主の義務（場合により発生する借主の反対請求権）

通常の維持費については借主がこれを負担するが、特別の費用を支出した場合には（例えば、借りた奴隷が重病を患い、または逃亡したので、借主は奴隷の治療費または連れ戻すための費用を負担した場合）、その費用の償還。

目的物により借主に発生した損害の賠償、ただし、貸主に**悪意**ある場合に限られる（例えば貸主が漏れることを知りなが瓶を貸し、借主のところでワインが漏れ出た場合）。

場合により発生する以上の反対請求権については、その行使方法として以下の2つが考えられる。

| 貸主が返還請求した場合に、これに対抗して留置権を行使するか、相殺を主張する。 | 独立の訴権、すなわち使用貸借反対訴権によって行使する。 |

(3) 使用貸借における法的保護

| 使用貸借直接訴権 |　　　　　貸主V　→　借主E

寄託の場合と同様に使用貸借においても、法務官法と市民法との二重構造が存在する。

法務官法上の事実に基礎を置く訴権においては、方式書に以下の要件が挙げられている。

　・貸主が借主に貸与したこと。
　・借主が返還しないこと。

そして、これらの要件を条件とする、**物の価額**（「その物が値するであろう額」）についての有責判決。

法律に基礎を置く市民法上の訴権においては、その「請求の表示」に、借主が貸主に対して負う市民法上の義務が示されている。請求の表示に先行する「請求

原因の表示」には、使用貸借がなされたことが挙げられている（方式書の例については193頁を見よ）。

| 使用貸借反対訴権 | V ← E |

この訴権の目的は、場合により発生する借主の反対請求権（費用償還、損害賠償）の行使にある。当事者の役割を交替した法律に基礎を置く訴権が方式書として用いられる。

(4) 使用貸借と容仮占有

使用貸借と容仮占有とはともに無償の使用権供与を目的とするが、法形式として区別する必要がある。

| 使用貸借 | ⟷ | 容仮占有 |

使用貸借	容仮占有
使用貸借は**拘束力を持つ契約**であり、したがって貸借期間終了前または定められた利用の終了前に、貸主は解約する権利を持たない。	容仮占有は**拘束力を持たない**、物利用のための貸与である。したがって契約ではなく、何時でも自由に貸与を撤回することができる。
借主は単なる**所持者**にすぎず、占有保護をまったく受けない。	容仮占有者は**占有訴権付占有者**となり、**第三者を相手方として占有保護**を受ける（ただし、占有許容者に対抗することはできない。容仮占有者は許容者に対しては瑕疵ある占有者となる）。
貸主の返還請求は使用貸借契約に基づく訴権、**使用貸借直接訴権**によって行われる。この訴権において借主は**保管**について責を負う。	返還は**容仮占有に関する特示命令**（interdictum de precario）によって請求することができる。特示命令において容仮占有者は**悪意**について責を負う。

【復習】瑕疵ある占有：暴力による（vi）・隠秘による（clam）・許容による（precario）

第5節　質 (pignus)

(1) 質とは何か

　質権に関係する法律関係の大部分は、確かに物権法の分野に属す。つまり、ある物を質入れすることによって債権者に制限物権が成立するからである。もし占有移転を伴わずに質権が設定されるならば（したがってその物が引き続き債務者のもとにあるならば）、我々はこれを非占有質（抵当 hypotheca）と呼び、質物が債権者に引き渡される場合には、占有質（質 pignus）と呼ぶ。

　質権設定は、以下の限りにおいて物権法のみならず債権法の問題に関わる。すなわち、債権者は、

①債務が弁済された場合に質物を返還する債務、

②質物が売却された場合に残余（superfluum）があればそれを返還する債務を負う。

この債務は質物の交付によって成立するので、質は『日常法書』において要物契約の1つとされている。

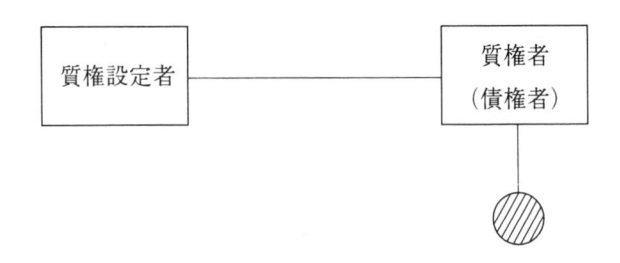

【注意】質権設定者は通常被担保債権の債務者であるが、そうである必要はない。第三者もまた質を設定することができる。例えばAがBに金銭を貸し付け、Cからその担保として質物を受け取ると、Cは質権設定者であるが彼自身が債務者であるわけではない。

質権者は当該目的物に対して制限物権、すなわち質権を取得する。占有権を問題とすれば、彼は**占有訴権付占有者**であり、占有保護を受ける。

　質権設定は、使用貸借および寄託と同様に、不完全双務契約である。いかなる場合にも質権者を相手方とする質権設定者の請求権が発生するが、反対に質権設定者を相手方とする質権者の請求権は、一定の場合に限り発生する。

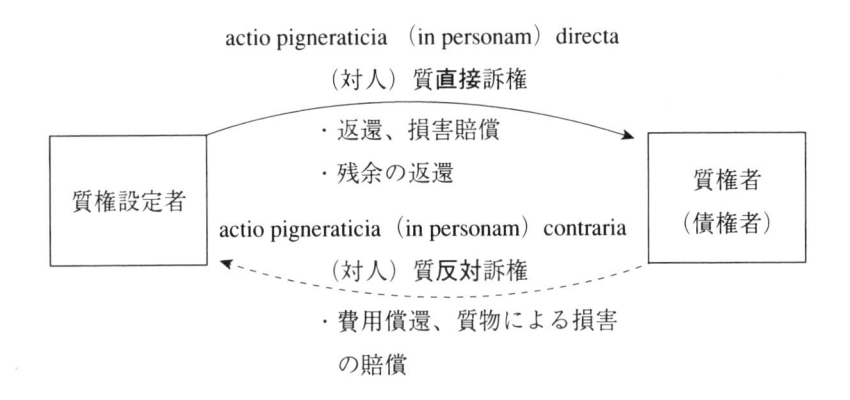

```
              actio pigneraticia （in personam） directa
                     （対人）質直接訴権
                   ・返還、損害賠償
  ┌─────────┐    ・残余の返還              ┌─────────┐
  │質権設定者│─────────────────────────→│ 質権者  │
  │         │  actio pigneraticia （in personam） contraria │(債権者)│
  │         │←─ - - - （対人）質反対訴権 - - - ─│         │
  └─────────┘    ・費用償還、質物による損害      └─────────┘
                  の賠償
```

1）質権者の義務（＝質権設定者の請求権）
①**返還**：被担保債権が弁済された（または質権の消滅をもたらす類似の事由、例えば債権の免除、質権の放棄、またおそらくは債権者遅滞が発生した）場合に返還義務を負う。
②質権者は　**保管責任**　を負う：質契約は質権者の利益となるためのものなので（すなわち債権担保）、利益原理に従い保管責任という重い責任を負う。
③質物売却により質物が換金された場合、債権者は質権設定者に対して**残余ある場合にこれを返還**する義務を負う。

2）質権設定者の義務　（＝場合により発生する質権者の反対請求権、反対訴権）
①質物に対して支出した費用の償還
②一定の事情の下での損害賠償

(2) 質契約に基づく法的保護

1) 質直接訴権

返還義務を発生させる他の契約と同様に、質の場合にも法務官法と市民法との二重構造が見られる。

法務官法上の**事実に基礎を置く訴権**では、その方式書に、以下の要件が挙げられている。

①金銭債務を担保するために質物が交付されたこと

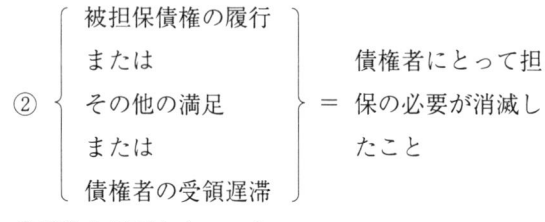

② 被担保債権の履行 または その他の満足 または 債権者の受領遅滞 ＝ 債権者にとって担保の必要が消滅したこと

③質物を返還しないこと

そして以上の事実を条件として、目的物の価額「その物が値するであろう額」についての有責判決が下される。

その後おそらくは市民法上の**法律に基礎を置く訴権**が設けられた。この訴権の方式書の「請求の表示」には、質権設定者に対して債権者が負う市民法上の義務が挙げられている。それに先行する「請求原因の表示」には、質物交付が示されている。

2) 質反対訴権

場合により質権者の反対請求権（費用償還、損害賠償）が生じたときに、これを行使するための訴権である。方式書としては、当事者の立場を入れ替えた法律に基礎を置く訴権が利用される。

【注意】上記両訴権は債権法上の対人訴権（actio in personam）である。物権法上の質訴権（これについては次の概観を見よ）とは区別しなければならない（方式書の例は194頁）。

(3) 概　観

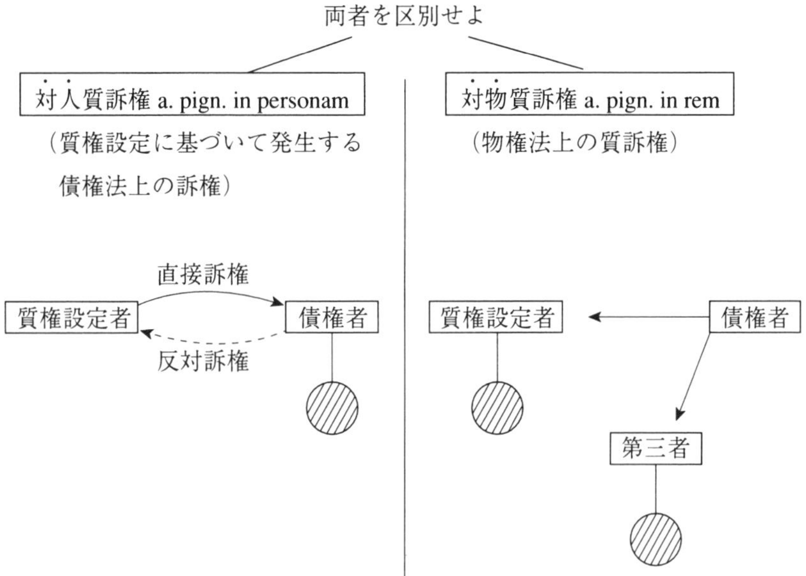

両者を区別せよ

対人質訴権 a. pign. in personam （質権設定に基づいて発生する 　債権法上の訴権）	対物質訴権 a. pign. in rem （物権法上の質訴権）
![直接訴権と反対訴権の図：質権設定者⇄債権者]	![対物質訴権の図：質権設定者←債権者→第三者]
直接訴権：質権設定者に帰属（返還、損害賠償、残余） 反対訴権：質権者＝債権者に帰属（費用償還、損害賠償）	この訴権は債権者に帰属し、質権設定者のみならず、物権法上の訴権として何人に対しても行使し得る。請求内容は、 ・占有していなかったときの、占有取得の請求 ・占有を失ったときの、占有回復の請求

　なお、対物質訴権は、質物取戻訴権（vindicatio pignoris）、準セルウィウス訴権（actio quasi Serviana）および抵当訴権（actio hypothecaria）という名称で呼ばれることもある。

(4) 不規則質 (pignus irregulare)

代替物、例えば金銭が質物として交付された場合に、

袋に入れるか包んで封をして区別し、同一の貨幣を返還すべき旨を約したとき、これは通常の質契約 (pignus regulare) である。	何もせずに、債権者が同額を返還すべき旨を約したとき、いわゆる**不規則質契約** pignus irregulare となる。
債権者は金銭を使ってはならず、被担保債権が弁済されたならば、そのもの（**同一物**）を返還しなければならない。	債権者は**所有者**となり、その金銭を使うことができる。被担保債権が弁済されたならば、債権者は**同種・同等・同量物**を返還しなければならない。
返還債務は特定物債務である。	返還債務は種類債務である。

不規則質は、頻繁に用いられていた。例えば保証金として金銭を支払うという場合である。

(5) ゴルディアヌスの質 (pignus Gordianum)

債務者が債務を弁済し、これを担保する質物が債権者のもとにあるとき、債権者は質物返還債務を負う。そして債務者は返還を請求するための対人質直接訴権を持つ。ところで、この被担保債権の他になお債権者が債務者に対し債権を持っていたならば、債権者は、被担保債権弁済後も引き続き質物を手許におくことができる。訴訟においては、もし債務者が返還を請求したならば、債権者は悪意の抗弁を付与されることによって保護されることになる。このような法制度は、ゴルディアヌス皇帝が239年の勅法において承認したものである。

【注意】ゴルディアヌスの質は、質権を発生させるのではなくて、留置権を認めたにすぎない。すなわち、債権者は質物を留置することが許されるだけで、そこから（例えば売却により）満足を得ることはできない。

第6節　信　託（fiducia）

(1) 信託とは何か

ローマ人が信託を要物契約の1つとして考えていたかは、史料、とりわけ『日常法書』から直接読み取ることはできない。しかしながら、信託という法律関係の展開は要物契約のそれとの類似性を確かに示している。

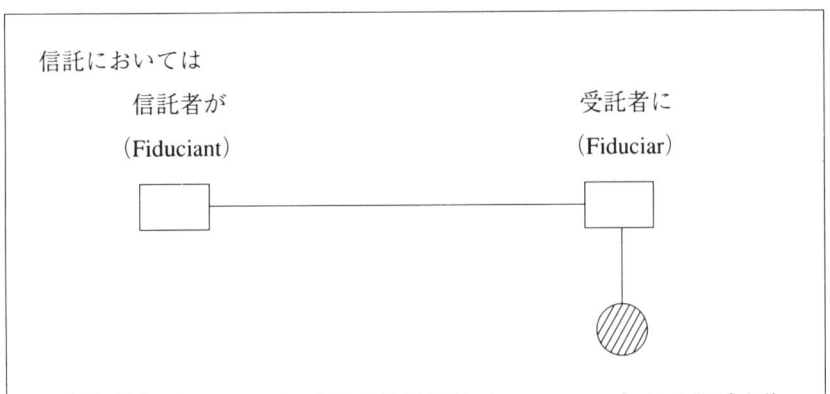

信託においては
　　信託者が　　　　　　　　　　受託者に
　（Fiduciant）　　　　　　　　（Fiduciar）

握取行為（mancipatio）または法廷譲与（in iure cessio）により手中物（res mancipi）の所有権を移転する。その際、信託約款（pactum fiduciae）を付加して、信託譲渡の目的に対応する受託者の義務を確定する。通常その義務は、目的成就後の所有権の再移転である。

【注意】受託者は所有者となる。信託約款に基づいて発生する義務、拘束は、内部関係（すなわち対受託者との関係）においてのみ効力を有し、第三者にその効力は及ばない。格言いわく、「受託者は彼に許されている以上のことができる」と。例えば、受託者が、信託者に対し再移転義務を負っているにもかかわらず、目的物を第三者に譲渡した場合、当該譲渡は有効であり、第三者は所有者となる。信託者としては第三者にかかっていくことができず、信託約款違反を理由として不誠実な受託者にしかかかっていくことができない。

ガーイウスはその目的に従い、以下の区別をしている。

友人と締結された信託	債権者と締結された信託
（fiducia cum amico contracta）	（fiducia cum creditore contracta）

例えば、友人にある物を確実に保管してもらう目的で、信託譲渡をする。さらに考えられる例としては、解放してもらうために、受託者に奴隷を譲渡する場合。	**債権担保のための譲渡**：これは質による債権担保の最古の形式である。債権者は担保として、所有権の移転を伴ってある物を受け取る。

　信託、とりわけ「債権者と締結された信託」は、質契約と同様に、物権法と債権法の2つの側面を持つが、ここでは後者のみを扱うことにする。信託もまた不完全双務契約の1つである。いかなる場合にも受託者に対する信託者の請求権（**信託直接訴権** actio fiduciae directa：多くの場合所有権の再移転を目的とする）が発生する。これに対して逆向きの請求権（**信託反対訴権** actio fiduciae contraria）は、一定の場合に発生することがあるにとどまる。例えば費用償還請求として。

　信託は信義誠実（bona fides）に基づく関係に属す。

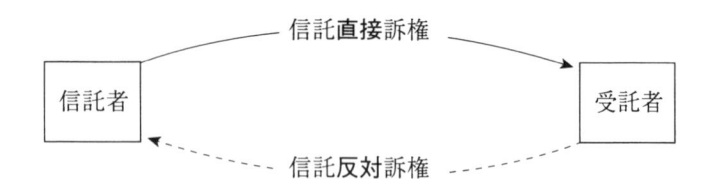

```
                信託直接訴権
        ┌──────────────────→┐
   ┌─────────┐              ┌─────────┐
   │ 信託者  │              │ 受託者  │
   └─────────┘              └─────────┘
        └←────────────────────┘
                信託反対訴権
```

(2) 受託者、信託者の義務と法的保護

1) **受託者の義務**（＝信託者の請求権）

約款の内容に従い

「友人と締結された信託」の場合	「債権者と締結された信託」の場合
基礎となっている個々の目的に応じた義務、例えば、保管、返還の義務	・被担保債権が弁済された場合の所有権の再移転 ・売却により換価された場合の残余の返還

義務違反ある場合の損害賠償

2) **信託者の義務**（＝受託者の請求権）
・支出費用の償還

　信託における法的保護は、はじめから**市民法上の訴権**によって与えられ、しかも信義誠実に基づく関係とされた。信託直接訴権における有責判決は、破廉恥の汚点を付ける（信頼関係の破壊）。

第7節　要物契約のまとめ

	交付される物	受領の目的	受領者の地位	受領者の義務
消費貸借 mutuum	金銭 代替物	消費	所有者	同種・同等・同量物の返還（種類債務）
使用貸借 commodatum	個々に特定された不代替物	無償での利用	所持者	物の返還（特定物債務）
寄託 depositum	個々に特定された物	無償での保管	所持者	物の保管および返還（特定物債務）
不規則寄託 depositum irregulare	代替物 金銭	無償での保管および消費	所有者	同種・同等・同量物の返還（種類債務）
質契約 pignus	個々に特定された物	債権の担保	占有訴権付占有者かつ制限物権保有者	返還（特定物債務）換価した場合の残余の返還
不規則質 pignus irregulare	代替物 金銭	債権の担保	所有者	同種・同等・同量物の返還、または残余の返還
信託 fiducia	手中物 res mancipi	債権の担保または、その他の目的	所有者	返還ないし再握取行為 remancipatio

第8節　方式書の構成と解釈

　消費貸借の場合にコンディクティオ（condictio）が返還請求訴権として用いられる。この訴権は市民法上の訴権である。

寄託、使用貸借および質の場合には、返還請求のために2つの法的保護が存在したことを学んだ。すなわち、

　　　法務官法上の**事実**に基礎を置く訴権　　　市民法上の**法律**に基礎を置く訴権

それぞれの方式書の構成（次頁以下にその雛形がある）は次のとおり。

①請求の表示 **事実**に基礎を置く訴権なので、有責判決を下すための条件となるべき個々の要件事実が記載されている。通常は、 ・寄託、使用貸借または質としての目的物の交付 ・目的物が返還されていないこと 　（"rem redditam non esse"） ②判　決 有責判決の内容は「その物が値するであろう額」と表現されている。	①請求原因の表示 寄託したこと、使用貸借として貸与したことまたは質物として交付したこと ②請求の表示 **法律**に基礎を置く訴権なので「要すること」という言葉によって市民法上承認された義務が問題であることが示されている。義務の内容は不確定物として表現されている：「被告が原告に与え為すことを要するものは何であれ」 ③判　決 審判人は被告を免訴とするか、請求に対応する義務を負う旨の有責判決を（もちろん金額として）下さなければならない。

練習問題　方式書の雛形をよく調べて、どの方式書が適当であるかを考えなさい（解答は195-6頁）。なお、括弧内の空欄にAかBかを記入すること。

【問題1】AはBにある物を寄託、使用貸借または質物として与えた。Bは当該法律関係終了後に物の返還を拒否した。

【問題2】AはBにある物を寄託、使用貸借または質物として与えた。Bは物を返還したが、Aは物に何らかの損傷があること、それがBの故意または重過失に因るものであることを知った。Aはどの方式書に頼るべきか？

【問題3】AはBに馬を寄託、使用貸借または質物として与えた。馬は重病に罹

り、Bは自己の費用で治療させた。Bはどの方式書であれば費用償還を請求することができるか？

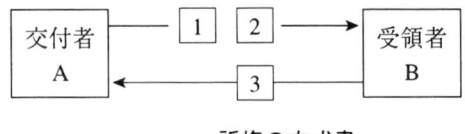

```
┌──────┐   ┌1┐ ┌2┐   ┌──────┐
│交付者│ ←─┤ │ │ ├─→ │受領者│
│  A   │   └─┘ └─┘   │  B   │
│      │ ←─── ┌3┐ ─── │      │
└──────┘       └─┘    └──────┘
```

訴権の方式書

①事実に基礎を置く訴権

もし原告（　）が被告（　）のもとに ・当該目的物を寄託したこと ・そしてその物が被告（　）の悪意により原告に返還されていないこと が明らかであるならば、	請求の表示 ・寄託 ・悪意による未返還
審判員よ、その物が値するであろう額について被告（　）が原告（　）に責あるものと判決せよ。もし明らかでないならば免訴せよ。	判決権限の付与

②法律に基礎を置く訴権（**直接訴権**）

原告（　）が被告（　）のもとに当該目的物を寄託したがゆえに、	請求原因の表示
それゆえに被告（　）が原告（　）に信義誠実に基づいて与え為すことを要するものは何であれ、	請求の表示
審判人よ、それについて被告（　）が原告（　）に責あるものと判決せよ。もし明らかでないならば免訴せよ。	判決権限の付与

③直接訴権をもとに当事者を入れ替えて作成される**反対訴権**

被告（　）が原告（　）のもとに当該目的物を寄託したがゆえに、	請求原因の表示
それゆえに被告（　）が原告（　）に信義誠実に基づいて与え為すことを要するものは何であれ、	請求の表示
審判人よ、それについて被告（　）が原告（　）に責あるものと判決せよ。もし明らかでないならば免訴せよ。	判決権限の付与

使用貸借訴権の方式書

① _____ に基礎を置く訴権

もし原告（　）が被告（　）に ・当該目的物を使用貸借として貸与したこと ・そしてその物が被告（　）により原告（　）に返還されていないこと が明らかであるならば、	請求の表示 ・使用貸借 ・未返還
審判人よ、その物が値するであろう額について被告（　）が原告（　）に責あるものと判決せよ。もし明らかでないならば免訴せよ。	判決権限の付与

② _____ に基礎を置く訴権（直接訴権）

原告（　）が被告（　）に当該目的物を使用貸借として貸与したがゆえに、	請求原因の表示
それゆえに被告（　）が原告（　）に与え為すことを要するものは何であれ、	請求の表示
審判人よ、それについて被告（　）が原告（　）に責あるものと判決せよ。もし明らかでないならば免訴せよ。	判決権限の付与

③ _____ 訴権をもとに当事者を入れ替えて作成される _____ 訴権

被告（　）が原告（　）に当該目的物を使用貸借として貸与したがゆえに、	請求原因の表示
それゆえに被告（　）が原告（　）に与え為すことを要するものは何であれ、	請求の表示
審判人よ、それについて被告（　）が原告（　）に責あるものと判決せよ。もし明らかでないならば免訴せよ。	判決権限の付与

対人質訴権の方式書

① _____ に基礎を置く方式書

もし原告（　）が被告（　）に当該目的物を、 ・金銭債務につき質として与え ・かつ金銭が支払われもしくは満足が与えられ、または未払が被告（　）の責に帰すべき事由によるものであり〔＝被告の受領遅滞ある場合〕、 ・かつ当該の物が返還されていないことが明らかであるならば、	請求の表示 ・質物交付 ・担保の必要性の欠落 ・未返還
審判人よ、その物が値するであろう額につき被告（　）が原告（　）に責あるものと判決せよ。もし明らかでないならば免訴せよ。	判決権限の付与

_____ に基礎を置く訴権も存在したのかは、確実なことではなく、したがって学説上争いがある。

②直接訴権

原告（　）が被告（　）に当該目的物を質として与えたがゆえに、	請求原因の表示
それゆえに被告（　）が原告（　）に与え為すことを要するものは何であれ、	請求の表示
審判人よ、それについて被告（　）が原告（　）に責あるものと判決せよ。もし明らかでないならば免訴せよ。	判決権限の付与

③反対訴権

被告（　）が原告（　）に当該目的物を質として与えたがゆえに、	請求原因の表示
それゆえに被告（　）が原告（　）に与え為すことを要するものは何であれ、	請求の表示
審判人よ、それについて被告（　）が原告（　）に責あるものと判決せよ。もし明らかでないならば免訴せよ。	判決権限の付与

解　答
【問題1】
　この事案においては、事実に基礎を置く訴権、また法律に基礎を置く（直接）訴権のいずれであっても問題はない。したがって原則としてAはいずれの場合にも物の価額について被告有責の判決を得ることができる。
　もし従たる給付が請求されたとするならば（例えば交付物から生じた果実：動物がBのもとで子を産んだ）、
・法務官法上の方式書も柔軟に取り扱われて、こうした事情も考慮することが可能であった。
・これに対して市民法上の方式書においては、文言自体が最初から物の価額ではなくて不確定物（「被告が原告に与え為すことを要するものは何であれ」）となっている。したがって、審判人がこのような事情を考慮に入れることにつき、方式書の文言は何ら妨げとはならない（不確定方式書）。

【問題2】
　この事案に関しては、
・その文言通りに理解すれば、事実に基礎を置く方式書はまずはまったく相応しくない（目的物は実際返還されたのだから）。
　ローマの法学者はその不備を補うために、一種の擬制を考え出した。

> 劣悪な状態で返還された物は返還されたのではない
> res deterior reddita non est reddita

　この擬制に基づけば、【問題2】は法務官法上の訴権でも十分である。この場合、「その物が値するであろう額」は物の価額の全額ではなくて損害額として理解される。
・これに対して市民法上の訴権においては、文言上何の問題も生じない。請求は不確定なものとして表示されているので、審判人は損害賠償を被告の義務として認め、これに基づき損害額について有責の判決を下すことができる。

196　第2部　市民法上の契約

【注意】実体法規範として、以下の区別を忘れてはならない。つまり、Bの負う責任の基準は当該の契約ごとに定まり、寄託の場合は悪意についてのみ、使用貸借と質の場合は保管について責を負う。

【問題3】

・事実に基礎を置く訴権はこの事案にはまったく適さない。この訴権は、Bに対してのAの法的保護だけを目的とするからである（質の場合にはそれ固有の文言で書かれた法務官法上の反対訴権が存在したとする学説もある）。

・当事者の役割を入れ替えれば、法律に基礎を置く訴権はこの事案に相応しいものとなる。つまりこの方法で直接訴権から反対訴権を作ることができるからである。

第3章　言語契約

　言語契約に属すものは、問答契約（stipulatio）、嫁資の言明（dotis dictio）および労務約束（operarum promissio）の3つであるが、その中で最も重要なものは問答契約である。

第1節　問答契約

(1) 問答契約とは何か

> 問答契約は要式の、口頭で行われる給付約束であり、その際、
>
> 　　　要約者が　　　　　　　　　諾約者に
> 　stipulator（reus stipulandi）　promissor（reus promittendi）
> 　　　　□────────────□
> 　　　債権者　　　　　　　　　　債務者
>
> 儀式的な定型文言を用いて問いを発し、諾約者は問いに対応する動詞をもってそれに答える。要約者は問いかけに際して、例えば以下の表現を用いて給付内容を示す。
> 　「君は私に1万金が与えられることを誓約するか」　「私は誓約する」
> 　「君は私に集合住宅を建築することを約束するか」　「私は約束する」
> 　「君は信約するか」　　　　　　　　　　　　　　　「私は信約する」
> 　「君は信命するか」　　　　　　　　　　　　　　　「私は信命する」
> 　「君は与えるか」　　　　　　　　　　　　　　　　「私は与える」
> 　「君は為すか」　　　　　　　　　　　　　　　　　「私は為す」
> 　「誓約するSpondeo」という言葉の使用は、ローマ市民に限られていたが（誓約sponsio）、それ以外の言葉については外人も使用することが許されていた。またギリシャ語の使用も許された：

| Δώσεις; | Δώσω. |
| (＝Dabis＝君は与えるか、ないし所有権を譲渡するか) | (＝Dabo＝私は与えよう、ないし所有権を譲渡しよう) |

　問答契約は、両当事者が同時にその場にいることを前提とする。言い換えれば、問答契約は**現在者間**（inter praesentes）でのみ締結可能であり、隔地者間（inter absentes）で締結することはできない。動詞 "Stipulor, -ari, -atus sum" は、「自己に約束させる」の意味であり、債権者の側からの表現である。給付内容は要約者が表現するので、表現が曖昧であった場合の不利益は要約者が負担することになる（「**曖昧なことは要約者の不利益に** ambiguitas contra stipulatorem est」）。問答契約に基づいて、要約者に対する諾約者の給付義務が発生する。問答契約は片務契約であり、厳正行為の1つである。

　問答契約に基づいて発生した債務を消滅させるためには、元来は、独自の反対行為である 受領問答契約 が必要であった。この受領問答契約は、債権者が行う要式の、領収した旨の意思表示という形で行われる。

| 債務者の問い | 債権者の答え |
| 「私が君に約束したものを君は受領したか」 | 「私は受領した」 |

　古典期においては、受領問答契約はもはや免除のためにしか用いられなくなる。つまり免除の目的で債権者は、実際には何も受領していないのにこの表示を行う。

（2）問答契約に基づく法的保護

まず、どのような内容の給付を約束したのかによって、場合を分ける必要がある。

確定のもの（certum）
例えば
・1万金（確定金銭 certa pecunia）
・100升の小麦
・奴隷スティクス（確定物 certa res）

不確定のもの（incertum）
例えば、家の建築

給付内容に応じて、債権者には以下の訴権が請求権行使のために与えられる。

コンディクティオ	問答契約訴権
債務額ないし物の価額「その物が値する額」を請求対象とする訴権	「被告が原告に与え為すことを要するものは何であれ」を請求対象とする訴権

これらの訴権は厳正訴権である。コンディクティオの場合、審判人には原因についてもまた債務の範囲についても裁量の余地はない。問答契約訴権の方式書は不確定方式書なので、審判人は給付の範囲を確定する義務を負う。

（3）問答契約が用いられる諸事例

古典期盛期の法学者ポンポーニウスは、以下の基本的な区別を立てた。

1）任意的問答契約
  合意に基づく問答契約 stipulatio conventionalis
当事者の自由な合意に基づくもの（契約内容の自由と契約締結の自由）

2）強制的問答契約
  法務官的問答契約 stipulatio praetoria と 訴訟的問答契約 stipulatio iudicialis

一定の状況下においてその締結が法務官あるいは審判人によって間接的に強制されるもの（間接的締結強制）。その内容は告示中の雛形によってかなりの程度まで決められている。

任意的問答契約
ポンポーニウスはD. 45,1,5pr.において「問答契約の種類は非常に多く、締結の対象となり得るものと同じ数だけあると言ってもよいほどである」と述べている。
ローマ法においては、可能かつ適法な給付であれば何であれ問答契約の目的とすることができた。これによって、ローマ契約法の類型強制は緩和された。承認されている契約類型に対応していないために、そうでなければ訴えることができないはずの給付であっても、問答契約の衣を着せれば訴えることができるようになるからである。給付義務が、承認されている契約に対応していても、問答契約によって担保ないし強化されることもしばしばなされた。

任意的問答契約の例としては、以下のものを挙げることができる。
①物の給付約束：例えば、奴隷、穀物、金銭の給付
　これらの場合、債権の目的は**与える**（dare）である。
　【注意】ローマ人は、「種類物売買」を売買契約という法形式で処理せずに、2個の問答契約の締結で処理した。つまり、商品の提供を目的とする問答契約と対価の支払を目的とする問答契約との2つである。法律上は、そこにあるのは2個の別々の厳正行為である。これに対して売買契約は1つの行為であり、信義誠実に従って判断され、2つの給付義務は相互に牽連関係に立つ。

②労務、および仕事の給付約束：例えば、住宅の建築、造船
　これらの場合、債権の目的は**為す**（facere）である。
③信用の供与と関係する問答契約：例えば、消費貸借の約束、受け取った消費貸借目的物の返還を約束する問答契約、利息の問答契約。
④違約罰問答契約
⑤更改（債務の変更、当事者の交替）
⑥アクィーリウスの問答契約 stipulatio Aquiliana（2当事者間に存在するすべての債務を、まとめて1個の問答契約の債務とするもの、多くの場合、その後

で受領問答契約を行い、その債務は直ちに免除される）。
⑦保証：誓約（sponsio）、信約（fidepromissio）、信命（fideiussio）
⑧嫁資の約束 promissio dotis：問答契約を用いた嫁資設定約束

強制的問答契約の例
①未発生損害担保問答契約（cautio damni infecti）：隣地に倒壊の恐れのある建物があるために、ある土地が危険にさらされているとき、隣地者は、損害が発生した場合にそなえて問答契約によりその担保を約束するよう強制される。もし隣地者がこれに応じないときは、危険を感じる土地所有者に隣地の所持、さらには法務官法上の所有権が付与されることになる。未発生損害担保問答契約は現在§343ABGBにおいて規定されている。
②訴訟法においても、特に訴訟代理との関連で、多くの法務官的問答契約がある（例えば、判決債務履行の担保問答契約 cautio iudicatum solvi）。

以下の担保問答契約は、任意的なものと、強制的なものとがある。

①用益権担保問答契約（cautio usufructuaria）：用益権者が所有者に対して、用益物を大事に扱いながら用益権を行使し、終了後は用益物を返還することを担保するもの。
②被後見人の財産が安全であることの担保問答契約〔保証〕（cautio〔satisdatio〕rem pupilli salvam fore）：後見人が、後見を始めるにあたり、被後見人の財産を正しく管理することを約束するもの。

売買に関係するものとして
①2倍額担保問答契約（stipulatio duplae）：売買において売主が、第三者による売買目的物追奪の場合に代金の2倍額を賠償することを、買主に対して約束するもの（権利の瑕疵に対する担保責任）。
②担保約束（promissum）：売買において、売主が買主に対して、売買目的物がある性状を有し、あるいは一定の瑕疵を持たないことを担保するもの（瑕疵担保責任）。例につき231頁を見よ。

(4) 有因的問答契約と無因的問答契約

言葉の中に義務設定の目的ないし原因（causa）が、	
述べられていない。	述べられている。
無因的問答契約	有因的問答契約

例えば、
「汝は私に100金を支払うことを誓約するか」－「誓約する」

あるいは
「汝は私に1万金を与えることを約束するか」－「約束する」

これら2つの例においては、問答契約による義務設定がなぜなされたのかを言葉から見て取ることはできない。問答契約債権は、原因ないしその基礎となっている行為から独立している。

債権者は、訴えるとき、問答契約に頼りさえすればよい。債務者が、その原因関係からは債務を負っていない、またはその基礎にある目的が達成されなかったとして、防御しようとすれば、**悪意の抗弁**が必要である。

例については、29頁を見よ。

例えば、
「汝は私に、購入に基づいて汝が私に負っている100金を支払うことを誓約するか」－「誓約する」

あるいは、
「汝は私に、嫁資として1万金を与えることを約束するか」－「約束する」

第1の例は更改（代金債権を問答契約債権に変更）であり、第2の例は嫁資の約束である。それぞれの問答契約債権は、原因ないしその基礎となっている行為に従属する。例えば、代金債権が存在しないならば、ないしは嫁資約束後婚姻が成立しなければ、問答契約に基づく義務は発生しない。

問答契約に基づいて訴えるとき、原因行為の瑕疵ないし目的不到達は、**悪意の抗弁**がなくても顧慮されなければならない。

（5）問答契約と証書作成

　これまで述べてきたように、問答契約はまぎれもない口頭での行為である。古典期ローマ法において決定的な重要性を持っていたのは、意思の合致の他は、方式通りに言葉を用いること（いわゆる「儀式的文言 solemnia verba」）であった。

　格言いわく、「言葉は去るが、文書は残る」。問答契約の債務者がその締結を思い出せない、あるいはもう思い出したくない、あるいはまた、どういう義務を締結したのかで債権者と意見が食い違うということは、想像に難くない。すでに早くから、問答契約の締結を証書に記載することが一般的なものとなった。その証書は、しばしば cautio（問答契約証書）と呼ばれた。

　さて、次の3つの事例を比べてみよう。G（債権者）とS（債務者）との間で、SがGに対して1万金の債務を負う旨の合意が成立した。その際、

1	2	3
・Sは問答契約を用いて1万金支払の義務を負う。 …………… …………… （証書は何も作成されなかった）。	・Sは問答契約を用いて、1万金支払の義務を負う。 ・証書が作成され、そこにはSが義務を負う旨の表示が記載されている。	…………… （当事者は口頭では何も行わない）。 ・証書が作成され、そこにはSが義務を負う旨の表示が記載されているが、 この意思表示は口頭ではまったく行われていない。

さてここで、義務設定行為の本質はどこにあるのか、口頭での問答の交換（儀式的文言）にあるのか、それとも書面の作成にあるのかが問題となる。ローマ法の展開において、口頭行為から書面の作成へと重点は移行していく。

1) 古典期において口頭行為に重点が置かれたのは明らかである。**証書は証拠として役立つにすぎず、義務発生にとっては本質的なものではない**。したがって、古典期ローマ法によるならば、事例①、②では問答契約債務が発生し、③では発生しないことになる。

2) 後古典期には、**書面への移行**がみられる。これはヘレニズム法圏の影響によるものである。

・いわゆる『パウルスの断案録』（確かにこの著作はパウルスの名で伝わっているが、彼自身の手によるものではなく、後古典期に修正加筆されたものである）には、方式に従った言葉を用いるかどうかは重要ではないと、はっきり書かれている。

　　パウルス『断案録』5,7,2.：「しかし、ある者が約束した旨証書に記載されたときは、あたかも問いがあり、そしてそれに答えたかのように、みなされる」。

この見解によれば、事例③においても問答契約債務が発生する。すなわち、問答契約は**書面による債務契約**へと展開していったのである。

・契約文書に見られるいわゆる**問答契約約款**は、パウルスの断案録と対応する。

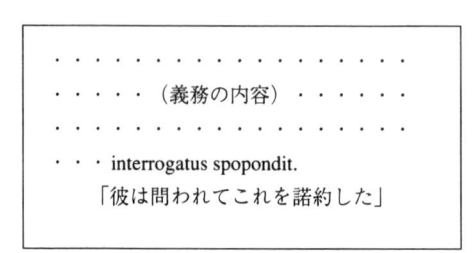

```
　　・・・・・・・・・・・・・
　　・・・・（義務の内容）・・・・・・
　　・・・・・・・・・・・・・
　　・・・interrogatus spopondit.
　　　　「彼は問われてこれを諾約した」
```

文書を用いる実際生活では、この約款を付加することによって、書面による契約を問答契約に見せ掛けようと努力した。こうした傾向は、ローマ・エジプト法において夥しい数のパピルス文書から非常によく観察できる。ここでは、カラカラの勅法（constitutio Antoniniana：帝国領内に住む全自由人への市民権付与）以後まもなく、この約款のギリシャ語表記（*ἐπερωτηθεὶς ὡμολόγησεν*）が見られるようになった。

- 472年の皇帝レオの勅法は定型文言の遵守を明確に放棄した。
- ユ帝も、証書作成の日に当事者の一方が締結場所にいなかった旨証明されない限り、当該契約は証書作成により有効に成立するものとした。古典期においては問答契約の締結は**現在者間**でのみ認められ、不在者間では認められなかったが、これがその後になってもまだユ帝に影響を残したのである。

第2節　その他の言語契約

問答契約の他に、さらに以下のものが言語契約に属す。

1) 嫁資の言明（dotis dictio）
夫となる者に対して嫁資を設定する旨の、要式口頭約束「100金が嫁資として汝のものとなるべし」である。夫となる者自身は答えないが、設定者と夫との間の合意がこの行為の基礎となっている。したがって、嫁資の言明は契約の1つに数えられている。

設定者として考えられるのは、
①妻（花嫁）の家長（pater familias）
②妻自身
③妻によって指図された債務者（第三者が妻に例えば100金の債務を負うとき、妻は第三者に、この額を夫に嫁資として与える旨約束するよう、指図することができた）。

【家族法の復習】

```
古典期における嫁資設定の種類
    嫁資の供与 dotis datio         嫁資目的物の所有権の移転
    嫁資の約束 dotis promissio     問答契約を用いた要式嫁資約束
                                  （受取人が問い、設定者が答える）
    嫁資の言明 dotis dictio        要式の嫁資設定の言明
                                  （設定者だけが言葉を発する）

後古典期においてはさらにもう1つの種類の設定が加わる。
    嫁資設定の無方式契約            方式不要の嫁資の約束
        pollicitatio dotis        （問答契約を用いずに行われる）
                                  法定の無方式合意の1つである。
```

2) 労務約束（promissio operarum）

被解放者が、解放に際して、宣誓により労務の提供を解放者に約束することがよく行われた。保護者（解放者である旧主人）は、その請求のために**労務提供訴権**（actio operarum）を与えられる。

第4章　文書契約

【注意】契約を文書によって確定しておくことは、もちろん法実務において頻繁に行われていたことである。しかし、文書によって確定された契約がすべて文書契約だというわけではない。文書契約と呼ぶことができるのは、**文書作成行為**そのものが債務関係発生原因となっている契約のみである。例えば消費貸借、売買契約、問答契約等の契約について証拠として文書を作成しても、それは文書契約ではなく、要物契約、言語契約、諾成契約に関する証書の作成である。古典法は、ただ1つの文書契約しか知らなかった。すなわち、借方記入（expensilatio）である。

（1）金銭出納簿（codex accepti et expensi）

古典法の文書契約は、ローマの家長が一般に記入するを常としていたいわゆる金銭出納簿（codex accepti et expensi）に密接に関連していた契約である。この金銭出納簿が現代の簿記とどこまで比較し得るのかは、なお争いのある研究課題であり、かつ解明困難なものである。

さて、例えば12月1日にGがSに1万金を貸し付けたとする。Gの金銭出納簿には、以下のように記載されることになろう。

日　付	Gの金銭出納簿	
	accepi （私は受領した）	expensi （私は支出した）
12月1日	―	Sに1万金

これに対応するSの出納簿には、以下のように記載されることになろう。

日　付	Sの金銭出納簿	
	accepi （私は受領した）	expensi （私は支出した）
12月1日	Gから1万金	―

　金銭出納簿へのこのような記入は、**証拠としての性格**しか持たない。このやり方で記入された債権をガーイウスは**現金支払債務**（nomina arcaria）とも呼んでいる。法律学の立場から見れば、これはふつうの消費貸借債権である。どうしてこの債権が発生したかといえば、要物契約である消費貸借として、現金支払（numeratio）がなされたからであり、記入されたからではない。ここでは文書契約を語ることはできない。

(2) 古典期の文書契約

　　借方記入（expensilatio）

　文書契約の成立：実際は支払われていないのに、Gが彼の出納簿（codex）において、上記のようにSの勘定の借方に記入する。したがって仮装の貸付金支払が記入される。当然この借方記入は、GS間の了解に基づいている。多くの場合は、Sの命令iussum（＝授権）によって行われる。この記入によって債務発生の効果が生じるので、ガーイウスは文書により発生する債務関係（obligatio litteris）と呼んでいる。債権者の出納簿への記入だけが重要であり、これに対応する債務者の出納簿への記入は重要ではない。

　古典期の文書契約は、更改に似た機能を果たした。すなわち、借方記入によって既存の債権が帳簿上の借方にかわる。ガーイウスは、そのような債権を**移転記入債務**（nomina transcripticia）と呼び、これを2種類に分類している。

物より人への移転記入 （transcriptio a re in personam）	人より人への移転記入 （transcriptio a persona in personam）
両当事者間に存在する任意の債権（例えば、売買代金債権）を文書契約債権に変更する。債務者はもはや売買契約により債務を負うのではなく、借方記入により債務を負う。	旧債務者に替わり新債務者が借方記入によって債権者に対して債務を負う。あるいは、旧債権者に対して負っていた債務について新債権者が借方記入によって債務者に対して債権を持つ。
債務発生原因の変更	**当事者の交替** これは特に銀行取引において用いられた。

(3) その後の展開

 古典期ローマ法においては借方記入が唯一の文書契約であった。古典期の終了とともにこの借方記入は法生活から消えてしまう。

 1) ヘレニズムの債務証書

 ギリシャ・ヘレニズム法圏は、文書による契約を知っていた（**手書** chirographum、**共書** syngraphe）。ローマの文書契約が債権者による表示であるのに対して、手書と共書は、給付義務を負う旨の債務者の表示からなる。すでにガーイウスはこの債務証書を外人の文書契約だと述べている（ローマ人だと、古典期においてこの債務設定方式を利用できず、口頭での問答契約を利用しなければならなかったからである。そして問答契約に関して作成された証書は証拠としての意味しか持たないことになる）。

 2) 証書記載の問答契約

 ヘレニズム法圏からの影響を受けて、後古典期には問答契約の場合にも口頭行為から証書作成へと重点の移行が見られる（これにつき上述204頁を参照）。ロー

マの問答契約はヘレニズムの債務証書と融合してしまう。

3) ユ帝の文書契約（scriptura）

　ユ帝は、「文書により発生する債務関係」を、実際にはそれを受け取っていないのに一定額を負う旨記載されている債務証書と結び付けた。そのような証書の交付者は、金銭不受領の抗弁ないし金銭不受領の訴によってこれを取り消すことができた。「抗弁」ないし「訴」のための期間経過後は、その債務証書を取り消すことができなくなる。そこで書面（scriptura）に基づいて債務が発生するというわけである。

第5章　諾成契約

第1節　売買（emptio venditio）

(1) ローマ売買法の展開

1) 第1段階： 現実売買

手中物（res mancipi）の場合	非手中物（res nec mancipi）および外人との取引の場合
握取行為（mancipatio）による売買 握取行為による所有権移転　初期の時代には握取行為の際に実際に買主から売主に売買代金が衡り渡された。	商品と代金の**無方式交換**

　給付交換はこの行為により即座に実現されたので、売買が将来の給付交換を目的とする義務発生行為であり、債務関係を発生させるものであるとの観念は未だ生じ得なかった。

2) 第2段階： 買主の支払義務の猶予
　売買代金は即座に支払われるのではなくて、貸し付けられ、担保が設定される（信用売買）。

3) 第3段階： 諾成契約としての売買
　無方式の合意でも将来の給付交換債務が発生し、両当事者は義務を負う。つまり売買とは、債務関係を発生させる約束となる。この無方式の売買約束は、約束

の基礎にある**信義誠実**を支えとして義務を発生させたのであるが、その有効性が市民法に受け容れられたのである。今や売買は、商品と代金についての合意によって有効に成立する諾成契約となった。

以後、握取行為ないし引渡は売買契約履行のための行為となる。握取行為に際して、もはや譲渡人に実際に売買代金が渡されるのではなく、代金のシンボルが渡されるだけとなる（一ヌンムスによる握取行為 mancipatio nummo uno）。実際の代金支払は、握取行為の外で行われた。

(2) 古典期の売買

emptio venditio（購入と売却）という表現が示しているように、売買は**完全双務契約**（シュナラグマ的契約）である。すなわち両方向に債権が発生する。

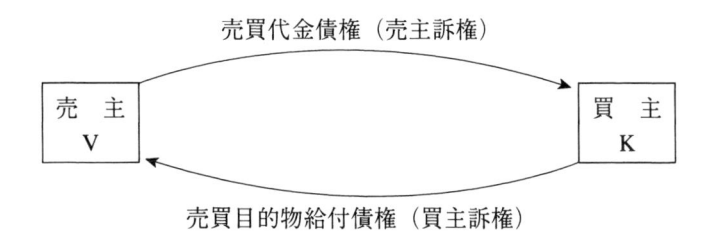

```
                 売買代金債権（売主訴権）
        ┌─────┐ ─────────────────→ ┌─────┐
        │ 売 主 │                       │ 買 主 │
        │   V   │ ←───────────────── │   K   │
        └─────┘                       └─────┘
                 売買目的物給付債権（買主訴権）
```

売買契約は**誠意契約**関係の1つである。各々の債権を実現させるための訴権として、売主には**売主訴権**（actio venditi）が、買主には**買主訴権**（actio empti）が帰属する。

両訴権は、「被告が原告に信義誠実に基づいて与え為すことを要するものは何であれ」を請求の対象とする。

(3) 売買契約の締結

売買は諾成契約であり、単なる**意思の合致**によって成立する。当事者の合意がどういう形で表明されたのかは、関係がない。少なくとも**売買目的物**と**代金**につ

いての合意は必要である（法律行為の要素 essentialia negotii）。当事者は、さらにそれ以外の点（法律行為の偶素 accidentalia negotii）についても取り決めるのが普通である。例えば、目的物引渡の時間、場所、態様、代金支払の時期、方法などである。もしこれらの点を当事者が取り決めなかった場合には、信義誠実が行為基準として適用される。

(4) 売買目的物

原則として、あらゆる財産が売買契約の目的物となり得る。

①**有体物の売買**：例えば、奴隷、土地、壺、ワインの売買
②**無体物ないし権利の売買**：例えば、**債権**の売買（G_1 は S に対する債権を G_2 に売却する）

【注意】債権の売買においては、売却しただけでは G_2 はまだ債権者とならない。売却は原因行為にすぎないからである。G_2 が S に対する債権者となるためには、更改ないし譲渡行為（訴権譲渡）が必要である。

さらに当事者が給付目的物をどう取り決めるかによって、我々は以下の区別をする。

1) 特定物 species 売買 ：売買目的物は当事者によって特定されている。例えば、奴隷ティティウス、コルネリウスの土地。

2) 種類物 genus 売買 ：売買目的物は当事者によって種類を基準として定められている。例えば、100升の小麦、100瓶のワイン、料理のできる奴隷。

【注意】ローマ人はまだ純粋種類物売買を知らなかった。この種の取引は、法的には問答契約に基づいて行われた。

ローマ人は純粋種類売買物を知らなかったが、いわゆる

3) 制限種類物売買 （貯蔵物の売買）は知っていた。例えば、ルキウスの貯蔵庫にある100瓶のワイン。

種類物売買の場合には、取引が進行していく中で、特定がなされなければならない。すなわち、種類物（ないし制限種類物）の中からどれが給付されるのかが、決められなければならない。この特定によって、種類債務は特定物債務に変わる。この時点は、危険の移転にとって重要である（下記236-7頁を見よ）。

4) 選択債務（obligatio alternativa）としての売買　例えば、「奴隷スティクスまたはパンフィルスを買う」。選択権は債務者（＝売主）が持つのが通例である。

また売買目的物の存在が未だ不確実である場合については、以下の2つの区別がある。

期待された物の売買 emptio rei speratae	希望の売買 emptio spei
例えば、女奴隷のまだ生まれていない子供の売買、期待される収穫物の売買。	例えば、網で魚を取って、その収穫された魚の売買
この売買は、**条件付**で締結されたことになる。売買が有効かどうかは売買目的物の存在にかかっている。	この売買は、**無条件**で締結されたことになる。

・売買目的物が生じれば、契約は有効であり（ローマの考え方によれば既に契約締結の時点から ex tunc 有効）、目的物は給付され、代金は支払われなければならない。

・目的物が生じなければ、売買契約はない。したがって、売主は給付する必要がなく、買主は代金を支払う必要がない。

この場合の目的物は運である。したがって、代金はいずれにせよ支払われなければならない。（それゆえ上述の例では網で魚を取ったが、なにも取れなかった場合でも代金を払わなければならない）。このような契約はいわゆる射幸契約の1つである（宝くじの売買を考えよ。くじの代金はそのくじが空くじであった場合でも支払わなければならない）。

(5) 売買代金

売買目的物の他に売買代金についても、当事者の意思の合致がなければならない。売買代金（pretium）は、金銭でなければならず、かつ、

①**真の代金**（pretium verum）すなわち真実の反対給付でなければならず、例えば贈与であることを隠すための単なる見せ掛けの代金であってはならない。
②**額の確定した代金**（pretium certum）すなわち代金はその額が決められているか、少なくとも決めることが可能でなければならない。法学者の中には、第三者が代金を決めてもよいとする見解を唱えた者もいた。
③これに対して、**正当価格**（pretium iustum）の理論は古典期ではまだ実際に適用されていない。この理論は後古典期においてようやく実践的意味を獲得する。

【正当価格の補足説明】
　古典法は、価格形成を自由競争（需要と供給）に委ね、売買に関しても、売買とは、当事者の一方が他方に損をさせて自分が得をすることであると理解してい

た（これにつき Paul.D.19,2,22,3 を参照、法文は債権法第1部52頁にある）。

ようやく後古典期において経済的弱者に有利な介入が行われる。
①ディオクレティアーヌス帝の最高価格統制令
②特に重要なものとして、同じくディオクレティアーヌスが導入した、
　莫大な損害 laesio enormis　がある。
　（半分を超える対価の減額）

売主は、合意された**売買代金**が真の**価格の半分より少ない場合**、**売買契約を解除**することができる。売主がこの権利を行使すれば、買主は売買代金とひきかえに目的物を返還しなければならない。もっとも、買主は真の価格との差額を追加払いすることによって、解除を避けることができる（追加払いの可能性は、補充権の一例である）。

【例】V は K に価格1000金の物を

499金で売却した。	500金で売却した。
これは莫大な損害である。	これは莫大な損害ではない。
V は解除権をもつ。V がこれを行使すれば、逆戻りの展開がなされる。K は支払われた代金とひきかえに目的物を V に返還しなければならない。もし K がこれを避け、目的物を持ち続けたいならば、501金を追加して払わなければならない。	解除権はない。

今日、莫大な損害の理論は、有償行為のすべてについて適用可能な法的保護手段である（§934ABGB）。

(6) 売買契約に基づく義務（概観）

1) 買主の義務
買主は**代金支払**義務を負う。すなわち買主は売主に売買代金の所有権を供与しなければならない。目的物の引渡以後は、売買代金に利息が付くことになる。売主は自己の権利を実現するために売主訴権を持つ。

2) 売主の義務：
①主要な義務は**物の引渡**である。もっともローマ法では売主は買主に対して、**所有権の供与**義務を負わずに！　　**安全な占有**の供与義務を負うにすぎない。（「使用し収益し持ち占有しうること（uti frui habere possidere licere）」）

　　　近代法の所有権供与原理　◄─────►　ローマ法の追奪原理

売主の給付義務の履行を求めるために、買主は買主訴権を持つ。

②さらに、売主の担保責任も非常に重要である。担保責任とは権利の瑕疵および物の瑕疵に対する責任のことである。
- **権利の瑕疵**：売却された物の所有権が第三者にあるか、売却された物が第三者の制限物権（例えば質権、用益権ususfructus）による負担を負っている場合。
- **物の瑕疵**：売却された物が明示して約束された、ないし取引において通常有すべきものとされる性状を持たない場合。

担保責任は、原則として帰責事由の有無とは無関係なものとして観念される。すなわち、売主は瑕疵をまったく知らなかった場合でも、その瑕疵について責任を負わなければならない。もちろん、売主が瑕疵あることを知りながらその物を売る、したがって有責に行動する場合も有り得る。このとき、場合によっては担保責任を上回る賠償請求権の行使が可能となる。

　（帰責事由とは無関係な義務としての）担保責任は、ローマ法において、最初は売買契約それ自体から導き出されたのではなく、もっぱら**売買契約以外の**

法制度に基づいていた（握取行為、担保問答契約）。時代が進んでようやく、買主訴権の中に組み込まれることになった。

③従たる義務は当事者の合意あるいは信義誠実を基準として発生し得る（例えば土地の売買で、買主に境界と隣人を示す義務）。この義務の履行を請求するためにも、買主訴権が行使可能である。

④売主は引渡に至るまでの間、**保管**（custodia）の責任を負う。

(7) 売買契約の展開における諸問題（概観）

買主Kと売主Vは4月1日にある道具の売買契約を締結し、4月30日にVの店で引渡と代金支払とを行う旨の合意がなされた。

何事も無く順調に事が運べば、
1) Kは4月30日にVの店に現れ、その道具が引き渡され、代金が支払われる。道具の所有権はそれまでVに帰属していた。

　　ここで扱われるテーマは、**履行**
　　　　　　　　　　　　売買と所有権の移転

問題が起こるとすれば、以下の例が考えられる。

2) ①Kは4月30日にVの所に来た。その道具は引き渡され、代金も支払われた。3週間後、第三者Eが現れ、自分Eが所有者であるとして、Kにその道具をよこせと主張した。訴訟となり、Eは自己の所有権を証明することができて、Kはその道具を返した。

　　ここで扱われるテーマは、他人の物の売買

　②Kは4月30日にVの所に現れ、道具は引き渡され、代金も支払われた。3週間後、Gが現れ、Kにその道具をよこせと主張した。Vは金を借り、この道具を3月1日にGに担保に入れていた。Vは借金を返さなかったので、Gは、そこから満足を得るために、

｝担保責任

その道具を要求したのである。Kは道具を返さなければならない。
　ここで扱われるテーマは、**追奪、権利の瑕疵**

3) Kは4月30日にVの所に現れ、道具は引き渡され、代金も支払われた。翌日、その道具がまったく使いものにならないことが分かった。
　ここで扱われるテーマは、**物の瑕疵**

4) ①4月30日にKは取りに来ない。彼はそれを忘れていた。
　②4月30日にKは取りに来た。しかしVはその道具を用意していなかった。彼は忘れていたのである。
　　ここで扱われるテーマは、**遅滞**

5) ①4月14日、その道具は、売主Vの重大な不注意から完全に壊れてしまった。
　②4月14日、売主Vの店に泥棒が入り、売却するはずの道具も盗まれた。
　③4月14日、Vの店に雷が落ちて、その道具も壊れてしまった。
　　ここで扱われるテーマは、売買目的物の滅失
　　　　　　　　　売主の責任
　　　　　　　　　危険負担、代金の危険

(8) 売買と所有権の移転

売主は商品を買主に引き渡す義務を負う。しかしローマ法では、売買目的物についての安全な占有を供与する義務があるだけで、所有権供与義務はない！！！

所有権供与義務がないとはいえ、ほとんどの場合には、所有権もまた買主に移転する。このことと関連して、一部物権法の復習として、以下のことを思い出してほしい。

1) 売主は、売主自身が所有者であるか、少なくとも処分権限をもつ場合にのみ、買主に所有権を移転することができる。すなわち、「何人も自身が有する以上の権利を他人に移転することはできない（nemo plus iuris ad alium transferre potest quam ipse haberet）」。

2) 売買契約それ自体は、義務を設定する行為にすぎない（売買契約は売主の引渡義務を発生させる）。これによって所有権移転の権原（causa）が与えられるにすぎず、これだけでは所有権の移転は生じない。所有権が売主から買主に移転するためには、さらに、**物権法上の処分行為**が必要である。

非手中物（res nec mancipi）の場合
・引渡（traditio）または
・法廷譲与（in iure cessio）

手中物（res mancipi）の場合
・握取行為（mancipatio）または
・法廷譲与（in iure cessio）
（手中物が単に引き渡されただけでは買主は市民法の所有者とはならず、法務官法上の所有者となる）

【設例】売主と買主は4月1日にある道具の売買契約を締結した。引渡と代金支払は4月30日に行われるべきものと取り決められた。4月30日に買主は売主の所へ行き、代金を支払い、引渡によりその道具を受け取った。

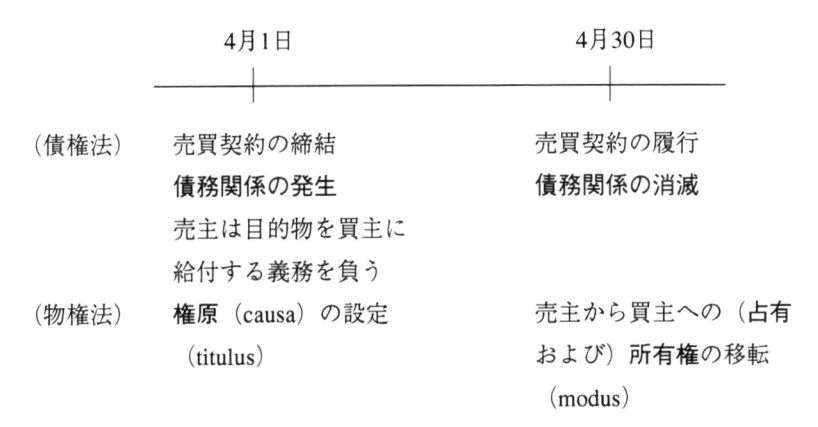

```
               4月1日              4月30日
                 |                   |
                 +                   +
(債権法)   売買契約の締結         売買契約の履行
           **債務関係の発生**      **債務関係の消滅**
           売主は目的物を買主に
           給付する義務を負う
(物権法)   **権原**（causa）の設定   売主から買主への（**占有**
               （titulus）          および）**所有権**の移転
                                        （modus）
```

日常生活における現実売買では、これらの点がすべて一度に行われている。

3）所有権の移転と代金支払との関係

　所有権は、代金が全額支払われたときにはじめて売主から買主に移転するのか、それとも所有権の移転は代金支払とは関係がないのか。この問題は、とりわけ、引渡時に代金が未だ支払われていないか、ないしは全額支払われていないときに、実際に重要な問題となる。すなわち、

・買主は引渡時にすでに所有権者になるのか？

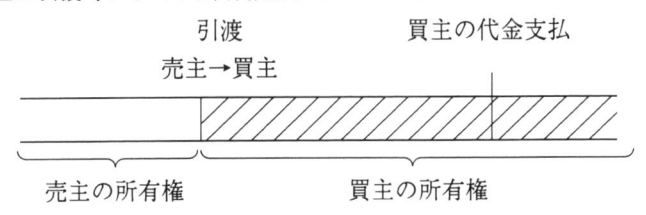

```
            引渡            買主の代金支払
          売主→買主             |
    _____|////////////////////|
    |     |                    |
    売主の所有権    買主の所有権
```

・それとも買主は代金支払時にようやく所有権を取得するのか？

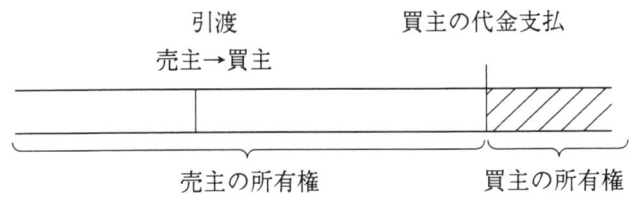

```
            引渡            買主の代金支払
          売主→買主             |
    _____|_____|////////|
    |                          |        |
         売主の所有権           買主の所有権
```

もちろん2番目の方が売主にとってはより安全である（とりわけ買主が代金を支払わなかった場合や、買主が支払不能の場合には）。

ローマ法においては、以下のような展開が見られる。

① 十二表法：ユ帝『法学提要』が伝える法文（したがってもちろん間接的なものであるが）によれば、所有権の移転は**代金支払**に従属していた。ただし、**担保の設定**（例えば保証人や質）は支払と同じものとして扱われた。
　現代の研究においては、十二表法のこの規定が本当に所有権の移転に関するものであったのか、それとも握取行為の際の担保責任（auctoritas）に関するものでしかなかったのか、争われている（下記226-7頁を参照）。
② 古典期：古典期法律家の態度についても、これを認識することは困難である。例えばガーイウスは、代金支払を要件として挙げてはいない。他の法律家は代金支払を挙げてはいるが、代金の貸付を代金支払と同じものとしている（「もし売主が買主に信用を与えたならば」）。したがって、いわゆる信用売買の場合にも所有権は直ちに移転する。
③ ユ帝：確かにユ帝は『法学提要』において、原則として所有権の移転は代金支払に従属することを強調してはいるが、信用売買の場合にも直ちに所有権が移転するものとしている。

　ABGBもまた信用売買においてこの立場をとる（§1063）。しかしこれは任意規定なので、実際の取引においては信用売買（とりわけ割賦販売）の場合に**所有権留保の合意**（pactum reservati dominii）のなされることが多い。この場合、売買代金の全額支払を停止条件として、所有権の移転が生じることになる。

(9) 他人物の売買

　売主Vは自分の物を売るのが普通である。しかし、他人の物の売買も起こり得る。この場合、次の2つの状況が考えられる。

①	②
Vは、当時第三者Eが所有し、このEのもとにある物を、買主Kに売却する（調達債務）。	第三者Eの所有する物がVのもとにあり、VはこれをKに売却し（そして引き渡す）。

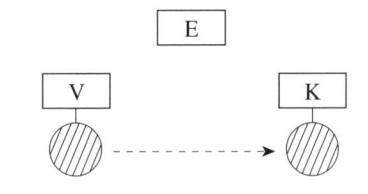

　他人の（すなわち売主が所有者ではない）物の売買は有効である。ただしこれには若干の例外がある。例えば②の例で、盗品（res furtiva）であり、

　　・VとKはそれを知っていた
　　・あるいはKだけが知っていた

という場合には、売買契約は成立しない（D.18,1,34,3）。これに対して、もしKが知らなければ、売買契約は有効に成立する。

　①の例では、事態はさらに次のように展開する。

　売買契約は有効なので、VはKに対しその物を給付する義務を負う。したがって、Vはその物をEから入手するよう努めなければならない（おそらくVには、Kと契約を締結する際に、Eから物を取得するであろう何らかの期待、約束があ

ったのであろう。そうでなければ、VがKにそのような義務を負うことはしなかったであろう）。Vがこれに失敗し、したがってKに給付義務を履行できなければ、売買契約に基づきKに対して責任を負い、第二次給付として、積極的利益を賠償しなければならない。

②の例では、事態はさらに次のように展開する。

Vは確かに物を持っているので、これをKに引き渡し、したがって売買契約に基づく自己の義務を果たすことができる。Vは引渡によってKを占有者にすることはできるが、もちろん所有者にすることはできない（「何人も自身が有する以上の権利を他人に移転することはできない」）。我々はすでに以下のことを確認した。

> ローマ法によれば、売主は目的物の安全な占有を買主に与える義務のみを負い、所有権供与義務を負わない。

Kは所有者にはならないが、Eが所有者として現れることもなく、したがってそのまま物を安全に占有する限りは、問題は生じない。したがってKは単に所有者ではないという事実だけでは、原則としてVに請求することはできない（例外：Vは悪意ある行為をし、かつKは所有者であることに利益を持っていた、例えば買った物を質に入れる、買った奴隷を解放しようとしていた場合）。しかしEが所有者として現れ（かつ、Kがまだ取得時効により所有者になっていなければ）、Eは自己の所有権に基づき物の返還を請求し、所有権訴訟（所有物取戻訴権 rei vindicatio）をKに提起して勝訴することができる。我々はこのことを、

物が買主から追奪された、とも表現する。

> 追奪というのは、第三者が対物訴権（actio in rem）に基づく訴訟を提起して、売買目的物の占有を奪うことを意味する。

> 　こうした追奪の事例では、KはVに追奪に基づく補償を求めることができる。すなわちVは権利の瑕疵に対する担保責任を負う。Kは売買の種類に応じてそれぞれ以下の訴訟を提起することができる。
> - （握取行為による売買の場合）代金の2倍額を求める担保訴権（actio auctoritatis）
> - （その他の売買の場合）頻繁に生じるケースとして、2倍額担保問答契約に基づく代金の2倍額を請求する訴訟
> - 売買法が展開していくと、買主には利害関係を求める買主訴権が認められることになる。

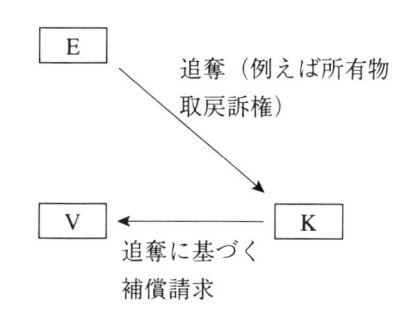

【注意】通例、追奪の結果Kは第三者（E）に物を返還しなければならないことになり、したがって、結局のところ「使用し収益し持ち占有し得る」地位を失い、Vに対して追奪に基づく補償を請求することができる。

しかし、次の場合も生じ得る。

① KはEと交渉して（例えばKはEから物を買い戻すことになり）、Kはそのまま物を持つことになった。
② Kは、（EのKに対する）所有権訴訟で物を返還せずに、有責の金銭判決を受けた（これによりいずれにせよKは物を占有し続け、それどころか物の所有権を取得する）。

これら2つの事例においてKは確かに引き続き物を持ち、したがって語の厳密な意味での追奪は生じていない。しかしKが物を持っているのは、VとKとの間の売買によるのではなく、

- 前者では、EからKへの売却（いわゆる原因の競合）
- 後者では、ローマ民事訴訟手続の特殊性（金銭判決しかなく、物の返還それ自体に向けられた判決がないこと）によるものである。

さらにいずれの事例においても、物の占有を続けるためにKは支出（代金の支払、評価額の支払）をしなければならなかった。したがってこの場合にも、ローマの法律家はVに対する請求権を、少なくとも買主訴権の範囲でKに与えた（あるいは、KがまだVに代金を支払っていなければ、Vの売主訴権を拒否した）。ユーリアーヌスは解釈を通して、後者の例を2倍額担保問答契約の適用例に算入した（D.21,2,21,2）。

(10) 権利の瑕疵に対する担保責任

追奪原理
権利に瑕疵があるために、権利を有する第三者が買主から売却物を奪ったならば（追奪されたならば、すなわち第三者が買主を相手方として対物訴訟を提起し、勝訴したならば）、買主は売主に対して賠償を求めることができる。

追奪以前は、原則として買主はまだ売主を訴えることはできない。ローマ法においては、売主が追奪担保責任を負う基礎として、以下のものがあった。

握取行為が行われた場合	売主が担保問答契約を締結した場合	売買契約それ自体に基づいて、つまり買主への買主訴権の付与
（担保auctoritas責任）	（2倍額担保問答契約）	
	買主の、売主に対する代金の2倍額を求める訴え	買主の、売主に対する利害関係を求める訴え

担保責任は長い間売買契約　──────▶　担保責任を売買契約そ
以外の法制度に基づいていた　　　　　　　れ自体から導き出そう
　　　　　　　　　　　　　　　　　　　とする考え方は、最初
　　　　　　　　　　　　　　　　　　　からあったのではなく、
　　　　　　　　　　　　　　　　　　　徐々に確立されていっ
　　　　　　　　　　　　　　　　　　　たにすぎない。

1) 握取行為の譲渡人が負う担保責任
　この責任は握取行為が行われた場合に発生する。すなわち、第三者が目的物について譲受人を相手方として訴訟を提起した場合、譲渡人は握取行為を行ったことに基づき、この訴訟において譲受人を擁護する義務を負う。

　例えば、E（第三者）が、K（握取行為による買主）を相手方として所有権訴訟（所有物取戻訴権）を提起する。KはV（売主）にこのことを知らせ（訴訟通告 litis denuntiatio）、担保人（auctor）として自己を擁護するようVに要求することになる（最初はVが訴訟自体を被告として引き受けたが、後の時代にはKの訴訟代理人ないし訴訟参加人として現れた）。
　Vがその擁護義務を果たし、その結果Eが敗訴すればKはそれで満足である。しかし、もしVが擁護を拒否するか、あるいは確かに擁護はしたが効果がなく、敗訴したならば、支払われた売買代金の**2倍**を求める**担保訴権**がKに付与される。担保責任は、売買代金の支払ないしその保証を前提として発生する。

　　2) 当事者が握取行為を行わなかった場合、あるいは行うことができなかった場合（例えば非手中物、外人との取引）、当然担保責任は発生しない。しかし、そのような売買でも、買主保護の必要が生じる。おそらくその必要に応えるために、担保責任をモデルとして担保問答契約が行われるようになったものと思われる。すなわち、これが、

　2倍額担保問答契約 である。
　2倍額担保問答契約では、売主が買主に対して、売買目的物が買主から追奪さ

れた場合に売買代金の2倍を賠償することを約束する。この2倍額担保問答契約の他に、1倍、3倍、4倍の問答契約も行われた。しかし頻繁に行われたのは2倍額である。追奪ある場合、買主は**問答契約に基づく訴権**によって**2倍額**を売主に対して請求することができる。

　もっとも、2倍額担保問答契約に基づく担保責任は、売主に問答契約締結の用意がある場合に限り発生する。しかし、2倍額担保問答契約は一般的に利用されていたことが知られている。古典期においては、比較的高額の目的物について、間接的な締結強制が存在した。すなわち、買主訴権の助けにより、2倍額問答契約の締結を強制することができたのである。もしその締結を怠り、かつ追奪が生じれば、もし2倍額問答契約が締結されていたならば責を負うことになったであろう額について、売主は有責判決を受けた。

保有せしめることの担保問答契約 stipulatio habere licere

　これは、問答契約により売主が買主に対して、目的物を「持つことができること（habere licere）」を保証するものである。買主は**単価のみ**を、問答契約に基づく訴権により請求することができる。この問答契約によってどの範囲まで保証されたのかについては争いがあるが、売主自身およびその権利承継人の攻撃のみを含み、第三者のそれは含まないとするのが通説である。

3）　担保責任と買主訴権

　買主が売主に対して担保責任を問うために、売買契約に基づく訴権を用いることができるというのは、最初から当然のことだったわけではない。そこまでには以下の3つの段階があった。

第1段階（その始まり）

　売主に**悪意**（dolus）がある場合、あるいは売主の**明言**したこと（dictum）が守られなかった場合に限り、買主訴権が与えられた。例えば、売主が他人のものであることを知りながらこれを売却した場合である。売主のこのような行いは、信義誠実に対する意識的な違反である。したがって欺かれた買主は利害関係を求める賠償請求権をもつ。これはすでに追奪以前に発生する。責任を発生

させるのは、追奪ではなくて悪意だからである。

第2段階

　買主訴権が2倍額担保問答契約締結を強制するために用いられる（比較的高額の物および奴隷の場合）。

第3段階

　古典期盛期に従来の枠が破られ、著しい拡張が行われる。これはその時代の法学者ユーリアーヌスの功績によるものである。ユーリアーヌスは、担保責任について一般的に買主訴権の行使を認め、買主に利害関係を求める請求を、たとえ悪意がない場合でも許した。

(11) 物の瑕疵に対する担保責任（概観）

物に瑕疵があるとは、物が
　→取引において通常前提とされる、
　　あるいは　　　　　　　　　　　　性状を持たないことをいう。
　→条件として明示された、

ローマ法において、売主に責任を発生させる物の性状についての（ないしは瑕疵がない旨の）保証として、**明言**と**担保約束**（dictum et promissum）と呼ばれるものがあった。前者は売主による明言であり、後者は問答契約の形式を用いた約束である。これに対して宣伝文句（「買ってもらうために述べられた言葉」）には拘束力がなく、これらとの区別を要する。

　権利の瑕疵の場合と同様に、瑕疵担保責任も売買契約以外の法制度に依存するところが大きかった。担保責任を買主訴権の中に組み入れること、したがって売主の責任を売買契約それ自体から導き出すことは、一歩ずつ達成されていったにすぎない。

	市　民　法		名誉法（高等按察官の職権に基づく法）
特別法	一　般　法		特別法
握取行為による土地の売却 保証した面積についての担保責任 　土地の面積に関する訴権　 古典期の終わりにこの訴権は握取行為とともに消滅する。	担保責任は売買契約と並んで締結された担保問答契約に基づいている。 　担保約束	担保責任は徐々に 買主訴権 の中に組み込まれていく。まずは**悪意**ある場合、あるいは**明言**ある場合に限り、しかし後にはさらに適用領域が広がる。 　買主訴権は按察官訴権と同化する。	**奴隷**および**家畜**の**市場における売買** 担保責任を求める請求は、高等按察官告示規定（例えば特定の瑕疵の通知義務）違反により発生する。 2つの訴権の中から1つを選択する。 ・解除訴権 ・減額訴権

法学者の中には、按察官訴権の適用領域をすべての売買に拡張する者もいた。

買主訴権と按察官訴権との融合

（12）土地の面積に関する訴権（actio de modo agri）

【設例】VはKに土地を売却しそして握取行為により譲渡した。その際、代金は1坪あたり10金と定められた。握取行為に際してVは「この土地は50坪ある」と、方式に従い明言した（握取行為において明言された条項 lex mancipio dicta）。そこでKはVに500金を支払った。その後48坪しかないことが分かった。

KはVに対して、土地の面積に関する訴権により、払い過ぎた額（すなわち2×10金＝20金）の2倍、つまり40金の返還を請求することができる。初期の段階では、訴訟を経なくても直ちに執行手続に移ることが可能であった。

【注意】買主のこの訴権は売買契約に基づくものではなく、握取行為と結び付いて行われた明言に基づくものである。

（13）担保問答契約（promissum）の例

例えば壺の売買において、売主が壺に漏れのないことを保証するとすれば、以下の文言の問答契約を考えることができる。

買主の問い	売主の答え
「君はこの壺が漏れないものであることの保証を約束するか」	「約束する」

奴隷売買において担保問答契約が締結され、しかも物の瑕疵と権利の瑕疵とが同時に担保されるとすれば、以下の例が考えられる。

・「この少年が健康な状態で引き渡され、盗および加害の責任を免れていること並びに放浪癖、逃亡癖およびてんかん症のないことの保証を、　　　（物の瑕疵）
・また、何人かが当該少年またはその一部（想定されているのは観念的持分であって、身体の一部ではない）を追奪し、その結果私またはこの物が帰属することになろう者（＝私の権利承継人）から、使用し収益し持ち占有することができる状況（安全な占有）が奪われたならば、追奪された物の2倍額を支払うことを、君は約束するか」
　　　　　　　　　　（2倍額担保問答契約）

「約束する」

(14) 按察官訴権

ローマにおいて高等按察官という官職があり、市場裁判権をもっていた。その関係で高等按察官は、

・奴隷売買に関する告示
・家畜売買に関する告示を発布した。

これらの告示からつくりだされた法は、（法務官告示における法的保護の約束と同様）官職法、すなわち名誉法である。

両告示は、特定の瑕疵についての告知義務を規定した。
　　奴隷の場合：身体的欠陥、病気、さらには、例えば放浪性、逃亡性といった
　　　　　　　性格的欠点。そして加害訴権の責任。
　　家畜の場合：病気と欠陥。
告示は、その目的を実現するための法技術として、まずは担保問答契約という伝統的な方法を選んだ。つまり買主は、特定の瑕疵がない旨ないし特定の性状を持つ旨の担保を、問答契約を用いて約束させることができた。奴隷売買の場合、この問答契約と追奪に関する2倍額担保問答契約とを同時に行うのが通例のやり方であった。告示の中に両者を1つにした問答契約の雛形があり、その締結は間接的に強制可能であった。

さらに告示は2つの訴権を認めた。これは、以後の法の展開にとって特に重要なものであった。すなわち、告知義務のある瑕疵がありながら売主がこれを告げなかった場合、また明言・担保約束が守られなかった場合について、以下の2つの訴権を規定したのである。

①解除訴権（actio redhibitoria）：売買目的物とひきかえに売買代金の返還を求める訴権。

②減額訴権（actio quanti minoris）：瑕疵に応じた割合での代金の減額を求める訴権。

買主はこれら2つの訴権を選択することができた。解除訴権には6か月、減額訴権には1年の期限が付けられていた。この場合、売主が瑕疵を知っていたかどうかは問われない。したがってこの担保責任は帰責事由とは無関係に発生する責任ということになる。ただし瑕疵が容易に認識できるものである場合には、告示および按察官訴権の適用はない（「公然たる瑕疵」§928ABGB「物の瑕疵が明白に認識されるときは、……」）。［参照、民法570条「売買の目的物に隠れた瑕疵があったときは」］

ユ帝は按察官訴権の適用をすべての売買に拡張した。按察官訴権はABGBにも取り入れられ（§932）、そして有償行為すべてに適用される。［参照、民法559条］

(15) 瑕疵担保責任（一般法）

【設例】VはKにワインを入れるための壺を売却した。当然Kとしては、その壺が漏れるものではないことに利害をもつ。では、ローマ法においてKのこの利害はどうやって顧慮されたのか。以下の諸事例を考察してみよう。

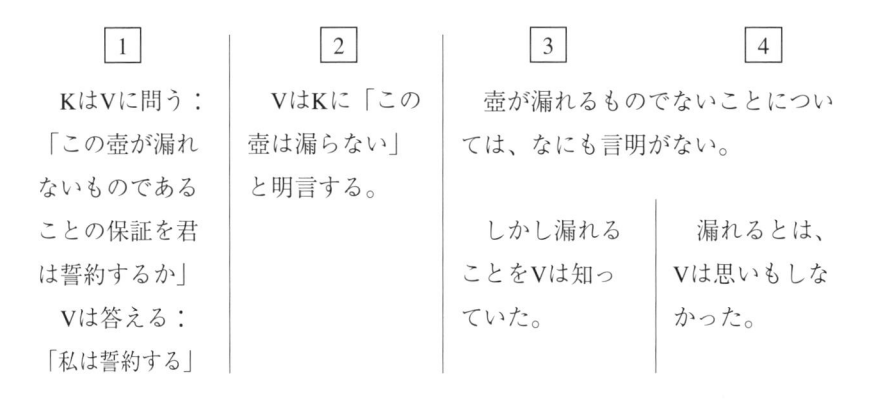

1	2	3	4
KはVに問う：「この壺が漏れないものであることの保証を君は誓約するか」Vは答える：「私は誓約する」	VはKに「この壺は漏らない」と明言する。	壺が漏れるものでないことについては、なにも言明がない。しかし漏れることをVは知っていた。	漏れるとは、Vは思いもしなかった。

```
      ┌─1─┐          ┌─2─┐          ┌─3─┐          ┌─4─┐
     担保約束         明言（dictum）    Ｖの悪意        ………
   (promissum)      （明示の約束）    (dolus)
   （担保問答契約）                    悪意の売主      善意の売主
                                   （知っていた売主   （知らなかった売主
                                   venditor sciens）  venditor ignorans）
```

その後、その壺が漏れるものであることが判明した。

問答契約に基づく担保責任　1

問答契約が締結されたので、ＫはＶを相手方として**問答契約訴権**により訴えて、利害関係を請求することができる。

【注意】ここでは、Ｖの負う責任は売買契約ではなくて、それと並んで締結された問答契約に基づいている。このやり方はずっと以前からあり、ローマ法の発展において常に見られたものである。

担保責任が買主訴権の対象となる　2・3・4

権利の瑕疵の場合と同じように、以下の段階が見られる。

第１段階：2・3

　最初は、2と3の場合にのみ買主訴権の適用が可能であった。Ｖの態度は、信義誠実違反とみなされたからであり、利害関係を求めるために買主訴権がＫに付与された。この利害関係には、瑕疵を原因として発生した損害も含まれた（例えば、Ｋの入れたワインが漏れて流れた場合）。
　この段階では、4の事例でＫがＶを訴えることはできない。

第２段階：4の場合への拡張

　古典期初期に従来の枠が破られ、新しい段階へと進む。これは、この時代の法学者ラベオーの功績である。彼は、売主は原則として瑕疵がないことについて（この事例では壺が漏れないことについて）責に任じなければならな

いものとした。この見解によれば、4の場合にもKは買主訴権により訴えることができる。

買主は買主訴権により、利害関係（「彼に利害あるところのもの」）を求めることができる。古典期の法学者は、この利害関係から以下のことを導いた。
・買主は、もし瑕疵を知っていたならば、その分払わなかったであろう額の返還請求をすることができる（**減額**）。
・買主は、もし瑕疵を知っていたならば、そもそも買わなかったであろう場合には、目的物とひきかえに代金全額の返還請求をすることができる（**解除**）。

したがって、買主訴権によって按察官訴権の場合と同じ目的を達成することができた。

買主訴権においては、以下のような、瑕疵を原因として発生した損害も利害関係として考慮された。古典期盛期の法学者ユーリアーヌスの挙げる例として、

・VはKに病気の家畜を　　　　　　　　　　　Kの他の健康な家畜が感染し、
　売却した。　　　　　————————▶　死亡した。
　（物の瑕疵）　　　　　　　　　　　　　　　（瑕疵を原因とする損害）
・VはKに傷のある木材を　　　　　　　　　　Kはこの木材を使って家を建て
　売却した。　　　　　————————▶　この家が壊れた。
　（物の瑕疵）　　　　　　　　　　　　　　　（瑕疵を原因とする損害）

さらに次の区別も行われるようになる。
・売主が知らなかった場合は、買主は**減額**または**解除**しか請求できない。
・売主が知っていた場合は、買主はそれらの損害の賠償も請求できる。

この問題については、ABGBが取る立場を参照せよ。すなわち、無過失責任としての瑕疵担保責任は、買主の修繕請求または解除もしくは減額請求を認める。これに対して瑕疵を原因として発生した損害については、売主に故意過失ある場合（例えば売主が瑕疵のあることを知っていた場合）に限り、その賠償を認めている（§932ABGB）。

(16) 危険負担

【設例】売主Vと買主Kはある器具の売買契約を4月1日に締結した。引渡と代金支払は4月30日に行うべきものとされた。4月14日にVの店に落雷があり、売却された器具も滅失した。落雷はVの責に帰すべきことではないから、Vは自己の給付義務を免れ、また損害賠償のような第二次給付義務も負わない。
【問題】ところで、Kもまた売買代金支払義務を免れるのか、それともなお支払義務を負うのか。

これについてローマ法は以下の立場を取った。

危険は買主にあり periculum est emptoris

すなわちKは、売買目的物を取得しない（ないしは劣悪な状態のままで受け取る）にもかかわらず、売買代金全額を支払わなければならない。Kが物の偶然の滅失から生じた経済的不利益を被るとすれば、Kが反対給付の危険を負担することになる。

ローマ法はこのように厳しい主義をとってはいるが、**売主が引渡まで保管責任を負う**ことによって、その厳しさが緩和されている。つまり、実際には不可抗力の事例だけが買主の危険負担として問題となるにすぎない。

危険が売主から買主へ移転する時期は、ローマ法においては、

完成 perfectio の時点である。

パウルスの定義によれば、売買契約は次のときに完成する。すなわち、「売買目的物について、それが何であり、どういう性質のものであり、どれだけの量であるかが確定し、価格が決められ、そして条件なしに売却されたとき（D.18,6,8pr.）」。したがって、完成は契約締結時に生じるのが普通である（とりわけ条件が付けられていない特定物売買の場合には）。

完成が遅れる場合もある。例えば、

・停止条件付売買：条件が成就して初めて売買は完成する。
・種類物売買（ただし、ローマ人は制限種類物売買しか知らなかった）：売買

目的物が明確に特定されて初めて完成が生じる。例えば、ワイン売買では量って分け与えることによって。

完成前は危険は売主にある。すなわち、偶然の物の滅失ないし悪化から生じる経済的不利益は、売主が負担する。

(17) 解除の約款

売買においては、当事者が付随的な取決をすることが多い。このような取決は付加的無方式合意（pactum adiectum）と呼ばれ、信義誠実という基準に照らして、契約に基づく訴権それ自体によって訴えることができるものとされた。

こうした約款については何種類も考えることができるが、ローマの法学者は特に以下の3つを取り上げている。すなわち、いわゆる

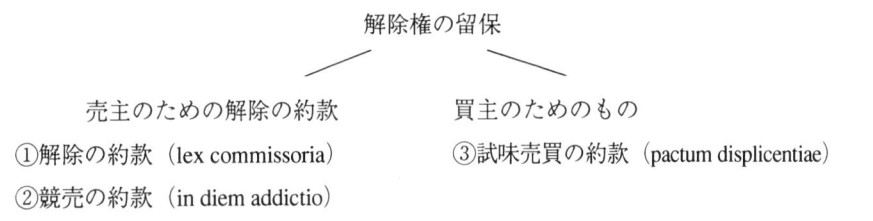

```
                        解除権の留保
                    ┌─────────┴─────────┐
        売主のための解除の約款              買主のためのもの
①解除の約款（lex commissoria）      ③試味売買の約款（pactum displicentiae）
②競売の約款（in diem addictio）
```

解除の約款　（支払に遅滞ある場合の解除約款：失権約款）

> 【注意】lex commissoria（解除の約款）の "lex" は、「法律」ではなく「契約約款 lex contractus」の意味である。

この取決は、売買代金が一定の期日までに支払われなかった場合に、売主が契約を解除できる旨を定める。

「解除の約款」の表現の例が、ポンポーニウス法文（D.18,3,2）にある。すなわち「もし代金がその期日までに支払われなかったならば、その土地は購入されなかったものとする」

【復習】
　lex commissoria という表現は、ローマ法では以下の場合に用いられる。
①売買法：（今述べたもの）
②質：流質約款　質権者が、債務者による支払なき場合に質物の所有権を取得する旨の約款（質は質権者の手に帰すべし）。この約款は、コンスタンティーヌス帝により禁止された（§1371ABGBも同様）。

競売の約款　（好条件の申込ある場合の約款）

一定期間内により良い申込があった場合に、売主が契約を解除できる旨の約款。特に土地の売買において用いられた。パウルス法文（D.18,2,1）に、その表現の例がある。すなわち、「その土地は100金で汝に購入されるべし。ただし来る1月1日までにより良い条件の申込をする者ある場合を除く。この場合にはその物は所有者（汝）のものではなくなるものとされるべし」。

試味売買の約款　（＝試味売買）

一定期間内に目的物を試し、場合によってはやめる可能性を買主に与える約款。やめた場合には、その目的物は買われなかったものとみなされる。

この約款の例として、

ウルピアーヌス『学説彙纂』第18巻第1章第3法文「もし、気にいらなかった場合には買われなかったものとされる、という条件でその物が売却されたならば」。	ユ帝『法学提要』第3巻第23章第4節「もしスティクスを一定期間内に汝が気にいったならば、そのスティクスは、しかじかの額で汝に買われるべし」。
この表現は、解除条件と解される。売買の効力は直ちに発生する。しかし、買主が物を気にいらなかったならば、その効力は消滅する。	この表現は、停止条件と解される。売買の効力は、その発生を延ばされ、買主が商品を気にいるかにかかっている。気にいらない場合は、売買は成立しない。

どのように構成されるかは、当事者の合意にかかっている。

当該の売買が停止条件付か解除条件付かという問題は、「試味売買の約款」のみならずその他の解除約款（「解除の約款」、「競売の約款」）についても発生する。

大半の場合、物はすでに売買締結時に買主に引き渡されている。解除条件として構成される場合、買主はこれにより所有者になっている。解除権の行使は債権的な効力しか持たないのか、それとも物権的な効力をも持つのかが、ここで問題となる。

債権的な効果のみの場合	物権的効果ももつ場合
買主に移転した所有権は自動的に売主に戻るのではなく、売主は逆戻りの所有権の移転を求める訴権を持つにすぎない。	所有権も自動的に買主から売主に戻る。（**物権的逆戻り**）
ローマの法学者は、最初は事実訴権を、その後は売主訴権を売主に与えた。	売主は買主を相手方として所有物取戻訴権を提起することができる。こうした見解もときに見られる。

停止条件として構成される場合、所有権はまだ買主に移転していないので、上述の問題は生じない。売主がそのまま所有者である。

第2節　賃約（locatio conductio）

(1) 賃約とは何か

賃約（locatio conductio）という統一的名称のもとでローマ人は以下の諸契約を理解していた。

```
① 使用賃貸借 ┐
             ├ 賃貸借      =  l.c. rei       物 res の賃約
   用益賃貸借 ┘
② 雇  傭                   =  l.c. operarum  労務 opera の賃約
③ 請  負                   =  l.c. operis    仕事 opus の賃約
```

"locare" は、言葉としては「置く」を、"conducere" は「持っていく」を意味する。

①賃貸借の場合は賃貸人が目的物を置き（locat rem）、賃借人がこれを受け取る。

    locator ＝ 賃貸人   conductor ＝ 賃借人

②雇傭の場合は労務者が自己の労働力を提供し（locat operas suas）、使用者がこれを利用する。

    locator ＝ 労務者   conductor ＝ 使用者

③請負の場合はしばしば注文者が仕事をしてもらうために物を置く。これが転じて、完成されるべき仕事を注文する（locat opus faciendum）。請負人は、仕事をするために物を持っていく、転じて、なされるべき仕事を請け負う。

    locator ＝ 注文者   conductor ＝ 請負人

 ①と②の場合には、報酬（merces）を conductor が支払い、③の場合には locator が支払う。

 ①と②は継続的債務関係であり、③は一回的債務関係である。

 賃約はシュナラグマ的契約（完全双務契約）であり、また**誠意**を基礎とする契約関係の1つである。そして諾成契約として、賃約は給付と対価についての単なる合意により成立する。

賃約における概念の確定

1) 賃貸借   使用貸借

賃貸借とは有償で物を利用させる契約   使用貸借とは無償で物を利用させる契約

【注意】ローマ法において賃貸借は単なる合意によって成立し、これに対して使用貸借は物の交付によって初めて成立する（要物契約）。

2)　　　雇傭契約　　　　　　　　　　　請負契約

両契約とも債務者が働くことをその目的としている。

雇傭の場合には、働くこと自体、　⟵⟶　請負の場合は、一定の成果に
努力についてしか義務を負わない。　　　ついて義務を負う。

雇傭の場合、仕事は債権者の指　⟵⟶　請負の場合、指図を受けるこ
図のもとに行われ、経済的リス　　　となく仕事が行われ、経済的
クは債権者側が負担する。　　　　　リスクは債務者側が負担する。
例えば、　　　　　　　　　　　　　例えば、
鉱山における労働者の仕事。　　　　家屋の建築、物の修理、修繕、
　　　　　　　　　　　　　　　　　輸送、保管など。

継続的債務関係　　⟵⟶　　一回的債務関係

3)　　　請　負　　　　　　　　いわゆる　製作物供給契約

請負人は注文者の材料で物を製作し　　製作物供給契約では、請負人が自ら
なければならない。　　　　　　　　用意した材料で物を製作しなければ
　　　　　　　　　　　　　　　　　ならない。

賃約 locatio conductio　　　　　　カッシウス　　　古典期の通説
　　　　　　　　　　　　　　　　　・材料の売買　　売買があるのみ。
　　　　　　　　　　　　　　　　　　および、
　　　　　　　　　　　　　　　　　・労務給付に関す
　　　　　　　　　　　　　　　　　　る賃約。

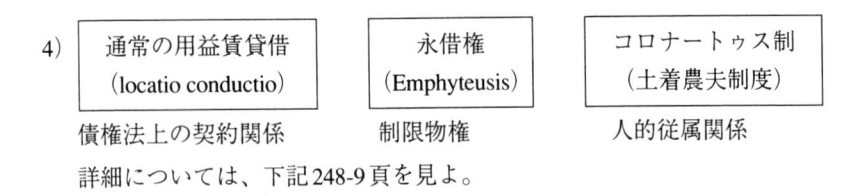

4) 通常の用益賃貸借	永借権	コロナートゥス制
(locatio conductio)	(Emphyteusis)	(土着農夫制度)
債権法上の契約関係	制限物権	人的従属関係

詳細については、下記248-9頁を見よ。

(2) 賃貸借

物の賃約（locatio conductio rei）という概念に該当するのは、使用・用益賃貸借である。

・使用賃貸借とは、対価（賃料）とひきかえにある物が使用のために貸与される場合をいう。
　　例えば、家屋、乗物、奴隷の使用賃貸借
・用益賃貸借とは、対価（賃料）とひきかえにある物が収益され、果実が収取されるために貸与される場合をいう。
　　例えば、農地、鉱山の用益賃貸借

概　観

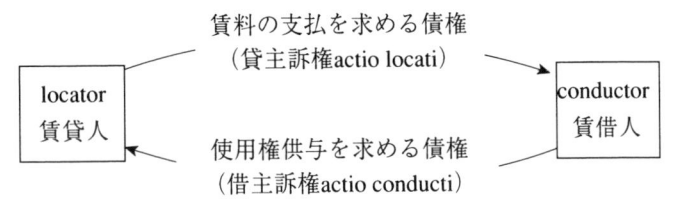

```
                賃料の支払を求める債権
                （貸主訴権 actio locati）
  ┌─────────┐ ───────────────→ ┌─────────┐
  │ locator │                      │conductor│
  │ 賃貸人  │                      │ 賃借人  │
  └─────────┘ ←─────────────── └─────────┘
                使用権供与を求める債権
                （借主訴権 actio conducti）
```

1) 賃貸人の義務
①賃借人が使用し得るようにし、この状態を維持すること
②物を使用可能な状態に保つこと（特に必要費については賃貸人がこれを負担しなければならない）。
③賃貸借の場合にもやはり賃貸人は担保責任を負う。
　・物の瑕疵　例えば、貸した容器に穴があいていた場合。
　・権利の瑕疵　例えば、真の権利者が借主から目的物を追奪した場合。

2）賃借人の義務
①合意された賃料の支払
②契約の趣旨に従った使用（用益賃貸借の場合には耕作義務）
③終了の際の賃貸物の返還
④使用賃借人は目的物に関して過失責任ではなくて**保管責任**を負った。

3）危険負担
賃貸人の責に帰すべからざる事由により使用が妨げられたとき、賃借人の賃料支払義務は存続するのかそれとも消滅するのかという問題（賃料の危険の問題）が生じる。
不可抗力（例えば地震、洪水、戦争）の場合には、以下の原則が妥当した。

危険は貸主にあり（periculum est locatoris）

すなわち、賃貸人は賃料請求権を失う。これに対して小事変の危険は賃借人が負担し、したがって依然として賃料支払義務を負う。

4）賃貸人の地位
①賃貸人は賃貸物の所有者であることが普通であるが、そうである必要はない。他人物の賃貸借契約も有効である（例えば転貸借はこれにあたる）。
②賃貸人は、賃貸している間も依然として賃貸物の**占有者**（possessor）である。賃貸人は賃借人を介して間接的に占有する。
③ここで復習として、賃料債権を担保するための賃貸人の質権に言及しておこう。
- **都市における住居の賃貸**の場合、賃貸人は賃借人の**持込物**（invecta et illata）に対して非占有質権を持つ。権利の行使として賃貸人は持込物を差押さえ、賃借人による収去を妨げることができた（自力救済の許される事例の1つである差押権 Perklusionsrecht、参照§1101ABGB）。もし賃借人が賃料を支払ったならば、差押の解除を求めるための、**引越の特示命令**（interdictum de migrando）が付与される。
- 農地の用益賃貸借の場合、賃貸人は収穫された**果実**に対して非占有質権を持つ。持込物に対する質権は、明示の合意ある場合に限り発生する。権利

実現の手段として、最初はサルウィウスの特示命令（interdictum Salvianum）が、後にはセルウィウス訴権（actio Serviana）が用いられた。

5) 賃借人の地位
ローマ法において借家人（inquilinus）と小作人（colonus）は、非常に弱い立場に置かれていた。

①賃借人は**単なる所持者**となるにすぎず、ローマ法においては**占有保護を受けない**。もし賃借人の占有が第三者によって妨害され、あるいは賃借人が第三者によって追い出されたならば、賃借人は対第三者との関係においては保護されないが、しかし契約に基づいて賃貸人にかかっていくことができ、場合によっては利用を妨げられたことに基づき損害賠償を求めることができる。

ローマ法と比較すると近代法における賃借人の地位は著しく強い。賃借人は**権利の占有者**Rechtsbesitzerであり（物の占有者Sachbesitzerはローマ法の場合と同様に賃貸人である）、この地位により妨害者に対する**占有保護**を受ける。さらには**プーブリキウス訴権**（actio Publiciana）も付与される。

②賃貸借契約は貸主と借主との間に債権法上の関係を発生させるにすぎない。賃借権に物権的な効果は帰属しない。もし賃貸人Vが賃貸物を譲渡したならば、譲受人Kは賃貸借契約に拘束されることはなく、賃借人Mを追い出すことができる。このことは次のように表現される。

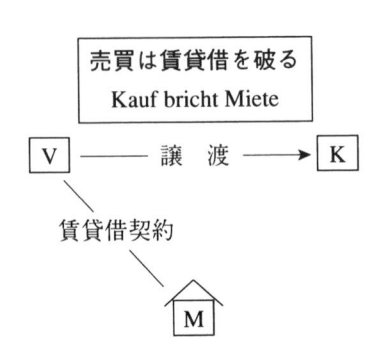

```
        売買は賃貸借を破る
        Kauf bricht Miete

     V ──── 譲 渡 ───▶ K
       \
        \ 賃貸借契約
         \
          M
```

したがってMは、譲受人Kによって追い出されたならば、Vにかかっていくしかない。

なお、古ドイツ法はこれと異なる。すなわち、「賃貸借は売買に勝る "Heuer geht vor Kauf"」。この格言はローマ法の継受によって消滅してしまった。

【注意】
　厳密に言えば、この原則は「売買は賃貸借を破る」ではなくて、「所有権の移転は賃貸借を破る」と言うべきであろう。賃借人Mの地位が損なわれたのは、VK間の単なる債権法上の義務設定行為ではなくて、Kを所有者にした物権法上の処分行為によるものである。

　もちろん賃貸人Vが良心的な人物であれば、Kに売却するにあたって、Kが引き続きMに居住を許すとの条件を付加的無方式合意（pactum adiectum）として約束させるであろう。もっとも、その場合ローマ法ではさらに問題が生じる。誰がこの合意約束を引き合いに出し、Kの約束違反ある場合にKを訴えることができるのか？

Vなのか	Mなのか
（Kとの契約の当事者）	（利益を受ける第三者）
この場合には、いわゆる	この場合には、いわゆる
不真正な第三者のためにする契約	**真正な第三者のためにする契約**

　ローマ法は真正な第三者のためにする契約に対して原則として否定的な立場に立つので、古典期の法源にはぎこちない変形しか見られない。

　第三者に対する賃借権の効力に関しても、近代法は賃借人がより有利な立場に立つよう配慮している。
① §1095ABGBは、賃借権の登記が可能である旨定めている。この登記は譲受人に対しても対抗可能である［民法605条参照］。
②「売買は賃貸借を破る」との原則は、§1120ABGBに規定されてはいるが、その意味するところは、譲受人Kは賃借人Mに解約告知をすることができるというものでしかない。しかも賃借権に関する特別法によれば、そもそも告知は「重大な事由」ある場合に限り可能であるにすぎない（§30MRG［借地借家法28条参照］）。さらに借家に関しては、自己の必要性という告知事由に取得から

10年の禁止期間が規定されている。§ 2Abs.1MRGはまったく一般的に、権利承継人はその所有権について（賃借人への住居引渡から）賃貸借契約に拘束されるものと定めている［借地借家法31条1項参照］。

6）賃貸借関係の終了
基本的に、期間の定めがある契約と期間の定めがない契約とを区別しなければならない。

①期間の定めがある賃貸借関係
・契約で一定の期間（例えば1年、2年。用益賃貸借の場合には国有地の賃貸にならい1 lustrum ＝5年が普通であった）を定めた場合は、**原則として期間の満了により終了する。**
・賃借人が、定められた期間の満了後も目的物を利用し続け、賃貸人がこれを甘受するときは、いわゆる**黙示の更新**（relocatio tacita）となる。住居の賃貸借においてはおそらく最初の契約期間、用益賃貸借においては常に1年（1年が経過すればさらにもう1年の黙示の更新が可能、以後も同様）。
・**期間継続中の一方的終了**は、**重大な事由**ある場合に限り可能である。
  賃借人側の重大な事由としては、例えば、契約通りの利用が著しく妨げられた場合（例えば隣に建物が建ったために借りていた住居にほとんど日が射さなくなった）、あるいは正当化される恐怖。
  賃貸人側の重大な事由としては、例えば、自己使用の必要、賃借人の契約に違反した利用、取壊の必要、2年間の賃料未払。

②期間の定めのない賃貸借関係
・期間の定めのない契約は、いずれの当事者も、いつでも自由に終了させることができる。

【注意】賃貸借関係の一方的終了は、今日とは異なり、ローマ人はこれを法律行為としての意思表示（解約告知）ではなくて、事実として行われる措置であると理解した。すなわち、賃借人側は「引っ越す migrare, 去る relinquere」」のであり、賃貸人側は「追

い出す "repellere"」のである。

さらに賃貸借関係は、両当事者の**合意**により**終了**させることができる。

契約当事者の死亡は賃貸借関係を終了させるものではなく、賃貸借関係は相続人に移転する。

終了に関しても近代法は賃借人の地位を著しく強化した。期限を付けることは、限られた範囲でのみ可能である。契約に期間の定めがない場合、重大な事由に基づいてのみ賃貸人は告知可能である。

7）転貸（sublocatio）
転貸とは、賃借人が賃借物ないしその一部を賃貸することである。

賃貸人 A	賃　貸	賃借人 B 転貸人	転　貸	転借人 C

賃貸人A（通常は同時に所有者）の占有は、所持の連鎖を通して維持される。賃貸人Aと転借人Cとの間に法的関係は何もない。

8）用益賃貸借の場合の特殊性
①**用益賃借人の果実の取得**：用益賃借人は、**収取行為**（perceptio）により彼が収穫した果実の**所有権**を取得する。
②**賃料免除**（remissio mercedis）：ある年が凶作であった場合、用益賃借人は賃料免除または賃料減額を求めることができる。しかし、もしその後豊作の年があれば、然るべく追加払いをする義務を負う。賃料免除は、セウェールス朝皇帝のもとでようやく認められた。
③**現物支払**と**分益小作**（colonia partiaria）：対価は金銭で支払われるのが通常である（小作料）。しかし、対価として果実の一部が賃貸人に給付されるべき旨を定めることも可能であった。

【注意】経済的リスクに関して、決算期において賃貸人に支払われるものが、

- 一定額の**金銭**（例えば1,000金）
- 収穫された果実の**一定量**（例えば、100升の小麦）である場合、

賃貸人は、賃借人の経済的リスクに関与しない（唯一の例外として賃料免除があるのみ）。

- 収穫された果実の**一定割合**（例えば、収益の10分の1）である場合、

賃貸人は、賃借人の経済的な成果とリスクに関与する。もし収益が少なければ、賃貸人の得る対価も少ない。

このような用益賃貸借を
分益小作（colonia partiaria）
と呼ぶ。
分益小作は組合関係に似ているが、ローマ法においては、組合ではなく賃約に分類された。

④他人がある人の土地を耕作するという場合の法制度の概観

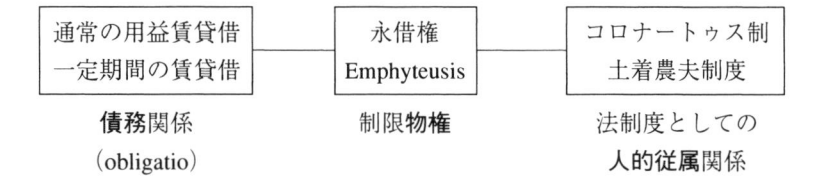

通常の用益賃貸借 一定期間の賃貸借	永借権 Emphyteusis	コロナートゥス制 土着農夫制度
債務関係 （obligatio）	制限**物権**	法制度としての **人的従属**関係

　通常の用益賃貸借、つまり**賃約**は、ローマ法においては**契約関係**であり、当事者間に債権法上の関係を発生させるにすぎず、第三者に対しては効力を持たない。賃借物に関して、賃借人は所有者として保護を受けない立場に置かれる（占有者ではない）。賃借人に対する法的保護としては、結局賃貸人を相手方とする対人訴権（actio in personam）に尽きるのであって、対第三者との関係においては、法的保護を与えられない。

　永借権は**制限物権**であり、第三者に対しても対抗することができる。対物訴権（actio in rem）によって法的保護が担保される。さらに、永借人には占有保護が与えられる。永借人の地位は、相続可能であるのみならず、譲渡も可能である。

・公有地（agri vectigales）の永久賃貸（locatio in perpetuum）：共同体が私人に、「借料が支払われる限り quamdiu vectigal praestatur」、土地を貸与する場合をいう。古典期における通説は、この行為をなお賃貸借に分類した。反対説によれば、売買とされた。
・後古典期には、国有・帝室所有地が借料（canon）を取って、長期間の耕作のために私人に貸与された。

皇帝ゼノはこのような貸与を例として、独自の法制度、永借権（Empyteusis）を創設した。

【注意】果実の取得との関連で、両者には以下の相違が見られる。

通常の用益賃借人の場合	永借人の場合
所有権の取得は収取行為（perceptio）による	所有権の取得はすでに分離（separatio）のときに生じる

後古典期には**コロナートゥス制**が出現する。小作人は有力な地主に従属することになり、契約関係であったものが**人的従属関係**に変わっていった。小作人（coloni）は、**土着農夫**（glebae adscripti）となる。すなわち、小作人は耕作するその土地に緊縛されて、

・その土地を離れることができない（居住の自由を喪失）。
・地主の方でも小作人を追い出すことはできない。
・当該土地は小作人付きでのみ譲渡し得るにすぎない。

土着農夫身分は世襲である。

(3) 雇　傭

近代の法生活とは対照的に、ローマの法生活において雇傭契約は何ら重要な役割を果たさなかった。つまり、労務給付の大部分は奴隷制の存在ゆえにこの制度の枠内で行われていたので、雇傭契約の意義はわずかなものでしかなかったのである。（経済的弱者としての）労務者を保護する強行法規は、ローマ法には未だなかった。

廃坑となった鉱山で発見された、いわゆるトランシルヴァニアの蝋引木板は、実際の労働法規定がどのようなものであったかを教えてくれる。そこには鉱山労働者の雇傭契約も含まれていた。

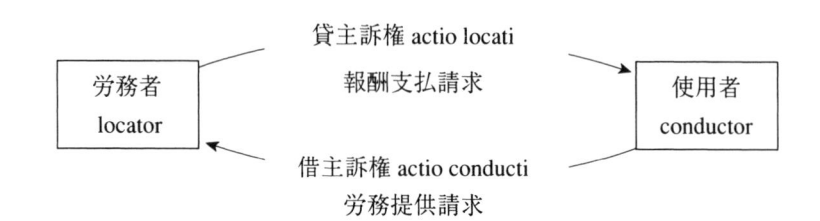

```
                    貸主訴権 actio locati
                      報酬支払請求
  ┌─────────┐  ─────────────────→  ┌─────────┐
  │ 労務者  │                        │ 使用者  │
  │ locator │                        │conductor│
  └─────────┘  ←─────────────────   └─────────┘
                    借主訴権 actio conducti
                      労務提供請求
```

報酬の危険の問題

責に帰すべからざる事由（例えば、自己に責任のない病気、その他給付を妨げる事由）により労務を提供することができなかった場合、以下の問題が発生する。

報酬もまた支払う必要がないのか、　あるいは、報酬支払義務は存続するのか、
　（危険は労務者が負担する）　←──→　（危険は使用者が負担する）

この問題に関して、古典期後期の法学者パウルスは以下の命題を立てた。すなわち、労務者は、「もし**労務を提供**できなかったことが**彼の責に帰すべきもの**でないならば」、報酬請求権を有する。

もっとも、この法文の解釈については学説上争いがあり、とりわけ労務者病気の場合について論争がある。多数説によれば、病気は労務者側の支配領域に属すので、病気の場合報酬請求権は失われる。しかし反対の見解も主張されている。これに対して、労務提供の場所が壊された（例えば鉱山が水浸しとなった）ための休業は、使用者側の負担となる。すなわち使用者はそれでも報酬を支払わなければならない。

もちろん、危険の分配についてこれと異なる旨、当事者間の合意により定めることは可能である（例えば、トランシルヴァニアの契約がそうである）。しかし今日では、労働法・社会法上の諸規定が病気の場合になお報酬を支払うものと定めているので、この問題はほとんど議論されていない。

(4) 請　負

1) 概　観

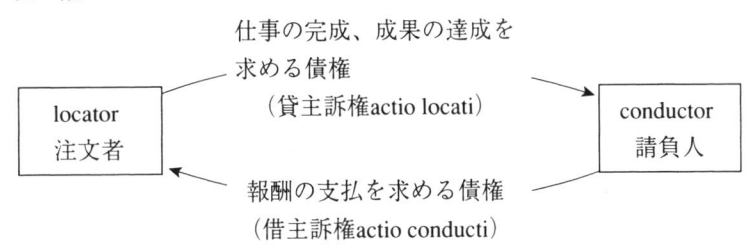

```
┌──────────┐   仕事の完成、成果の達成を
│ locator  │ ← 求める債権
│ 注文者   │   （貸主訴権 actio locati）    ┌──────────┐
│          │ ──────────────────────────→  │ conductor│
│          │   報酬の支払を求める債権      │ 請負人   │
│          │ ←                              └──────────┘
└──────────┘   （借主訴権 actio conducti）
```

2) 請負人の義務
・契約の本旨に適った仕事の完成
・付随的義務も契約または信義誠実の原則から生じる場合がある（例えば、保護および配慮義務）。

　原則として請負人は、**悪意**および**過失**について責を負う。**未熟練**（imperitia）も過失に数えられる。すなわち、請負人が然るべき能力を有していなかった場合、それについて責に任じなければならない。請負人は、彼自身の過失のみならず彼の履行補助者の過失についても責を負う。

　法史料の中には、特定の請負に関して**保管責任**を負わせているものがある。例えば、fullo（洗濯屋、縮充工）と sarcinator（衣服の修繕屋）の場合である。

　なお、責任については、免責約款による軽減、損失負担の引受による加重が可能である。

3) 注文者の義務
　報酬（merces）の支払

4) 請負における危険負担
法史料に見られる事例

> 1 ── 建築請負人BはAのために家を建てる。建築物の一部が完成して後に、地震により倒壊した。
> 2 ── BはAのために柱を輸送する。柱は最大限の注意を払って積み込まれた。にもかかわらず柱は嵐のために壊れた。
> 3 ── BはAのために溝を掘る。仕事の引取（approbatio）が行われる以前に、溝は壊れた。
> 4 ── BはAのために奴隷を輸送し、その際船客1人当たりいくらとして運賃が定められた。船旅中に奴隷2名が死亡した。

以上の事例は、責に帰すべからざる事由（事変casus、不可抗力 vis maior）に関するものであり、このような場合、それにより生じた不利益を誰が負担すべきかが問題となる。負担すべき、偶発事による不利益としては、いくつかの種類を想定することができる。

> ①Aは当該目的物を失い、賠償請求権を持たない。つまりAは所有者として物の危険を負担する。事例2で言えば壊れた柱の、事例4で言えば死亡した奴隷の賠償をAは受けない。しかしこのことは、請負における危険負担の中心的な問題ではない。むしろ問題は、
> ②報酬の危険にある。すなわち、もし仕事が事変により完成不能となるか引取（approbatio）以前に事変により破壊された（したがって請負人Bは給付義務を免れ、賠償義務を負わない）場合に、請負人Bの対価請求権は存続するのか、しないのかという問題である。

この場合に、以下の結果となるならば、すなわち、

注文者Aは報酬を支払う必要がないならば、	注文者Aはにもかかわらず報酬を支払わなければならないならば、
請負人Bがその不利益を負担することになる。すなわち、Bは自己の給付に対する対価を受け取らない（例えば事例4では、死亡した船客を輸送したにもかかわらず対価を受け取ることはできない）。	注文者Aがその不利益を負担することになる。Aは給付を受けていないか、または受けてもそれが経済的には意味がないにもかかわらず（例えば死亡した奴隷の輸送）、対価を支払わなければならない。
請負人（conductor）が危険を負担する	**注文者（locator）が危険を負担する**

この問題をローマの法学者がいかに解決したかについては、以下の展開を見ることができる。

- 比較的古い、とりわけラベオーが唱えた見解は、請負人が危険を負担すべきものとしている。請負人は、事例3では仕事の報酬を、事例4では死亡した船客の運賃を受け取ることができない。
- 比較的新しい見解は、いわゆる「**支配領域説**」を展開した。当該状況が、

請負人の支配領域で生じたならば、請負人が不利益を被る。例えば、事例3において仕事の瑕疵（vitium operis）とされる場合。	**注文者**の**支配領域**で生じた、また**不可抗力**により発生したならば、注文者が不利益を被る。例えば、事例3において土地の瑕疵（vitium soli）（材料の欠陥）とされる場合、事例1、事例4の場合。

5）不規則請負（locatio conductio irregularis）

請負の目的物が、

| ・不代替物である場合
・代替物ではあるが、成果の達成はまさに交付された物それ自体に関して生じる（例えば、穀物の輸送に際して、運送人は受け取った穀物を他と区分けして運び、まさにその穀物を渡す）場合、

それは通常の請負である。

請負人は所持者となる。材料が事変により滅失した場合、注文者がその危険を負担する。 | ・代替物であり、成果の達成は同等・同量物を対象とする（例えば、穀物の輸送に際して、受け取ったその穀物ではなくて同等・同量物を渡す。請負人が注文者の渡した材料ではなくて、同種の材料を用いて作品を製作する）場合、

それはいわゆる**不規則請負**である。

請負人は受け取った材料の**所有者**となる。それが事変により滅失した場合、請負人がその危険を負担する。 |

6）投荷に関するロードス法（lex Rhodia de iactu）
【設例】船長（magister navis）Cが荷主L_1、L_2、L_3、L_4、L_5の積荷を船で輸送する。船は海難に遭遇した。船長Cは荷主L_3の積荷を海に投げた。これにより船と他の荷主の積荷は難を免れた。

投荷に関するロードス法は、ヘレニズム海法からローマ法に継受された準則である。

　　学説彙纂第14巻第2章第1法文
　　「ロードス法の規定するところによれば、船舶を救うために荷が投下されたときは、全員のために犠牲となったその荷の賠償が、全員の分担により行われる」。

投荷に関するロードス法の基礎にあるのは、**危険共同体**という考え方である。難を逃れた積荷の所有者は、犠牲となった積荷の所有者に対して補償義務を負う。

ローマ法においては、請負契約関係が誠意契約の1つであることに基づいて以下の2段階で補償が行われる。
　①荷主L_3は船長Cを相手方として貸主訴権（actio locati）により訴え、相当額の賠償を求める。
　②Cはその他の荷主L_1、L_2、L_4、L_5を相手方として借主訴権（actio conducti）により訴え、賠償に対する各自の負担分を求める。

投荷に関するロードス法に含まれている、危険共同体という考え方は、今日でも§1043ABGBに生き続けている［商法第788条以下、共同海損参照］。

第3節　委任（mandatum）

(1) 委任とは何か

委任（mandatum）においては、受任者は委任者に対して、**無償で事務を処理**する義務を負う。委任者のために処理される事務として以下の2つがあり得る。

法的性質のもの	事実的性質のもの
例えば、 ・AはBのために物を購入、または売却する。 ・Aは、Bが負う債務のために保証を引き受ける。 ・AはBのために訴訟を行う。	例えば、 ・AはBの家畜に飼料をやる。 ・AはBの花に水をやる。

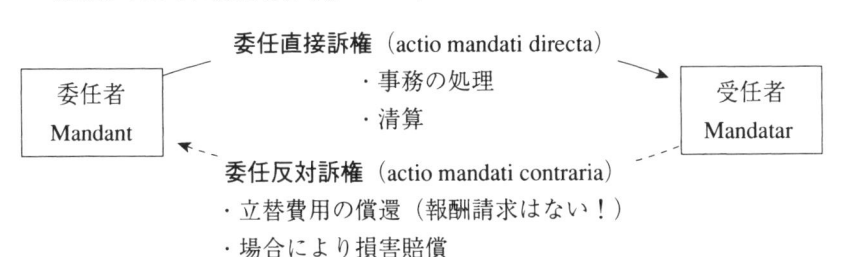

委任者　Mandant ⇄
- 委任直接訴権（actio mandati directa）
  - 事務の処理
  - 清算
- 委任反対訴権（actio mandati contraria）
  - 立替費用の償還（報酬請求はない！）
  - 場合により損害賠償

→ 受任者　Mandatar

委任は不完全双務契約の1つである。必然的に受任者に対する委任者の債権が発生する。反対方向の債権は一定の事情、例えば受任者が事務処理のためにその費用を立て替えた場合に発生するからである。委任は誠意関係の1つである。委任直接訴権に基づく有責判決は、破廉恥の汚点を伴う（信頼関係の破壊）。

受任者は、そもそも最初は悪意についてのみ責任を負ったが、その後は**悪意**および**過失**について責任を負った。過失についても責任を負わせることは、利益原理と矛盾する。受任者は無償で事務を行い、したがって契約からは何らの利益も受けないからである。

(2) ローマの委任の特徴

1) 無償性
2) 他人の利益のための事務処理
3) 人的信頼関係
4) 委任は純粋な内部関係であり、対外的効果を発生させないこと

1) 無償性
なぜ無償であるかと言えば、歴史的に見ると、委任は友人間での親切な行いから展開したものだからである。

【注意】　　　　他人のための事務処理が、

| 無償で引き受けられる場合、それは**委任**である。 | 有償の場合、それは**賃約**となる。 |

このこととの関連で興味深いのが、いわゆる**自由人に相応しい専門職**（artes liberales）である。これに属すものは、例えば弁護士、医師、建築士、教師等（今日で言う「自由業」）である。身分意識を持つローマ人は、賃金労働者のように対価と引きかえに自らを賃貸することを拒否したので、そのようなより高尚な労務提供は、法的には賃約ではなく委任を基礎として展開した。とはいえ、その

場合「名誉ある」報酬、すなわち**謝礼**（honorarium〔honos 名誉に由来〕または salarium）が支払われた。

謝礼の支払は、慣例として果たされる義務としてのみ存在し、法的にそのような謝礼債権が実現可能となったのは、ようやく古典期の終わりであった。そのために開かれていたのは、しかし通常手続ではなく特別訴訟手続（extraordinaria cognitio）であった。

2）他人の利益のための事務処理
私（Ego）が君（Tu）にあることを委任し、君が引き受けそして事務を行う場合に、

```
┌─────────┐         ┌─────────┐
│ 委任者  │─────────│ 受任者  │
│  Ego    │         │  Tu     │
└─────────┘         └─────────┘
```

以下のときに法的拘束力を持つ委任が成立する。
・委任者（私 Ego）のみが利益を有するとき
　　　私のための委任（mandatum mea gratia）
・第三者のみが利益を有するとき
　　　他人のための委任（mandatum aliena gratia）
・利益が重なるとき
　　　私と君のため（mandatum mea et tua gratia）
　　　私と他人のため（mandatum mea et aliena gratia）
　　　君と他人のため（mandatum tua et aliena gratia）

これに対して、ローマの観念によれば事務処理が受任者（君 Tu）のためだけである場合には、それは**委任**ではなかった。

君のための委任（mandatum tua gratia）：これは、**拘束力のない助言**であるとされたのである。
君のための委任の例：君はたくさんお金を持っている。そこで私が、そのお金

を土地に投資するよう助言した。

　法的拘束力のある委任は存在しないので、君は事務処理の義務を負わず、私もまた、この助言が君にとって不利益であることが明らかとなったとしても、委任反対訴権による責任を負わない。ただし、損害を与える意図を持って誤った助言を行った場合には、悪意訴権が成立する（参照、§ 1300 Satz2 ABGB）。

　これと関連して、特殊な問題を提供するのが、 信用委任 mandatun qualificatum である。

私の委任の目的が、

君がそのお金を利息付きで貸し付けることにある。	君がSという人間に貸すことにある。
この場合、君のためだけの委任である（利子収入）。	この場合、君の利益（利子収入）のみならず、Sの利益もある（金銭調達）。さらに、場合によってはSがお金を借りることに私自身も利益を有することがある。

　左の事例の場合、拘束力のない君のための委任となる。君がお金を貸して損をしても、私は責任を負わない。

　右の事例の場合には、いわゆる信用委任となる。この信用委任は、確かに共和政期の法学者セルウィウス・スルピキウスにより拘束力のないものとされたが（したがって損をしても私は責任を負わない）、サビーヌス以来、拘束力を認められた（理由：もし私がそのことを委任しなかったとしたならば、君はSに金銭を貸し付けなかったであろうからには）。

　信用委任は、保証に類似する機能を果たす。

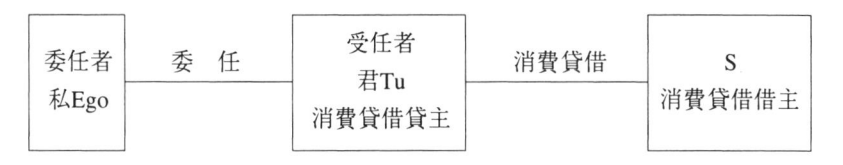

```
┌─────────┐        ┌─────────┐          ┌─────────┐
│ 委任者   │  委 任 │ 受任者   │ 消費貸借 │    S    │
│ 私Ego   │────────│ 君Tu    │──────────│消費貸借借主│
│         │        │消費貸借貸主│        │         │
└─────────┘        └─────────┘          └─────────┘
```

・金銭の貸し付けにより、君はSに対して返済を求める訴権（確定貸金訴権）を持つ。
・君がSから全部または一部の返済を得られなかったとき、君はそれにより被った損失を委任反対訴権により私から得ることができる。

信用委任は、古典期において本来の保証と比べ以下の長所を持っていた。
　・委任の方式自由
　・訴権消耗による不利益がないこと
（詳細については債権法第1部158頁参照）

3）人的信頼関係

委任が人的信頼関係であることは、消滅事由において示されている。
①一方的解消：委任者による**撤回**（revocatio）
　　　　　　　受任者による**解約**（renuntiatio）
　一方的解消は、処理がなお開始されていなかった限りで許される。
②**契約当事者の死亡**（「委任は死亡により解消される」）
　　死亡によって委任はそのときから解消される。すでに発生した債権（例えば清算、立替費用の償還）は、相続人へ移る。受任者が、委任者の死亡を知らずに事務処理を継続した場合、受任者にはこれに関しても請求権が付与される。

4）内部関係

委任は純粋な内部関係であり、委任者と受任者の間の権利・義務を発生させるに過ぎない。対外的代理権限（代理権）はこれによっては発生しない。

【設例】受任者Bは、委任者Aのためにある物を購入する。

これは、原則として2つのやり方で行われ得る。

直接代理	間接代理
AはBに委任し、目的物取得の代理権を授与する。	AはBに目的物の取得を委任する。
Bは売主Vのもとで、**Aの名において**当該の物を購入する。	Bは売主Vのもとで、**自己の名において**当該の物を購入する。
Bの法律行為の効果は直接Aに発生する。Aは売買契約に基づき義務を負い、権利を取得する。占有および所有権はVから直接Aへ移転する。	Bの法律行為の効果はB自身に生じる。Bは売買契約に基づき権利を取得し、義務を負う。Bは占有および所有権を取得する（Aが占有者、所有者になるためにはBA間でさらに行為を必要とする）。
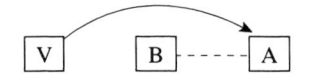 V → B ---- A（矢印はV→A）	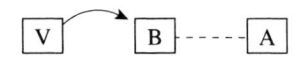 V → B ---- A（矢印はV→B）
直接代理は、他人の計算、他人の名において行われる法律行為である。効果は直接本人に生じる。	間接代理は、他人の計算で、しかし自己の名において行われる法律行為である。効果は、まず代理人自身についてのみ発生する。

ローマ法は、直接代理の考えには原則として否定的な立場をとった。したがって、受任者は間接代理人として行為を行った。

第4節　組合（societas）

（1）組合と社団

　諾成契約としての組合（societas）について述べる前に、共通の目的を達成するために複数の者が結集する場合、これに適用可能な法律構成としてどのようなものがあり得るかを考察する必要があろう。

　　　　　　共通の目的のために複数人が結集するとして、

| 内部関係における参加者の権利、義務が発生するだけであり、**法的に独立した単一体を構成しないならば**、 | **法的に独立した単一体が成立する**のであるならば、 |

　我々はこれを次のように呼んでいる、すなわち、

| societas
（組　合） | corpus, universitas, collegium
（社　団） |

| 組合は債権法上の契約関係にすぎず、**法人ではない**。
　組合は一構成員の死亡または離脱により消滅する。 | 社団は**法人**である。

　社団は一構成員の死亡、脱退または加入に左右されることはない。例えば、ある社団において設立時の最初の構成員が全員死亡または脱退し、久しい以前から新規の構成員に入れ替わっていた場合でも、団体自体は法的に見れば依然として同一性を失わない。 |

組合には機関がない。

財産が物権法上どのようになるかと言えば、参加者の**共有**となり、しかも、
・合有（古い時代の組合、すなわち相続人共同体consortiumの場合）、または
・持分による共有communio（新しい組合、すなわちsocietas）となる。

社団は、社団のために行為する機関を持つ。

社団における財産は、構成員の共有ではなくて、（法人としての）**社団が所有**するものである。その他の財産的権利（例えば債権）も社団自体に帰属する。

（2）歴史的展開

1) 相続人共同体（consortium） （組合の古い形態）

相続人共同体（consortium）の原型は、同様にconsortiumとまたsocietas ercto non cito（財産不分割の組合）とも呼ばれた古い時代の相続人共同体である。家長死亡後に、これにより家長の権力から解放された複数の相続人が、さしあたり仲間団体（Genossenschaft）として家共同体を維持するならば、これが相続人共同体である。個々の財産に関して合有（Gesamthand）が発生する、すなわち所有権が全員に共同に帰属することになる。この相続人共同体は各構成員により（とりわけ不和が生じたとき）**遺産分割訴権**（actio familiae erciscundae）を用いて解散が可能である。

このような相続人共同体は、儀式としての法律行為により人為的に発生させることもできた。この行為により、原型そのものに倣い、参加者の全財産で構成される財産共同体のみならず、**兄弟関係**も生まれた。すなわち複数の家内相続人間におけると同様の法律関係が発生したのである。ガーイウスの伝えるところによれば、相続人共同体においても、また法律行為に基づく相続人共同体においても、各々は単独で個々の財産を有効に処分する（例えば共有物を握取行為により譲渡する、共有奴隷を解放する）ことができた。その理由は、この共同体が家族類似

の性格を持つことに求めることができる。つまり、構成員が互いに信頼し合っていることが当然の前提となっていたのである。

2) **組合（societas）** （組合の新しい形態）
組合（societas）は複数人が事業目的のために結集するものであり、方式から自由に（すなわち単なる合意によって）設立することができる。しかしいくつかの点で、兄弟関係において妥当すべき原理がなお影響を及ぼし続けた。

(3) 組合の成立

組合契約は組合員の**無方式の合意**により締結される。組合契約によって規定される主な内容としては、
- 組合の目的
- 組合員の協力義務：組合の利益のための、**物または労務の提供**による出資
- 利益および損失に対する各組合員の持分割合

　　いわゆる**獅子組合**（societas leonina）は無効である。すなわちある組合員が損失のみを分担し、利益には与らないことを約した場合は無効である（イソップの寓話に因んでそう呼ばれている：獅子が獲物をとるために他の動物と組合を作ったが、獲物を全部自分のものにしてしまった）。

　　利益分配および損失分担につき合意を欠くときは、組合員は均等に関与する。

(4) 組合の種類

①**全財産の組合**（societas omnium bonorum）
　現在（すなわち契約締結時に存在する）および将来のすべての財産（債権、債務も含む）を対象とする組合。不法行為に基づく債権、債務が例外となるにすぎない。
②**利得物の組合**（societas quaestus）
　組合員の、利得行為に基づく将来の財産すべてを対象とする組合。現在の財

産は対象とならないし、利得行為と関係のない締結後の取得物（例えば相続財産）も含まれない。

③ **ある事業の組合**（societas negotiationis）

例えば、商事組合、銀行業者の組合、徴税請負人の組合等。当該活動に基づく財産のみが組合に関わる。

④ **一つの事柄の組合**（societas unius rei）

個々の行為、例えばある物の共同購入を共同で行うための当座的な組合。

（5）組合存続中の法律関係

組合は純粋な内部関係であり、組合員間に債権法上の義務を発生させるにとどまる。対外的には組合は現れない。組合は法人ではない。

1) ローマ法は原則として直接代理を知らないので、各組合員は**対外的には自己の名**で行為する。組合員が組合のために法律行為を締結しても、その効果はまずは彼自身について発生する。当該法律行為の経済的結果は、さらに別の行為によってはじめて他の組合員が関与することになる。例えば、

① ある組合員が第三者に対して義務を負ったとすると、他の組合員は第三者に対しては責任を負わず、内部関係においてその組合員に対して分担調整の義務を負うにすぎない。

② 同様にある組合員によって第三者に対する債権が成立したとしても、当該債権はその組合員に帰属するにとどまる（もっとも、訴権譲渡により他の組合員に債権を移転することは可能である）。

③ 物権法上の取得ある場合、当該組合員がまずは所有権および占有を自己のために取得する。他の組合員との共有とするためには、物権法上必要とされる形式（引渡、握取行為）での持込行為が必要である。

（もちろん、数人またはすべての組合員が一緒に第三者と法律行為を締結するということも想定可能である。例えば、連帯設定問答契約。この場合はじめから全組合員が第三者との法律関係に関与することになる。）

2) 組合は、信義誠実を基準として判断される契約関係である。

内部関係における組合員の権利・義務は、原則として組合契約を基準として定まる。最も重要な義務は出資義務（物の出資、労務の提供）および契約に従った利益と損失の分配（清算）義務である。

3) 古典法とユ帝法との間の最も明確な違いは、組合員の責任と請求権行使の可能性に見ることができる。

内部関係における組合員の責任

古典法	ユ帝法
悪意と過失 dolus culpa	自己の事務において払う注意 diligentia quam in suis
	すなわち、組合員は自己の事務において払う注意について責に任じなければならない（具体的過失culpa in concreto）。

組合存続中の請求権行使の可能性に関しては、以下の区別が見られる。
組合存続中の組合訴権（actio pro socio manente societate）は、

古典法においては不可能	ユ帝法においては可能
組合訴権は組合終了時の清算のみを目的とし、組合存続中に個々の請求権を行使するためには用いることができない。	組合訴権は個々の請求権を行使するためにも用いることが可能であり、それにより組合は解散されない。
すなわち、組合訴権の提起は、常に組合の解散をもたらす。	

(6) 組合の存続

当初の合意	継続的合意
法律関係開始の際に（例えば契約締結時に）存在する合意	法律関係展開の間のある程度長期間存在する合意
大半の契約は当初の合意しか必要としない。つまり、その後一方の当事者の意思を欠いても（例えば買主が売買契約締結の3日後に考えを変えたとしても）、それは重要なことではなく、当該契約の効力に何の影響も及ぼさない。	継続的合意に基づく法律関係は、当事者の一方の意思がその後欠けることになれば、これにより解消される。

> ローマの組合は、信頼関係として**継続的合意**の原理に依拠している。すなわち、組合は、組合員が組合にとどまることを欲する限りでのみ存続する。このことから、各組合員は原則として何時でも解約告知（renuntiatio）により組合を解散することができることになる。

もちろん、時宜を得ない、または損害を与える意図での告知は賠償義務を発生させる。例えば、全財産の組合員が遺産がもらえるというので告知した場合。カッシウスによれば、この告知により他の組合員は告知した組合員から解放され、しかし告知した組合員は他の組合員から解放されない。すなわち、相続財産の中の積極財産はこれを分配し、消極財産については単独で負担しなければならない（D.17, 2, 65, 3）。

もし組合継続の安定性を高めようとするならば、**一定の存続期間**を定めて締結すればよい。そうすれば、解約告知は重大な事由（やむを得ないこと necessitas）ある場合に限り可能である。

(7) 組合の終了

組合の終了事由
 ①死亡
 ②最大頭格減少（capitis deminutio maxima）
 ③破産
 ④解約告知（renuntiatio）
  ⎫ 一組合員に関しての
  古典期においては一組合員による組合訴権（清算を求める訴）の提起も解散をもたらす。
 ⑤組合員全員による、合意に基づく解散
 ⑥期間の定めある組合における期間の満了
 ⑦目的の成就、例えば一つの事柄の組合の場合

(8) 組合解散時における法律関係

これについては以下の2つを区別することが必要である。すなわち債権法上の清算と物権法上の分割の2つである。
 1）債権法上の清算のために用いられるのが、**組合訴権**（actio pro socio）である。それぞれ2人の当事者間での清算の結果生じる残額を対象とする。

組合訴権の特殊性
①有責判決は**破廉恥の汚点**を付ける効果がある（信頼関係の破壊）。
②有責判決を下すに際して、被告の経済的な給付能力を顧慮し得る。すなわち、被告は、彼が**為し得る限り**で（in id quod facere potest）のみ有責判決を受け、最低限の生活資が彼に残される（生活資留保の利益 beneficium competentiae）。これは兄弟関係の原理の残存である（学説彙纂第17巻第2章第63法文首項「組合にはいわば兄弟関係が内在する」）。もし仲間を経済的に完全に破滅させるとすれば、それは兄弟関係に反することになろう。

2）財産は共有関係（持分的共有 communio pro indiviso）に立つので、物権法上の清算のためにさらに分割と単独所有権の割当が必要である。これは**共有物分割訴権**（actio communi dividundo）によって行われる。

第3部

その他の契約・準契約・不法行為

ローマ契約法の復習

- 今日でいう**典型契約**とは、法律自体に規定が設けられている契約を意味する。ローマ法の場合、市民法上、限られた数の典型契約しか存在しなかった（下記概観参照）。
- **非典型契約**とは、法律が規定をおいている契約類型に対応しない契約を意味する。
- **混合契約**とは、承認されたいくつかの契約に含まれる本質的な要素をあわせもつ契約のことである。

【注意】

類型強制	類型自由
典型契約のみが義務を発生させ、法的に実現可能である場合、これを**類型強制**と呼ぶ。	非典型契約でも義務を発生させ、法的に実現可能である場合、これを**類型自由**と呼ぶ（契約自由ないし私的自治の特別な側面）。

債権法第2部において我々は、市民法上承認された**契約**（典型契約＝有名契約）について学んだ。それらの契約とは、

①**要物契約**	②**言語契約**	③**文書契約**	④**諾成契約**
消費貸借	問答契約	借方記入	売買
寄託	嫁資の言明		賃約
使用貸借	労務約束		委任
質			組合
（信託）			

承認されたこれらの契約に対応しない合意（いわゆる**非典型契約**）は、訴権に

よる保護を与えられなかった。訴求不能なこれらの合意は、無方式合意（pactum）とも呼ばれた。もっとも、問答契約の存在により、様々な種類の給付内容を有効な契約の目的とすることが可能であった。

以下において我々が学ぶものは、古典期の契約枠組を少なくとも部分的に拡張した展開の2つの線である。すなわち、

①いわゆる**無名要物契約**（「無名契約」）
②法務官法上の ⎫
　　　　　　　　⎬ 訴求可能な**無方式合意**
　皇帝立法上の ⎭

ローマ法においては、類型強制の全面的な克服に至ることはなかった。類型自由、したがって債務を設定する合意は方式を踏んでいなくておよそ訴求可能となるのは、ようやく自然法の時代に実現されたのである。すなわち、「合意は守られなければならない（pacta sunt servanda）」。

第1章　無名要物契約

(1) 無名要物契約とは何か

【設例1a】
　AB間で以下の合意が成立する、
・AはBに雌牛を与え、そして、
・BはAにかわりに犂を与える。

【設例1b】
　Aは、Bがかわりに犂をAに与えるという合意のもと、Bに雌牛を与える。

(交換)

【設例2a】
　AB間で以下の合意が成立する、
・AはBにあることを教え、
・Bはかわりに囲いを修理する。

【設例2b】
　Aは、Bがかわりに囲いを修理するという合意のもと、Bにあることを教える。

【設例3a】
　AB間で以下の合意が成立する、
・AはBに1万金を与え、
・Bはかわりに女奴隷ティティアを解放する。

【設例3b】
　Aは、Bがかわりに女奴隷ティティアを解放するという合意のもと、Bに1万金を与える。

　(Aの動機としては、ティティアと結婚したいということが考えられる)

　これらの交換関係はすべて、承認された契約類型のいずれにも該当しない。したがってこれらは、「非典型契約」ということになる。

将来の給付交換を目的とするこのような非典型的な合意に、ローマ法は決して訴求可能性を承認しなかった。

　当事者の一方（事例で言えばA）がその給付を先行して履行する限りで、この非典型的な交換の合意は、後古典期に（若干の古典期の例をもとに）一般的に契約として承認された。

　すなわち、AもBも、履行を求めるための請求権を持たない。

　すなわち、先に給付を履行したAには、反対給付請求の訴権、前書訴権（actio praescriptis verbis）が付与された。

　このような無方式合意が、意思の合致により成立する契約として承認されるのは、ようやく類型強制克服へと向かう近世の法の展開においてのことである（「合意は守られなければならない」）。

　この種の契約は、**無名要物契約**と呼ばれる。

(2) 無名要物契約における法的保護の展開

　Aは、Bが反対給付を履行するとの合意の下、ある給付を履行する。Bが反対給付を履行しないとき、以下の法的保護がAに与えられる。

　1) 第1段階
・Aは、履行した給付の返還を請求することができる。そのために用いられるのは、**原因故に与えられたものの不当利得返還請求訴権**（condictio ob causam datorum）。

（それ以上の保護はない）

【注意】この段階で無名要物契約の承認を語ることはまだできない。反対給付の履行をBに請求することができないからである。

2) 第2段階

・Aは、履行した給付の返還を請求することもできる（**原因故に与えられたものの不当利得返還請求訴権**）が、

・反対給付の履行をBに請求することもできる。そのために独自の訴権、**事実訴権**が付与されたが、この訴権はその後**前書訴権**という名称で呼ばれた。

【注意】古典法においてはこの展開の萌芽が見られるにすぎず、一般的になったのは、後古典期のことである。ユ帝もそのままこれを維持し、反対給付の履行がなければ、先に給付したAは、返還あるいは反対給付の履行を請求できるものとした。さらにユ帝は、Bに反対給付履行の用意がたとえあったとしても、Aに解約権（いわゆる後悔による不当利得返還請求訴権 condictio ex poenitentia）を付与し、これによって契約の拘束力を再び弱めた。

Aは原則としてBの反対給付履行のみを請求できるという第3段階が考えられるが、ローマ法はそこまでには至らなかった。

(3) 古典期における無名要物契約の萌芽

1) 古典期における展開の出発点となったのは、あてはめの問題であった。

例えば、Aは運送してもらうためBの船に商品を積む。その際いずれの契約が締結されたのか、不明な場合がしばしばある。

船の賃貸借（傭船契約）	運送契約＝仕事の賃約（l.c.operis）
=物の賃約（l.c.rei）	
Aは借主conductor（賃借人）であり、契約に基づく請求をするためには借主訴権（actio conducti）を用いなければならない。	Aは貸主locator（注文者）であり、契約に基づく請求をするためには貸主訴権（actio locati）を用いなければならない。

　このあてはめの問題を回避するために、事実訴権が付与された。この訴権の方式書には、義務発生原因となっている取決がまず最初に書かれた（この取決をAの賃貸locareあるいは賃借conducereと性格づける必要がない）。

　承認された契約類型にあてはめることが困難なその他のいくつかの事例で、同じような方法が用いられ始めた。例えば、AがBにある土地を譲渡する。Bはその土地の一部に家を建て、この部分をAに再譲渡するが、残りはそのままもち続ける。そのような取決は、売買でも請負でも委任でも組合でもない。ここでも、権利主張のために事実訴権が付与され、その方式書には義務発生原因としての事実がまず最初に書かれた。

　2)　交　換　（permutatio）
　　例えば、AがBに、Bはそのかわりに犂をAに与えるとの合意の下、雌牛を与える。

　この場合にもあてはめが難しく、学派間で論争があった。

| サビーヌス学派の見解によれば、この交換は売買に入れることができる。 | プロクルス学派の見解によれば、この交換は売買に入れることはできず、独自の契約である。 |

　サビーヌス学派は、この論争に敗れた。したがって、交換に基づいて訴えようとするならば、事実訴権による他はない。

　3)　委託販売契約　（aestimatum, contractus aestimatorius）

AはBに、さらにそれを売却してもらう目的で物を引き渡す。BはAに、以下のいずれかの義務を負う。

①あらかじめ決められた物の評価額を返還する（売却により差額がでればそれがBのもうけとなる）、

②あるいは、物自体を返還する。

（「汝が私にあるいは物、あるいは評価額を返還するために、私が与える」）。

AB間のこの契約も、委任、請負あるいは組合のいずれの要素ももってはいるものの、いずれにもあてはまらない。そこで法務官は、義務発生原因となる事実が先頭に書かれる独自の事実訴権を創設した。委託販売契約に基づく訴権は、これまで述べてきた事例と異なり、告示により公示された。

4) 委託販売契約と外見的に似ているのが、いわゆる**危険の契約**（contractus mohatrae）である。これについては、消費貸借に関連して既に述べた。すなわち、貸主Gは、金を借りたがっているSに金銭を貸し付ける用意がある。しかしGには現金の持ち合わせがないので、Sに物を引き渡して、これをSが売却し、その代金を貸付金とする。

古典期の考え方によれば、消費貸借は代金の受け取りにより初めて成立するので、受け取る以前の段階で独自の契約が行われていることになる（Ulp.D.19, 5, 19pr.「いわば独自の契約取引が我々の間で締結されたものとして」）。法的保護も、「前書」の付いた事実訴権によって付与される。

委託販売契約の場合、受け取る側の利害は評価額を越える有利な売却をして、差額を得て（これでもうけることにある）。	いわゆる**危険の契約**の場合、受け取る側の利害は貸付金を受け取ることにある。

(4) 後古典期における一般化

後古典期の法学者は、非典型的な交換関係において先行給付が履行されれば反

対給付の訴求が可能である、という考えを一般化した。このようにしていわゆる**無名要物契約**が展開していくことになった。
  ①承認されている類型の枠外にあり、したがってたいてい名前をもたないがゆえに無名である。
  ②債務が先行給付の履行によって初めて発生する限りにおいて、要物契約である。

いかなる給付内容であるかによって、以下の図式が展開した。

	（先行給付）	（反対給付）
汝が与えんがために予が与える do, ut des	物の給付	物の給付
汝が為さんがために予が与える do, ut facias	物の給付	労務提供
汝が与えんがために予が為す facio, ut des	労務提供	物の給付
汝が為さんがために予が為す facio ut facias	労務提供	労務提供

権利主張のための手段として、いわゆる**前書訴権**が用いられた。

(5) 有名契約と無名契約の方式書の相違

まずは、承認されている誠意契約の中のいくつかの訴権を思い出すことにしよう。
  例えば、買主訴権の方式書

原告が被告から当該目的物を購入したがゆえに、	請求原因の表示
それゆえに被告が原告に信義誠実に基づいて与え為すことを要するものは何であれ、	請求の表示
審判人よ、それについて被告が原告に責あるものと判決せよ。もし明らかでないならば免訴せよ。	判決権限の付与

例えば、売主訴権の方式書

原告が被告に当該目的物を売却したがゆえに、	請求原因の表示
それゆえに被告が原告に信義誠実に基づいて与え為すことを要するものは何であれ、	請求の表示
審判人よ、それについて被告が原告に責あるものと判決せよ。もし明らかでないならば免訴せよ。	判決権限の付与

例えば、貸主訴権の方式書（賃貸借 locatio conductio rei の場合）

原告が被告に当該目的物を賃貸したがゆえに、	請求原因の表示
それゆえに被告が原告に信義誠実に基づいて与え為すことを要するものは何であれ、	請求の表示
審判人よ、それについて被告が原告に責あるものと判決せよ。もし明らかでないならば免訴せよ。	判決権限の付与

例えば、借主訴権の方式書

原告が被告から当該目的物を賃借したがゆえに、	請求原因の表示
それゆえに被告が原告に信義誠実に基づいて与え為すことを要するものは何であれ、	請求の表示
審判人よ、それについて被告が原告に責あるものと判決せよ。もし明らかでないならば免訴せよ。	判決権限の付与

例えば、委任直接訴権の方式書

> 原告が被告に〔当該事務を〕委任したがゆえに、　　　請求原因の表示
> それゆえに被告が原告に信義誠実に基づいて与え　　　請求の表示
> 為すことを要するものは何であれ、
> 　審判人よ、それについて被告が原告に責あるもの　　判決権限の付与
> と判決せよ。もし明らかでないならば免訴せよ。

すでに習ったように、売買、賃約、委任等は市民法によって承認されている契約類型である。したがって、それぞれの方式書の請求は「要すること（市民法上の義務を負うこと）」を問題としている。つまりこれは、**法律に基礎を置く方式書**である。そして、債務の範囲が不確定であり、したがって審判人がその確定義務を負うので（「被告が与え為すこと……は何であれ」）、**不確定方式書**ということになる。信義誠実の付加により、審判人には法律関係全体を判断する際に広い裁量範囲が認められている。

方式書冒頭の「請求原因の表示」は、請求を基礎づける要件事実を示すためのものである。例えば、「彼（原告）は購入した emit」、「彼（原告）は賃貸した locavit」等。まさにこの「請求原因の表示」によって、それが買主訴権（actio empti）なのか、貸主訴権（actio locati）なのかが分かる。

市民法上の誠意訴権、すなわち売主訴権・買主訴権、貸主訴権・借主訴権、委任直接・反対訴権、組合訴権、事務管理直接・反対訴権、寄託訴権、後見訴権などの場合、すべて方式書はこのように（「請求原因の表示」—「不確定物の請求の表示」—「判決権限の付与」）構成される。

古典期に見られる無名要物契約の前身においては、方式書の構成に次のような手を加えることが行われた。

> 前書をもって訴える（agere praescriptis verbis）

まずは、市民法上の誠意関係の場合と同一の「請求の表示」が適用されるが、

その直前に訴えの原因を示す具体的事実の記載が置かれる。例えば、委託販売契約に基づく訴えは以下のように構成された。

```
    原告が被告に、評価額を定めたうえでこれを売却        前書
するようにと銀卓を引き渡したならば、
    それゆえに被告が原告に信義誠実に基づいて与え        請求の表示
為すことを要するものは何であれ、
    審判人よ、それについて被告が原告に責あるもの        判決権限の付与
と判決せよ。もし明らかでないならば免訴せよ。
```

その他の法律関係についても、同じようにして訴えの原因を示す事実が単に前書として置かれた（例えば、あてはめの困難な場合に）。

市民法訴権の場合の「請求原因の表示」は、承認された（有名）契約の締結を指示しているので、それに続く「請求の表示」は、市民法上の義務「要すること」を問題とすることができる。

前書訴権における「前書」は、方式書の中で市民法上の誠意訴権の場合の「請求原因の表示」と同じ機能を果たしているのである。

① これが、単にあてはめの困難を回避するために用いられているという限りで（つまり市民法上の契約であることは確かであり、ただどの契約であるといわれると難しい）、これに続く「請求の表示」が、「要すること」を問題とする「市民法上の請求の表示」であることに疑いはない。ともかくも、それが市民法上の義務であるとの前提から始めることができる。
② 市民法の枠組に適合しない契約が訴権による保護を与えられるという限りで、**その訴求可能性は法務官の職権に基づいているにすぎない**。当然厳密に考えれば、「市民法上の請求の表示」そして特に「要すること」という言葉はそれにふさわしくない。

今ここで問題にしている訴権は、方式書がこのように構成されているために、一方では、**法務官法上の事実訴権**であり（有責判決のための前提となる事実が記載されている）、他方では、「市民法上の請求の表示」を含んでいる。このどっちつかずの性質のゆえに、これらの訴権はしばしば「市民法上の事実訴権（actio in factum civilis）」あるいは「不確定物の市民法訴権（actio incerti civilis）」とも呼ばれた。後古典期においては、**前書訴権**がこの方式書類型を示す一般的な名称となる。

第2章　無方式合意（pactum）

第1節　無方式合意とは何か

　ここでは、独立した契約と見なすことができ、ローマ法が展開していくなかで訴求可能性を認められるに至った無方式合意のみを扱うことにする。すなわち、法務官法上の無方式合意（pactum praetorium）と法定の無方式合意（pactum legitimum）である。なお、無方式合意（pactum）の概念一般については第1部第3章第3節（45頁以下）参照。

　法務官法上の無方式合意

　法務官法上訴求可能な、独立の無方式契約であり、これに属すものは、弁済約束と引受契約である。

1) **弁済約束** constitutum debiti（一定期日までの履行約束）
   自己の債務についての弁済約束（constitutum debiti proprii）
   他人の債務についての弁済約束（constitutum debiti alieni）保証類似の機能をもつ
2) **引受契約** receptum（義務ないし保証の無方式の「引受」）
   仲裁人の引受契約 receptum arbitri（仲裁人が仲裁判断を下す義務を引き受ける）
   銀行業者の引受契約 receptum argentarii（銀行業者が金銭支払義務を引き受ける）
   船主、旅館の主人、厩の主人の引受契約 receptum nautarum, cauponum et stabulariorum（客が持ち込んだ物品の安全についての保証を引き受ける）

> 法定の無方式合意

古典期において、
・**問答契約の方式**で締結した場合に限り訴求可能であり、
・無方式で締結した場合には、訴求可能性のない**裸の合意**（pactum nudum）でしかない、

契約の中のいくつかのものが、後古典期の皇帝立法によって、無方式で締結された場合にも、**訴求可能性**を付与された。例えば、以下のものである。
①無方式の贈与約束（pactum donationis）
②嫁資設定の無方式合意（pollicitatio dotis または pactum dotis とも）

第2節　弁済約束

弁済約束においては、金銭ないし代替物の債務がすでに存在していることが前提となる。

弁済約束とは、ある者が債権者に対して、すでに存在する債務を一定期日に履行すること、また担保（例えば質）を設定することを約束するというものである。法務官はこの無方式の弁済約束がなされた場合に**弁済約束金訴権**（actio de pecunia constituta）を付与した。この訴権によって、債務額のみならず一定期日の履行に対する利害関係をも請求することができた。しかし、弁済約束が行われても（更改の場合とは異なり）現存債務は消滅しないという原則は維持される。したがって、元来の訴権はそのまま残り、その結果訴権の競合が生じる。

一定期日の弁済約束の態様として、以下の2つがある。
①債務者自身が約束する場合：いわゆる**自己の債務の弁済約束**である。
　　債権者にとっての利点は履行期日を設定したこと、および期日に関わる利益を顧慮してもらうことができることにある。
②第三者が約束する場合：いわゆる**他人の債務の弁済約束**である。
　　債権者にとっての利点は保証人の設置と同じような効果をもつことである。

今や債権者は、債務者を相手方とする元来の訴権の他に、さらに第三者を相手方とする弁済約束金訴権をもつので、同一の債務につきもう1人の債務者を得たことになる。債務者が定められた期日に弁済しないとき、債権者は第三者にかかっていくことができる。

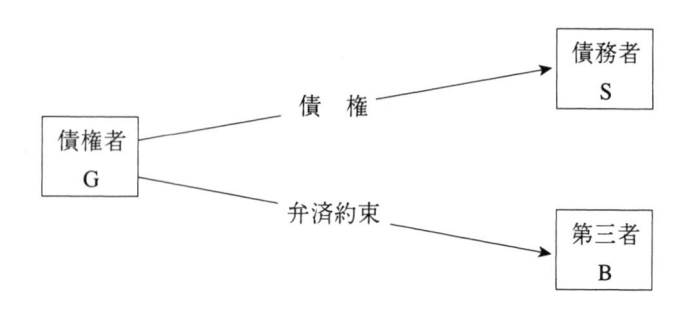

```
                      債　権
                  ┌─────────→  ┌─────────┐
                  │              │ 債務者 S │
    ┌─────────┐   │              └─────────┘
    │ 債権者 G │──┤
    └─────────┘   │              ┌─────────┐
                  └─────────→  │ 第三者 B │
                      弁済約束    └─────────┘
```

第3節　銀行業者の引受契約

銀行業者（argentarius）の引受契約とは、銀行業者Bと債権者Gとの間の無方式の契約であり、銀行業者が顧客Sの計算においてGに定額の金銭を支払うことを約束をする（引き受ける recipit）ことがその内容である。

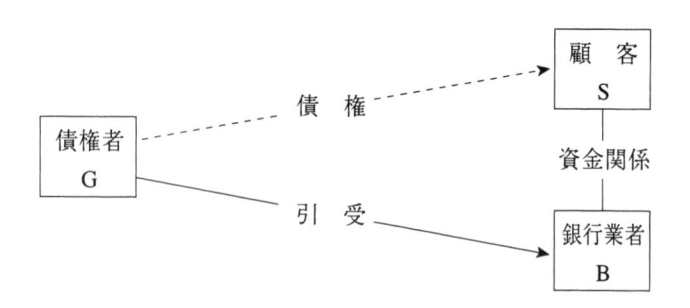

```
                      債　権  （点線）
                  ┌─────────→  ┌─────────┐
                  │              │ 顧客 S  │
    ┌─────────┐   │              └─────────┘
    │ 債権者 G │──┤                    │ 資金関係
    └─────────┘   │              ┌─────────┐
                  └─────────→  │ 銀行業者 B│
                      引　受      └─────────┘
```

経済的には、ほとんどの場合に、債権者Gの顧客Sに対する債権がその背景にある。したがって経済的機能としては、他人の債務の弁済約束と類似する。

もっとも、法律的には重要な相違がある。すなわち、

| 弁済約束はつねに債権の存在を前提とする（したがって債権G→Sが存在しなければ無効である）。 | 銀行業者の引受契約は、無因の支払保証である。すなわち債権G→Sを前提とするものでも（経済的背景としてはたいていの場合にそれがあるにしてもである）、資金関係に従属するものでもない（もちろん普通は顧客SはBにそれ相応の預金があり、だからBとしても支払保証を引き受けるのであるが）。 |

銀行業者の引受契約に基づいて、法務官は、約束された支払がない場合に、銀行業者を相手方とする**引受訴権**（actio recepticia）をGに付与する。

ユ帝期、銀行業者の引受契約は抹消され、史料では弁済約束に置き換えられた（改竄）。

第4節　仲裁人の引受契約

係争事件を仲裁により解決しようとする場合、以下の異なる2つの契約が存在する。
　1）仲裁契約（compromissum）
　当事者が、係争事件を仲裁人（arbiter）の判断に委ね、その判断に従う義務をお互いに負う。
　compromissumという名前は、古典期に両当事者が**問答契約の方式**を用いて、互いに仲裁判断に従わない場合の違約罰（poena compromissa）を約したことに由来する。ユ帝ははじめて、仲裁契約が問答契約を用いないで締結された場合でもこれを認めたが、宣誓ないし書面を要求した。

ところで仲裁契約は当事者間にしか効力がないので、さらに次の契約を必要とした。

 2) 仲裁人の引受契約

仲裁人は、この引受契約に基づき、両当事者に対して仲裁判断を下す義務を負う（そのための特別の形式は不要）。法務官は訴権の付与ではなく、特別の強制手段によりこの義務の履行を確保した。

第5節　船主、旅館の主人、厩の主人の引受契約

(1) 概　説

この引受契約においては、以下の者が当事者となって、保証を引き受ける。
 ①船主 nauta（言葉としては船乗であるが、考えられているのは船舶業者 exercitor navis である）
 ②旅館の主人 caupo
 ③厩の主人 stabularius

これらの者が、無方式の合意により、客が持ち込んだ物品の安全を引き受ける。法務官はその告示の中で、この引受に基づき事実訴権、いわゆる**引受物に関する訴権**（actio de recepto）を付与することを約束した（告示および雛形方式書の文言は下記290頁参照）。この保証約束に基づき、持ち込まれた物品についての**無過失責任**が発生する。もっともラベオーは、不可抗力の場合について抗弁を認めたので（例えば難破、海賊の襲撃：いわゆるラベオーの抗弁 exceptio Labeonis）、結果的には**保管責任**にとどまった。

歴史的展開としては以下の2段階を経た。
 1) 第1段階： 明示的な安全の引受に基づく責任
告示の言葉によれば、責任の基礎は「物品が安全であることを引き受ける recipere res salvas fore」ことにある。つまり、責任の基礎は、たとえ無方式とはい

え明示的約束であった。法務官がこの無方式合意に訴権による保護を与えたので、法務官法上の無方式合意の1つに数えられる。

　2）第2段階： 物品の引受に基づく責任

　その後、単に物品を引き受けただけで、ないしは持ち込んだだけで黙示的に責任が発生するものとされた。すなわち約束それ自体は不要となる。「引き受ける（recipere）」は、告示の言葉からはそれて、物品自体を「受け取る」という意味で使われた。

　もっとも第1段階から第2段階への移行がすでに古典期に生じたのか、それともようやく後古典期のことなのかについては、学説上争いがある。

　引受契約に基づく責任は、さらに法務官法上の不法行為訴権により補強された。すなわち、この訴権により、船主、旅館の主人、厩の主人は、その使用人による窃盗および損害について責任を負った（使用者責任）。ユ帝はこれを準不法行為の中に入れた。

　ところで、なぜこのような厳しい責任を船主、旅館の主人、厩の主人は負ったのか。法政策的な動機は何か。史料には次のような根拠が述べられている。
　　①こうした人々は特に信用できない。
　　②客としては彼らに信頼して任せる他はない。
　　③こうした人々が盗人に手を貸すことを阻止しなければならない。

　これらの根拠は第2段階（物品の引受により責任は当然に発生する）には当てはまるが、第1段階（責任の基礎は明示的な保証の引受）には当てはまらないので、改竄によって史料に挿入されたのではないかとの見解が多い。
　旅館、厩の主人の引受責任は、なお§§970ff.ABGB［商法第594条以下］に見られる（船主はもはや挙げられていないが、他方浴場主が加えられている）。持ち込まれた物品についてのこの厳しい責任は、今日、「人々の出入りする家屋の危険」によって根拠づけられている。

(2) 賃約と引受責任との関係

　船主、旅館の主人、厩の主人とは通常賃約（例えば運送契約＝仕事の賃約、賃貸借契約＝物の賃約または混合契約）が締結されることになる。賃約に基づいてすでに船主、旅館の主人、厩の主人の責任は発生しているので、法務官法上の引受責任はそれと並んでいかなる機能を果たしたのかが、問題となる。おそらく引受責任の利点は、賃約に基づく責任よりは重いという点にあるであろう。賃約の場合には、通常の責任は悪意および過失である（保管責任は一定の請負人に限り認められている）。引受責任に基づいて、最初は何の制限もなくいかなる場合にも責任を負わされた。ラベオーによって大事変の場合は除外されて後も、結局のところなお保管責任が妥当したことになる。もちろん、例えば船舶による輸送あるいは客の宿泊の際に物の滅失、毀損が生じた場合に、賃約に基づいても、また引受責任に基づいても責任を問われるということは（例えば船主、旅館の主人の過失による場合）、起こり得る。そのときには訴権の競合が生じる。

　証明のことを考えれば、被害者にとっては引受物に関する訴権の方が有利である。なぜなら、方式書の文言（290頁）によれば、以下のことを証明すれば足りるからである。すなわち、
　　①船主、旅館・厩の主人の「引受 recipere」および、
　　②然るべく「返還されていないこと non restituere」
　なお引受責任は無償の運送の場合にも発生する。

（3）法務官告示

　法務官法上の無方式合意について理解をより容易にするために、以下に法務官告示（オットー・レーネル O.Lenel による再構成）からの当該箇所の抜粋を載せておいた。さらに比較のために、旅館の主人等の責任に関する ABGB の条文も記載した。

弁済約束金について

・法的保護の約束
　もしある者が金銭債務について自己が支払う旨を、またはその債務に関し保証を設定する旨を確約した（constituit）ときは、私はその者を相手方とする訴訟を付与しよう。
・この後に続いて告示には当該訴権（**弁済約束金訴権**）の雛形方式書が記されている。

銀行業を営む者達が他人のためにその支払を引き受けたものを支払うべきことについて

・法的保護の約束
　銀行業を営む者たちが他人のためにその支払を引き受けた場合に、もしそれが支払われないときは、私は訴訟を付与しよう。
・この法的保護の約束に続いて、方式書には当該訴権（**引受訴権**）の雛形方式書が記載されている。

> **仲裁人となることを引き受けた者が仲裁判断を下すべきことについて**
>
> ・法的保護の約束
>   ある者たちが相互の罰金の約束に基づき仲裁人を引き受けたときは、私は仲裁人が判断を下すよう強制しよう。
>   仲裁の判断を下す義務は、訴権ではなくて間接的強制手段によりその履行が求められるので、もちろん雛形方式書は存在しない。

> **船主、旅館の主人、厩の主人が引き受けた物品を返還すべきことについて**
>
> ・法的保護の約束
>   船主、旅館の主人、厩の主人が物品につきそれが安全であることを引き受けた場合に、それが返還されないときは、私はその者たちを相手方とする訴訟を付与しよう。
> ・ここでもその後に当該訴権（**引受物に関する訴権**）の雛形方式書が続く。再構成したものとして以下の文言が考えられる。
>
>   もし被告が船舶業を営むときに当該原告の物品につ　　**請求の表示**
>   き安全であることを引き受け、かつその物品を返還し　　（要件事実）
>   なかったことが明らかであるならば、
>
>   審判人よ、その物が値する額について被告が原告に　　**判決権限の付与**
>   責あるものと判決せよ。もし明らかでないならば免訴
>   せよ。

ABGB：客の受入［商法594～596条参照］

第970条（責任）①他人を宿泊させる旅館の主人は、その損害が主人もしくはその使用人の責に帰すべからざる事由に因ること、且つ家屋に出入りする人々により生じたことを証明するに非ざれば、受寄者として、受け入れた客が持ち込んだ物品につき責を負う。損害の発生につき被害者にも過失ある場合には、裁判官

は状況を判断して賠償の有無および賠償額を決定することができる。

②旅館の主人もしくはその使用人に引き渡したとき、またはこれらの者が指示した、もしくはそのために設けられた場所に持ち込んだとき、その物品は持ち込まれたものとみなされる。同じく、厩または保管場所を設ける事業者も、厩に留められた動物および乗物または保管場所に置かれた物品につき責を負う。

③浴場の主人も、入浴客が持ち込むことを常とする物品については、旅館の主人と同様に扱うべきものとする。

第970a条（責任の回避：貴重品、金銭および有価証券についての責任）責任を負わない旨を掲示しても、法的効力を持たない。貴重品、金銭および有価証券については、旅館の主人は1,500シリングを上限として責を負う。ただし、主人が物品の品質を知って保管を引き受けたとき、または主人自身もしくはその使用人の過失により損害が発生したときはこの限りではない。

第970b条（告知義務）被害者が損害を知って後遅滞なく主人に告知しなかった場合には、客の宿泊に基づく損害賠償請求権は消滅する。主人が保管のために物品を引き受けたときはこの限りではない。

第970c条（留置権）第970条に掲げた者は、宿泊および食事にかかる債権並びにそれらの立替金の担保として、持込品を留置する権利を持つ。

第6節　贈　与

(1) 概　説

1) 贈与（donatio）とは、契約による無償の財産的出捐である（参照、§938 ABGB：贈与とはある者に物を無償で与えることを目的とする**契約**をいう［民法549条参照］）。

【注意】贈与は契約であり、したがって受贈者の承諾も必要である。

売買契約の場合と同じように、贈与にも以下の区別がある。

現実贈与	贈与の約束
この場合、贈与は**直ち**に履行される。	これは、将来の贈与の履行を目的とする、純粋な**債務負担行為**（債権契約）である。

2）贈与は確かに最も重要な無償行為類型であるが、しかし贈与だけというわけではない。その他の無償行為としては、例えば、以下のものがある。
- 契約としては：使用貸借、無利息消費貸借、委任（ローマ法において委任は常に無償行為である。今日では有償委任も存在する）
- さらに、終意処分

3）贈与という場合、無償の出捐行為が**寛大な気持**から（ex liberalitate）行われるものでなければならない。

もし当該出捐が以下の義務の履行であるとき、

法的義務	道徳的義務
（例えば、法定義務としての扶養）	（例えば、受贈者が贈与者を危険から救ったその感謝として）
それは贈与ではない。	これは贈与である（いわゆる報償的贈与）

4）贈与の概念は、有体物の無償の出捐に限られるものではない。債務の免除、債権の譲渡、他人の債務の支払義務の引受も、贈与として（donandi causa）行うことができる。この場合に受贈者は（無体物としての）財産的利益を受けるからである。

5）贈与は原則として贈与者と受贈者との間の然るべき合意を基礎とする（贈与意思 animus donadi ＝贈与者の贈与意思、受贈者の受領意思）。

法教義学的な問題として、以下の把握の仕方の展開が見られる。

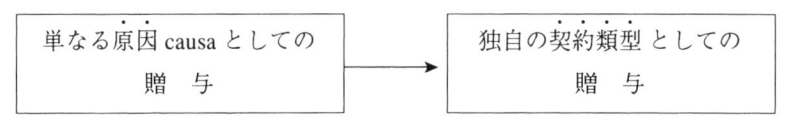

単なる原因 causa としての 贈 与	→	独自の契約類型 としての 贈 与
すなわち、贈与は**独自の契約ではな**く、単に、何らかの法律行為ないし契約の**原因**（causa）にすぎない。例えば引渡、握取行為、問答契約、受領問答契約の原因として。		贈与は、固有の、**独自の契約**である。
この理解は古典期に見られる。		この理解は、後古典期に、部分的にユ帝のもとで、および ABGB において見られる。

(2) ローマ法における贈与の展開（概観）

	体系での位置づけ	形　式	制　限
前古典期および古典期	単なる原因 causa	したがって、問題となるのは、 それぞれの行為の形式 である。 要式の握取行為または無方式の引渡 贈与約束は、問答契約の形式でのみ可能	一定の額を超える贈与の禁止 （前204年のキンキウス法 lex Cincia） 夫婦間の贈与禁止

	体系での位置づけ	形　式	制　限
後古典期	コンスタンティーヌス帝　独自の契約 ＋	形式の強制 ― 書面の作成 ― 証人の面前での引渡 ＋ ― 公簿登録（insinuatio）	撤回権の創設 後古典期において
	ユースティーニアーヌス帝　教義学的分離 ― 贈与約束は独自の債権契約である ― それ以外の場合贈与は出捐行為の原因である 今や無方式の贈与約束も訴求可能なものとなったので、贈与約束は法定の無方式合意の1つとなる。	価額による形式の区別 ― 500ソリドゥス未満の贈与は形式不要 ― 500ソリドゥス以上の贈与については公簿登録（insinuatio）が必要	

(3) 贈与方式に関する規定

方式に関して規定を設けることの目的としては、以下のことが考えられる。
　・性急に決断してしまった贈与者の保護
　・贈与者に対して債権を持つ債権者の保護（ある者が贈与によって余りにも簡単に他人に財産を移し、彼の債権者を満足させるための資産がこれによ

って減少してしまうことは避けなければならない）

1）古典期ローマ法において贈与は独自の行為類型ではなく、単なる原因（causa）にすぎなかった。したがって贈与として法律行為を行うためには、然るべき法律行為の方式を踏む必要があった。
   ・贈与約束のための問答契約
   ・贈与として手中物の所有権を移転するための握取行為
   ・非手中物等の所有権を移転するための引渡

2）コンスタンティーヌス帝は、贈与（donatio）を独自の法律行為として認め、以下の方式の遵守を、有効に成立するための要件として定めた。
   書面（instrumentum）の作成および
   隣人ないし証人立会の下での引渡　並びに
   公簿登録（insinuatio）
コンスタンティーヌス帝は常に引渡を要求したので、彼が考えていたのは明らかに現実贈与であって、贈与約束ではない。

3）ユ帝は**価格による区別**を導入した（まずは300ソリドゥス、その後500ソリドゥス）。
この区別は贈与約束についても、また現実贈与についても妥当した。
   500ソリドゥス未満の贈与は　　　500ソリドゥス以上の贈与は
      登録義務なし。　　　　　　　　登録義務に服す。
500ソリドゥス未満の贈与約束は無方式でも完全に有効なので、今や法定の無方式合意の1つとなった。

4）一定額を超える場合の登録義務は普通法に継受された（現実贈与、贈与約束のいずれについても）。
現行オーストリア法は単なる贈与約束（現実の引渡のない贈与）に関して公正証書の作成を要件として定めている（§1 Abs.1 lit. d NZwG）。もっとも、この形式の瑕疵は任意の履行によって治癒される（§1432 ABGB）。

(4) ローマ法における贈与の制限

　　　　　贈与の禁止　　　　　　　　　撤回可能性の付与
・キンキウス法（lex Cincia）
・夫婦間の贈与禁止

1) キンキウス法 （紀元前204年）

ある一定額を超える贈与は禁止された。禁止の理由はおそらく共和政期の奢侈に対する反対運動にあったと思われる。もっとも一定の関係にある者、例えば親族（いわゆる例外者 personae exceptae）間の贈与は、禁止対象から除外された。

キンキウス法はいわゆる不完全法（lex imperfecta）である。すなわち禁止に違反して贈与がなされた場合、これに対する制裁規定（無効、罰則）を欠いている。したがって禁止に違反する贈与も、市民法上は有効であった。もちろん法務官の介入は可能である。具体的に示せば、当該贈与が禁止に違反しているが、

| すでに完全に履行されている場合、キンキウス法は**返還請求を認めない**。 | 未だ完全には履行されていない場合、法務官は贈与者に抗弁、すなわち**キンキウス法の抗弁**（exceptio legis Cinciae）を付与する。 |

【事例】

AはBに非手中物を贈与として引き渡した（現実贈与）。	Aは贈与目的で、問答契約によりある給付をBに約束した。
返還請求は認められない	問答契約に基づく訴権
A ─✕─▶ B	B ◀─── A
	キンキウス法の抗弁

握取行為が用いられた場合には以下の興味深い結果となる。

AはBに手中物を贈与として握取行為により譲渡し、かつ占有も引き渡した。	AはBに手中物を贈与として握取行為により譲渡したが、占有は引き渡さなかった（したがってBは所有者ではあるが占有者ではない）。
返還請求は認められない A ——✗——→ B	所有物取戻訴権 B ←———— A キンキウス法の抗弁

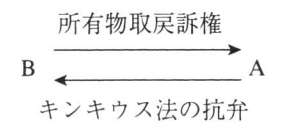

元々は贈与が完全に履行されていない場合、キンキウス法の抗弁は贈与者の相続人にも付与された。

古典期後期になると事情が変わる。禁止に違反する贈与は、**贈与者の死亡**によって治癒された（「死亡によってキンキウス法は適用外となる morte Cincia removetur」）。撤回なき限り贈与者の贈与意思は死亡まで継続したというのが、その理由である。したがって、贈与者の相続人にはキンキウス法の抗弁は付与されなかった。

2) 夫婦間の贈与禁止

法律に基づくというものではなく、習俗規範（mores）にその根拠を持つ。キンキウス法には夫婦がなお「例外者」の中に挙げられているので、夫婦間の贈与禁止はキンキウス法よりも後の時代に属すものであろう。

史料にはこの贈与禁止について以下の理由が述べられている。
- 婚姻は財産の移動をもたらすべきではない。この理由から、禁止が妥当すべき人的範囲は夫婦を越えてさらに当該家団体までも含む。
- 婚姻関係への愛着、維持は「売り買いされるべきもの」であってはならない（容易に離婚することができるので、配偶者の一方が、贈り物がないのであれば離婚するぞと相手を脅すことが可能、しかしそうあるべきではない）。

禁止に違反してなされた贈与は無効である

例外：扶養のための贈与、倫理的な礼儀、死亡に際しての贈与、離婚ある場合のための贈与

緩和：古典期後期に、カラカラ帝治下の元老院議決（セウェールス帝の演説 oratio Severi）により、贈与は撤回なき限り贈与者の死亡によって有効となることが定められた。

3) 贈与の撤回

古典期：禁止されていない贈与については未だ撤回権はない。禁止されている贈与（キンキウス法、夫婦間）の場合、死亡により贈与の瑕疵が治癒されるという原則があるために、しばしば結果的には禁止が単なる撤回可能性を意味した。

後古典期：**撤回事由**が確立していく。例えば、
  ・贈与者に対する著しい忘恩行為、ないし重大な非行
  ・義務分の権利を持つ、贈与者の相続人の出生

撤回権は、まずは解放奴隷に対する保護者の贈与から始まり、その後親しい間柄での、最後はすべての贈与に関して認められた。

(5) 特殊な形態の贈与

 1) **夫婦間の贈与**（donatio inter virum et uxorem）
夫婦間の贈与はすでに述べたように禁止され、無効である。これと区別を要するものが、後古典期に現れるいわゆる婚姻贈与である。婚姻贈与とは、婚姻の解消（夫の死亡、離婚）ある場合の妻の扶助を目的とする、夫から妻への出捐行為を意味する。したがって婚姻贈与は嫁資に似た機能を持つ。これには以下の2種類がある。

 2) **婚姻前の贈与**（donatio ante nuptias）
この贈与は、婚姻中ではなく婚姻締結前に行われるので、当然に許される。

3）婚姻故の贈与（donatio propter nuptias）

確かに婚姻締結後に行われる贈与であるが、ユ帝は夫婦間贈与の禁止対象から除外した。

特殊な贈与としてさらに、死因贈与がある。

4）死因贈与（donatio mortis causa）

死因贈与は受贈者が贈与者よりも長生きすることが条件となる。法学者ユーリアーヌスは、これを以下の3種類に分類した。

① 贈与者は、「単に死を念頭において（sola cogitatione mortalitatis）」何かを出捐した。贈与は直ちに実行されるので、受贈者は直ちに所有者となる。もし受贈者が贈与者よりも先に死亡すれば、贈与者は贈与物を不当利得として返還請求することができる（目的あるも目的不到達の不当利得返還請求訴権 condictio causa data causa non secuta）。

残りの2つは、死の危険に直面して行われる贈与である。

② 受贈者が直ちに所有者となるというやり方で行われる。もし贈与者が死の危険を脱すれば、贈与を取消し、贈与物を不当利得として返還請求することができる。

③ 贈与者の死亡を停止条件として贈与が行われる。受贈者は、贈与者が死の危険を脱することができず死亡した場合に限り、所有権を取得する。これに対して贈与者が死の危険を脱すれば、なお所有者として所有物取戻請求をすることができる。

死因贈与は、遺贈および信託遺贈に対する制限に服す。後古典期には自由に取消すことができた。

第3章　準契約

準契約とは、債務関係の発生をもたらす契約類似の要件事実をいう。

【設例】

契　　約	準　契　約
もしAが**委任**（mandatum）に基づきBのための事務処理を引き受けたならば、AB間には、契約上の債務関係発生をもたらす**意思の合致**が存在する。	もしAがBの委任なしに（例えばB不在のゆえに）Bのために事務を処理したならば、それはいわゆる**事務管理**（negotiorum gestio）となる。これはAB間の意思の合致に基づくものではない。

・AはBに対して然るべき事務の処理と清算の義務を負う（直接訴権）。
・BはAに対して費用償還義務を負う（反対訴権）。

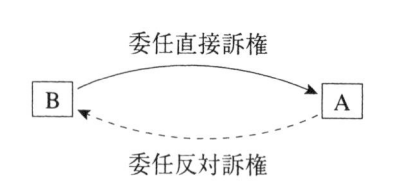

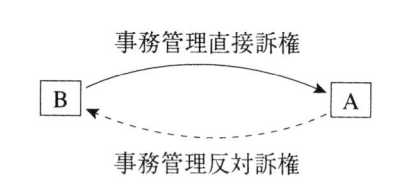

```
    委任直接訴権              事務管理直接訴権
  ┌─┐ ──────→ ┌─┐      ┌─┐ ──────→ ┌─┐
  │B│              │A│      │B│              │A│
  └─┘ ←────── └─┘      └─┘ ←────── └─┘
    委任反対訴権              事務管理反対訴権
```

　準契約には、契約の場合とは異なり、当事者の意思の合致（合意）が存在しない。しかし内容的には、対応する契約に基づいて発生する関係と同じような関係が発生する。準契約という概念は、ようやくユ帝の下で展開されたが、要件となる事実それ自体はすでに古典期に知られていた。

　準契約に属すものを挙げれば、以下の通り。

> ①事務管理（negotiorum gestio）
> ②後見（tutela）
> ③偶然の共有（communio incidens）
> 　（当事者の意思なしに発生する共有関係）
> ④債権遺贈（legatum per damnationem）
> 　（債権としての効力を発生させる遺贈）
> ⑤コンディクティオ（condictio）を発生させる要件事実
> 　（不当利得、給付不当利得）

第1節　事務管理（negotiorum gestio）

（1）事務管理とは何か

ある者が他人の事務を管理する場合に、

・受任者とし
・後見人として
これを行うならば、ローマ法上それは、個別の規定に服す法律関係（委任、後見）として行われた事務処理である。

左記の法律関係に該当しない場合には、
それはローマの理解に従えば、

　　広義の事務管理

という概念に含まれるものとなる。この概念に属すものとしては、以下の2つが存在する。
①**他人の利益**となる、任意かつ**自己の判断**による事務の管理、典型例としては不在の友人のための緊急処置

委託事務管理人 procurator（財産管理人）の行為に関しては、以下の区別が必要である。

・委託事務管理人が何らの従属関係に立っていない自由人である場合には、委任に基づく行為として行われるのが通常である。	・しかし、頻繁に見られるケースは、委託事務管理人が解放奴隷であり、その保護者（旧主人）となお一定の従属関係に立っている場合である。このような場合、保護者が彼に付与したのは委任ではなくて命令（iussum）である。委託事務管理人の行為は事務管理として扱われる。

右上に：
> 狭義の事務管理
> （事務管理 §§1035ff. ABGB［民法第697条以下］）
> ②古典期において、被保佐人のための**保佐人**（curator）の行為

（2）狭義の事務管理の成立要件

①委任のないこと
②事務の管理：法的性質を持つもの、事実的性質を持つもの、いずれでもよい。
③他人の事務であること（本人の利益のために行うものでなければならない）。
　・古典期においては、他人の事務であるかどうかはもっぱら**客観的**に判断された。
　・後古典期になると、とりわけ意思理論の影響を受けて、**主観的な意思**が中心となった（他人の事務を管理する意思 animus negotia aliena gerendi）。
④当該事務は本人の利益に開始されたもの（utiliter coeptum）でなければならない（利益となるものとして**開始**、結果として利益とならなくともよい）。

(3) 法的保護の展開

①法務官法：告示は以下の場合に**事実訴権**の付与を約束した。
　・不在者の事務の管理
　・死者の事務の継続、管理（相続人の利益のため）
　告示が第1に念頭に置いていたのは訴訟代理であった。
②市民法：その後、事務管理のすべての場合について、不確定物の請求表示と誠意条項を含む、**法律に基礎を置く方式書**が創られた。

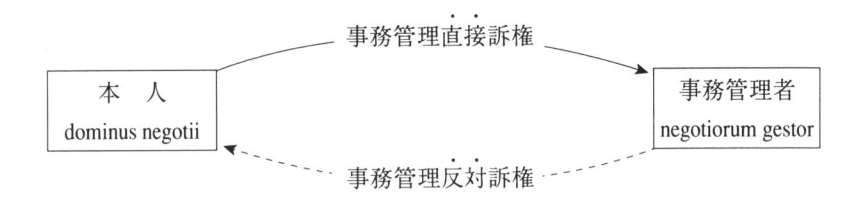

```
                    ・・
          ─── 事務管理直接訴権 ──→
  本　人                              事務管理者
dominus negotii                    negotiorum gestor
          ←─── 事務管理反対訴権 ───
                    ・・
```

(4) 相互の義務内容

①事務管理直接訴権（actio negotiorum gestorum directa）の目的
　・開始された事務の適切な管理
　・取得物の返還（例えば管理者が本人のために支払を受領した場合）
　・義務違反ある場合の損害賠償
その際管理者は、原則として**悪意**および**過失**について責任を負う。ただし、本人のこれまでの行いから推し量るに、本人はしなかったであろう事務を管理者が行った場合には、**事変**（casus）についても責任を負う。
②反対訴権（actio contraria）の目的
　・費用、立替の償還
すでに述べたように、本人にとって利益であること（utilitas）が要件である。しかし、事務が本人の利益に開始されたならばそれで十分であり、結果において利益とならなかった場合でもかまわない（例えばAは、病気に罹ったBの動物を

治療させたが、にもかかわらずその動物が死んだ場合)。

事務管理反対訴権に類似のものとして、法務官が認めた**埋葬訴権**（actio funeraria）がある。他人を埋葬した者は、埋葬義務ある者 ad quem funus pertinet（例えば死者の相続人、家長、配偶者）に対して、葬儀費用の償還を請求することができる。

第2節　後見（tutela）

後見は事項としては**家族法**に属す制度である。したがってここで立ち入った論述は控えることにする。

ユ帝は後見を準契約の1つに数え入れた。その理由は、後見人（tutor）は被後見人のために事務を管理する者であるが、契約がその基礎となっているわけではないという理解にある。後見が終了すると、相互の請求権を実現するために、以下の訴権を行使することができる。

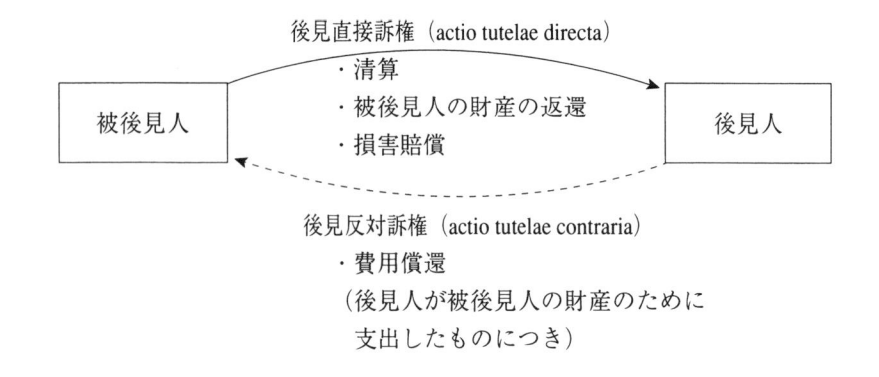

```
                後見直接訴権（actio tutelae directa）
                  ・清算
                  ・被後見人の財産の返還
  ┌─────┐   ・損害賠償              ┌─────┐
  │被後見人│ ──────────────────→ │ 後見人 │
  │     │ ←─ ─ ─ ─ ─ ─ ─ ─ ─ ─ ─ │     │
  └─────┘                           └─────┘
                後見反対訴権（actio tutelae contraria）
                  ・費用償還
                  （後見人が被後見人の財産のために
                  　支出したものにつき）
```

法律関係は信義誠実を基準として判断される。後見人が直接訴権により訴えられたならば、古典期においては**悪意**および**過失**について、ユ帝法においては**自己の事務における注意**について責に任じた。

第3節　共有（communio）

共有とは共同所有関係を意味し、ある物（あるいはある財産に属すいくつかの目的物も、例えば相続財産）が物権法上複数の者の所有となる場合に発生する。古典期、そして今日においてもまた、共有は持分的共有関係（communio pro indiviso：§§825ff. ABGB参照［民法249条以下参照］）となる。

共有が発生する場合として、以下の2つが考えられる。

組合（societas）関係に基づいて	当事者間に組合関係がない場合、例えば、
例えば、数名の組合員が財産を出資し、これを共有とする場合。	・相続財産が複数の相続人に帰した。 ・ある物が共有として2人の受遺者に遺贈された。 ・（組合員ではない）2人が共同である物を取得した。 ・混和における一定の場合。 これらの場合が、いわゆる 偶然の共有communio incidens で、ユ帝は準契約の1つとした。

(1) 共有の場合の分割訴権

1) 各共有者が共有関係を解消しようとするならば、分割訴権を提起すればよい。
①**共有物分割訴権**（actio communi dividundo）：一般的な分割訴権
②**遺産分割訴権**（actio familiae erciscundae）：遺産分割の訴権

③**境界画定訴権**（actio finium regundorum）：隣接地の境界線 confinium の分割

2）分割訴権の目的と機能
①物権法上の側面として：共有関係の解消および単独所有権の割当（裁定付与 adiudicatio、形成力を持つ）
②債権法上の側面として：共有者間の清算

【注意】

| 組合の場合には、共有物分割訴権は債権法上の側面に関して組合訴権と競合関係に立つ。 | 偶然の共有の場合には、左記のような競合はもちろんない。 |

古典期法とユ帝法とでは、とりわけ以下の2点において違いがある。

①共有関係存続中の法的保護

古典期法においては	ユ帝法においては
分割訴権は常に共有関係の解消をもたらす。したがって、共有関係を維持しながら個別の請求権を行使するために利用することはできない。	共有物分割訴権は、共有関係を維持しながらも個別の請求権（つまり全体の解消をもたらすことのない純粋の債権法上の請求）を行使するために用いることが可能である。

②責任の基準に関して

債権法上の問題として、共有者に対する損害賠償請求権も考慮しなければならない。

その際各共有者は以下のことについて責任を負う。

古典期法では	ユ帝法では
悪意 および 過失	自己の事務における注意

（以上の点については組合訴権に関しても同様の展開を確認することができる。

これについては債権法第2部265頁を参照）

(2) 分割訴権の方式書

(1) ルキウス・ティティウスが、共有物分割のため、および共有物に損害が生じた場合あるいはそのためにある者が少なくまたは多く得た場合には清算のために、ガイウス・セイウス（場合によりさらに他の名前）と彼との間に審判人の付与を申請したがゆえに、	(1) 請求原因の表示
(2) 審判人はルキウス・ティティウス、ガイウス・セイウス（場合によりさらに他の名前）に、各々に割り当てられるべき単独所有権を裁定付与せよ。	(2) 裁定付与
(3) もしある者が他の者にそれゆえに給付するを要するものがあるならば何であれ、	(3) 請求の表示
(4) 審判人よ、ある者が他の者にそれについて責あるものと判決せよ。もし明らかでないならば免訴せよ。	(4) 判決権限の付与

裁定付与は訴権の物権法上の側面に対応し、審判人に**形成力**を持つ単独所有権の割当を行う権限を付与するものである（【注意】「裁定付与」とは方式書の一構成部分と同時に、審判人の形成的行為をも意味する）。その際に審判人には広い裁量の自由が認められる。審判人は、分割可能な1個の物（共有財産については各々に分割された現物について）の単独所有権を割り当て、分割不能な物についてはその全体についての単独所有権を1人に割り当てることとし、かつその代わりに、

請求の表示および**判決権限の付与**部分に基づいて、他の共有者に対する補償支払を定める。さらに、これらの部分は**給付判決**を目的としているので、債権法上の側面を手当することができる。すなわち、**清算残額**を算入することが可能であ

る（損害賠償、未払の利得、なお振り込んでいない分担額）。

　方式書も示しているように、原告はある特定のことを要求しているのではなく、物権および債権に関わる分割を要請しているのである。そこでユ帝は、分割訴権を「対物と対人の混合訴権（actio mixta tam in rem quam in personam）」と呼んだ。さらにこの訴訟においては、原告と被告との間に対立関係はなく、原告自身が有責判決を受けることさえあり得る。このような訴権を「双面訴権（actio duplex）」と呼んでいる。

　今日でも協議により共有関係を解消することは可能であり、また各々が訴訟により解消を求めることができる（ただし、「時宜を得ない場合、他の者の不利となる場合はこの限りではない〔§ 830 ABGB〕」）。分割の態様として我々は**現物分割** Realteilung と**代金分割** Zivilteilung（全部を競売しその代金を分配する）とを区別する。

第4節　債権遺贈（legatum per damnationem）

債権遺贈とは債権的効力を持つ遺贈である。

```
                 遺　言　書
─（相続人の指定）…………………………………

─ 私の相続人はルキウス・ティティウスに私の蔵書を与
　える義務を負うものとする。
　Heres meus Lucio Titio Bibliothecam meam dare
　DAMNAS ESTO

─ ……………………………………………………
　……………………………………………………
```
　　　　　　　　　　　　　　　　　　　　　｝債権遺贈

債権遺贈に基づいて相続人と受遺者との間に債務関係が発生する。受遺者ルキ

ウス・ティティウスは、直ちに遺贈物の所有者となる（物権遺贈 legatum per vindicationem の場合）のではなくて、相続人に対して目的物の所有権移転を求める債権を取得する。受遺者には権利実現の手段として**遺言訴権**（actio ex testamento）が付与される。

ユ帝はこの債務関係を（確かに相続人と受遺者との間の契約に基づくものではないので）準契約に数え入れた。この関係は、内容的には当該給付を目的とする問答契約のそれと類似し、とりわけこの債務関係は**厳正法**に属している。

【相続法の予習】
上述の債権遺贈と対照的なものが、いわゆる物権遺贈すなわち物権的効力を持つ遺贈である。

```
                    遺 言 書
 ─（相続人の指定）……………………………
   ……………………………………………
 ─ 私はルキウス・ティティウスに私の蔵書を与え、遺贈
   する。                                       ｝物権遺贈
   Lucio Titio Bibliothecam meam D O  L E G O
 ─ ……………………………………………
   ……………………………………………
```

物権遺贈に基づいて受遺者ルキウス・ティティウスは、遺産の処理において直ちに遺贈目的物の所有者となる（したがって相続人は、債権遺贈の場合とは異なり、中間所有者とはならない）。

したがって受遺者には、権利実現の手段として**所有物取戻訴権**が付与され、受遺者は、相続人のみならずあらゆる第三者を相手方として訴えることができる。

第5節　コンディクティオ（condictio）

(1) 概　説

「コンディクティオ（condictio）」の概念は、その意味を変えながら以下のように展開していった。

手続法的（訴訟的）な意味から

① 通告による法律訴訟
（特別の種類の手続：condicere＝30日目を期日として通告する）
↓
古典期：

② コンディクティオ：厳正法上の抽象的対人訴権で、確定のもの certum の供与 dare を目的とする

その方式書は抽象的に構成されているので、いくつかの事例に適用可能であった。

・消費貸借
・確定物の問答契約
・文書契約
・不当利得（狭義のコンディクティオ）
・窃　盗

実体法的な意味へと

③ユ帝はコンディクティオという表現を、以下の請求権について、実体法的な意味で用いた。

> ・とりわけ不当利得に基づく請求権
> ・しかしまた、それ以外の関係における請求権

④**普通法**および**近代法**はコンディクティオをもはや 不当利得 との関連でしか用いない。

今日では不当利得について以下の区別を行う。

| 給付不当利得 | 侵害不当利得 |

AはBを相手方として不当利得の観点から、利得の返還請求権を持つ。

| Bの利得はAがBに行った給付に基づくが、その給付に関して原因の不存在または欠落があった（§§1431ff. ABGB参照）。モデルとなったローマ法の事例は上記②と③での不当利得返還請求である。 | Aの財産的権利に対して侵害が行われた、例えばAの物がBの利益に用いられた（§1041ABGB参照）。ローマ法における萌芽は利益転用物訴権（後述355頁以下を見よ）である。 |

1）通告による法律訴訟（legis actio per condictionem）

この訴訟は法律訴訟（方式語による訴訟手続）の中の1つの種類であり、特殊な手続である。審判人選定のために30日の猶予期間が置かれる。場合によってはこの間に穏便な解決を図るために、期間が設けられている。condictioという名称もこれに由来する。すなわち、「30日目を期日として通告する（condicere in trigensimum diem）」。

　この手続は、市民法上の「**与えることを要すること**」に基づく確定金銭または確定物を求める請求の場合に適用される。例えば消費貸借契約、問答契約、文書契約、窃盗。

　2）古典期のコンディクティオ（手続法的な意味でのコンディクティオ）
　古典期の方式書訴訟手続において、コンディクティオとは方式書の中のある特定の類型を意味した。その類型とは、

- **厳正法上**の対人訴権で、
- 原告に対する被告の「**与えることを要する**」義務（すなわち古ローマ市民法上の所有権を供与〔＝与える dare〕すべき**市民法上の義務**〔＝要すること oportere〕）に向けられたもので、
- **確定のもの** certum（確定物 certa res または確定金銭 certa pecunia）の請求を目的とするものであり、
- そこでは、義務発生の具体的原因が方式書に記載されていないもの（すなわち**抽象的な方式書**）をいう。

　方式書がこのように構成されているので、この訴権は、市民法上の与える義務の実現が問題となるすべての場合に、適用可能であった。すなわち、
①消費貸借物の返還
②確定のものを与える旨の問答契約に基づく義務
③文書契約
④そして最後に、不当利得の成立要件が当てはまる場合にも（狭義のコンディクティオ）：この場合にも、利得者が彼に帰属したものを損失者に返還すべきであるという意味において、与える義務が発生するからである。
⑤コンディクティオは窃盗が行われた場合にも付与されるが、これは以下の意味において例外である。すなわち原告は依然として盗品の所有者であり、し

たがって与えること（所有権の供与）を目的とする請求権は無意味であるか、少なくとも法的に不可能なことを目的としている。ガーイウスはこの整合性の欠如を説明して、この事例でのコンディクティオは、盗人を相手方とする複数の訴権を認めることによって、盗人が不利益を被るために（odio furum）付与されるのだと述べている。

窃盗の場合を別にすれば、以下の原則が妥当した。すなわち、訴えてある物を得ようとする者が、その物についてなお、またはすでに所有者である場合には、彼はその物を所有物取戻請求する vindicare ことはできるが、しかしコンディクティオで訴える condicere ことはできない（参照、D.7,9,12「盗人を相手方とする場合を除き、何人も自己の物についてコンディクティオで訴えることができないことは、すでに疑いのないところである」）。

古典期における方式書の構成として、2種類のコンディクティオの存在は史料上確実である。　　　　　　　　　第3の種類については不確実である。

| 確定金銭のコンディクティオ | 確定物のコンディクティオ | 不確定物のコンディクティオ |

①確定金銭が請求される場合（例えば1万金）、方式書は以下の通りとなる。

| もし被告が原告に1万金を与えることを要することが明らかならば、　　　　　　　　　　請求の表示
審判人よ、被告が原告に1万金の責あるものと判決せよ。もし明らかでないならば免訴せよ。　判決権限の付与 |

この方式書を用いることができるのは、金銭消費貸借、確定金銭の問答契約、文書契約、および金銭給付により原因のない財貨移動が生じた場合の不当利得返還の場合である。

②確定物が請求される場合（代替物の一定量〔例えば100升の穀物〕、または特定物）、方式書は以下の通りとなる。

もし被告が原告に**上等アフリカ産小麦100升**を与えることを要することが明らかならば、	請求の表示
審判人よ、この物が値する額の金銭につき、被告が原告に責あるものと判決せよ。もし明らかでないならば免訴せよ。	判決権限の付与

この方式書は、確定物の問答契約、金銭以外の代替物の消費貸借の場合に適用される。不当利得としては、確定物の給付により原因のない財貨移動が生じた場合である。

③**不確定物のコンディクティオ**とは、請求の表示に以下のような原告の要求が記載されているものをいう。すなわち、

「被告が原告に与え為すことを要するものは何であれ」

このような不確定物のコンディクティオが古典期に存在したのかどうかについては、争われている。以下の事情は、これを否定的に解すべきことを示唆している。つまり不確定物の問答契約に関しては、コンディクティオではなくて独自の訴権としての問答契約訴権が存在していたという事情である。

不当利得返還請求として、ともかく以下の事例において、その適用を考えることが可能である。すなわち、原因のない財貨移動が、内容的に不確定物を意味するとき、あるいは利得補償が与えること dare（市民法上の所有権の供与）ではなくて、広い意味で為すこと facere により行われるべきときである。

【設例】Aは債務が存在しないのに誤ってBに、第三者Cの所有するある物を給付した。もしAがBにその物の返還を求めたとしても、AがBに請求できることは、所有権の供与ではなくて占有の返還、すなわちBの為すこと facere にすぎないことになる。

ユ帝法では不確定物のコンディクティオが認められた。

3) ユ帝法におけるコンディクティオ（実体法的な意味でのコンディクティオの成立要件）

ユ帝の時代には方式書訴訟手続が不使用に帰してから長い年月が経っていたので、コンディクティオなる方式書の一類型に固執する動機はもはやなかった。ユ帝はコンディクティオを実体法的な観点から整序し、以下の分類を行うに至った。

①不当利得に関わるコンディクティオ

コンディクティオは、要件事実としては近代法における**給付不当利得返還請求**の場合に該当し、Aの給付によりBにある物が帰属したが、Bがこの受領物をなお保持するについて原因（causa）を欠くときに適用される（受領物は原因なく sine causa B のもとにある）。

この場合に属すものは

一方で原因を欠く故のコンディクティオ
- 非債弁済のコンディクティオ
  condictio indebiti
- 原因故に与えられたもののコンディクティオ
  condictio ob causam datorum
  または
  目的あるも目的不到達のコンディクティオ
  condictio causa data causa non secuta

他方で不法な原因故のコンディクティオ
- 卑しい原因故のコンディクティオ
  condictio ob turpem causam
- 不法原因故のコンディクティオ
  condictio ob iniustam causam

さらに以上を補うものとして、原因なきコンディクティオ condictio sine causa（原因を欠く故の返還請求）：ここでの要件事実は一般的・包括的なかたちで表

現されており、したがって上記のケースに当てはまらないその他の事例が該当し得ることになる。いわゆる 原因終了故のコンディクティオ （condictio causa finita）もその1つである。

以上すべての要件事実は、すでに古典期法に見られるが、これらを体系立てたのはユ帝期においてのことである。

②窃盗の場合
・ 盗のコンディクティオ （condictio furtiva）
③法的保護を補うためのそれ以外のコンディクティオ
・ 法律に基づくコンディクティオ （condictio ex lege）
　新法制定に基づいて発生した義務の履行を求めるためのコンディクティオ（当該法律に訴求可能性が定められていない場合）
・ 一般的コンディクティオ （condictio generalis）
　契約、準契約または不法行為に基づく、確定物を目的とするすべての請求権のためのコンディクティオ

以下では給付不当利得返還請求について考察することにしよう。

（2）個々の給付不当利得返還請求

1）総　説

AがBに、給付物の返還をコンディクティオにより請求し得るためには、一般に以下の2つの要件事実が存在しなければならない。

①AからBへの供与（datio）

供与とは市民法上の所有権の供与を意味する。ほとんどの場合、供与は（例えば引渡、握取行為によって）直接的に実現されるので、Bは直ちにAから所有権を取得することになろう。もっとも、Bの所有権取得が直ちにではなくて、混和や取得時効によってはじめて実現されるという場合もあり得る。あるいはまた間接的な出捐行為も考えることができるだろう。

したがって重要なのは、Aに帰せしめられるべき給付によって所有権がBに移転したことである。これに対して、もしBが所有者とはならず、依然としてAが所有者であれば、Aが行使するのは所有物取戻訴権であってコンディクティオで

はない。ローマ法は原則として自己の物に対するコンディクティオを知らない（盗人を相手方とする盗のコンディクティオは例外）。

②Bがそのまま受領物を保持することにつき**原因を欠くこと**（sine causa）。

（つまり、Bが物を受け取ったことには正当な法律原因が存在するが、それを保持するについて原因が存在しないということは、十分あり得ることである）。

2) 個々の要件事実
① 非債弁済のコンディクティオ （condictio indebiti）

債務として負ってはいないのに債務ありと誤信して給付した場合である（非債弁済§1431 ABGB［民法705条］参照）。

すでにガーイウスは、この場合が消費貸借の場合と類似していることを指摘している。すなわち、AがBに原因無くして1万金を支払ったならば、Bは、Aから貸付金として1万金を受け取った場合と同じ義務を、この供与によって負うからである。つまりAはBを相手方として、消費貸借の場合と同様に、受け取ったものの返還を求めてコンディクティオにより訴えることができる。

- ガーイウスは両者（貸付金の支払と非債弁済）を物による債務関係（供与によって発生する債務関係）の観点のもとで扱っている。
- 非債弁済は、消費貸借とは異なり契約として把握することはできないので（受領者にも錯誤がある限り、不法行為にも当たらない）、『日常法書』は債務を発生させるこの要件事実を「原因の種々の態様」の中に組み入れた。
- ユ帝は、彼が立てた準契約という範疇にこれを入れた。
- 今日非債弁済は、法律に基づいて発生する債務関係（不当利得の一例）として位置づけられている。

【非債弁済に関する注意点】
- 債務が存在するとの錯誤は、弁済者と受領者の双方になければならない。もし受領者が債務のないことを知っていたならば、受領により**窃盗**を犯したことになり、盗訴権により罰金の、さらに加えて盗のコンディクティオにより返還の責を負う。これに対して弁済者が債務のないことを知っていたならば、コンディクティオは成立しない（§1432 ABGB［民法第705条］）。
- 自然債務は債務である。自然債務として負うものを給付した場合、その給付は（たとえ訴求不能であるとはいえ）債務として負われていたのであり、したがってその

返還をコンディクティオにより請求することはできない。

② 原因故に与えられたもののコンディクティオ （condictio ob causam datorum）
もう1つの表現として
目的あるも目的不到達のコンディクティオ （condictio causa data causa non secuta）
一定の目的のために与えられたもの（いわゆる**目的故の供与**datio ob rem, datio ob causam）については、その目的が不到達の場合、返還請求を行うことができる。
例）無名要物契約において反対給付の履行がない場合。
　　嫁資供与後、婚姻が締結されなかった場合。

③ 卑しい原因故のコンディクティオ （condictio ob turpem causam）
AからBへの給付が公序良俗に反する原因に基づく場合に、この違反（turpitudo）が受領者の側に存在するとき、返還請求が可能である。
例）Aが、犯罪を犯さないでくれとBに金銭を渡した場合。
【注意】以下の場合には返還請求は成立しない。
・公序良俗違反が両者に存在するとき（共に公序良俗に違反するときは、占有する側の権利が勝る in pari turpitudine melior est causa possidentis）。すなわち受領者は出捐されたものを保持することができる。例えば、AがBに賄賂を渡した場合（今日では国庫に没収される旨定められている：§ 1174 ABGB［民法708条参照］）。
・しかしまた、給付者側にのみ公序良俗違反がある場合にも。例えば、売春料（元々の考えによれば両者の行為が公序良俗違反であった。その後給付者側にのみ違反ありとされた。つまり、売春婦にとっては、給付者が行為をすることだけが恥ずべきであって、金を受け取ることは恥ずべきではないからであると）。

④ 不法原因故のコンディクティオ （condictio ob iniustam causam）
AからBへの、法律により禁止された出捐がなされた場合、Aはその給付の返還をコンディクティオにより請求することができる。
【注意】禁止違反の給付としてコンディクティオにより返還請求し得るのは、当該禁止が完全法 lex perfecta（すなわち制裁規定のあるもの）による場合に限られる。不完全法 lex imperfecta（例えばキンキウス法 lex Cinciana）に抵触する給付がなされた場合には、返還請求をすることはできない。

不法原因故のコンディクティオは、とりわけ夫婦間の贈与禁止と関連して問

とされる。つまり、禁止に違反する贈与がなされて、夫婦の一方に所有権が移転した場合である（そうでなければ、所有物取戻訴権が成立する）。

⑤ 原因終了故のコンディクティオ （condictio causa finita）

一定の目的のために、あるいは法的原因に基づき給付が行われたが、その後その目的、原因がなくなったときは、交付物の返還を請求することができる。

例）・忘恩行為故の贈与の撤回ある場合。
　　・債務弁済後の、作成された債務証書の返還請求。
　　・給付の一部として扱われることのない証約手附（例えば売買における指輪）は、取引終了後その返還を請求することができる。

⑥ 原因なきコンディクティオ （condictio sine causa）

それ以外の事案のために、補充的な一般的要件事実が設けられた。
これは特に、はじめから法的原因なしに給付が行われた場合に適用された。

例）ケルスス　学説彙纂第12巻第1章第32法文（消費貸借貸主が誰かについての錯誤）

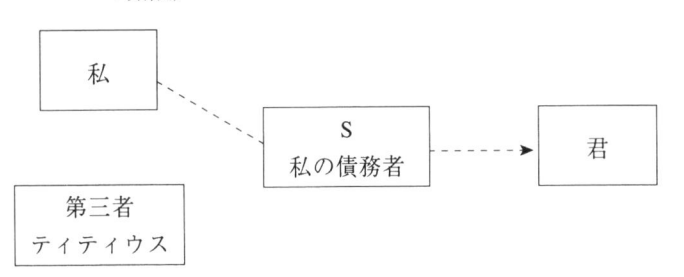

```
┌─────┐
│ 私  │----→┌──────────┐
└─────┘     │    S     │----→┌─────┐
            │ 私の債務者 │     │ 君  │
┌─────┐     └──────────┘     └─────┘
│第三者 │
│ティティウス│
└─────┘
```

君はお金を借りようとして、私とティティウスに相談した。私は、私自身の債務者であるSに、君に支払義務を負うよう指図した。Sは義務を負い、そして金銭を君に支払った（指図による消費貸借）。しかし君は、Sはティティウスの債務者であり、したがってティティウスが消費貸借の貸主であると誤信した。

・私と君との間の消費貸借は人における錯誤（error in persona）ゆえに成立しないので、私は消費貸借に基づく返還請求のための訴権を持たない。
・私の金銭が法的原因なしに君に帰属したことによって、君は利益を得た。したがって私は君を相手方とする**原因なきコンディクティオ**を持つ（この場合のコ

ンディクティオは、法学者ユウェンティウス・ケルススの決定に由来するので、ユウェンティウスのコンディクティオ condictio Iuventiana とも呼ばれる）。

(3) ローマ法における不当利得（概説）

1) ローマ法においては、不当利得の観点に基づく補償はとりわけ今述べた給付不当利得返還請求を用いて行われた。この請求は、原則として、損失者から利得者への出捐（datio）を要件とし、利得者が受領したものの返還を目的とする（これに対して近代法の不当利得返還請求はなお現存する利益を対象とする）。

2) それと並んでローマ法には、特殊事例に関し法務官法上の不当利得返還請求が存在した。例えば、以下の場合が問題となる。

| ・罰訴権は受動的相続不能であり、したがって加害者の相続人を相手方として訴えることはできない。 | ・法務官法上の罰訴権の多くには、1年の行使期限が定められていたので、経過後はもはや訴えることができない。 |

以上の事例（加害者の死亡、期間の経過）において法務官は、不当利得の観点から以下の訴権を付与した。

| 相続の結果として被相続人の不法行為に基づき利益を得た、相続人を相手方とする、 | 不法行為に基づく利益をなお有する、加害者を相手方とする、 |

事実訴権であり、「彼に帰属したところのものについて（in id quod ad eum pervenit）」を請求対象とした。

後見人の助成（auctoritas tutoris）なくして法律行為を締結した未成熟者は、これにより義務を負うことはない。しかし、当該事情から未成熟者が利益を得た（例えば、未成熟者が後見人の助成なくしてある物を売却し代金を受領したところ、当該の物を給付せず、またその義務を彼に負わせることもできない場合）ならば、いわゆる**神帝ピウスの勅答**（rescriptum divi Pii）に基づき、契約の相手方に、**未成熟者が利得した額**（quanto locupletior factus est）を請求対象とする**事実訴権**が

付与された。

3) 不当利得を構成する要件は、原則として、不当な財貨移転を元に戻すための請求根拠が他にない場合に限り問題とされる。したがって以下の事例においては、コンディクティオおよびその他の不当利得返還請求訴権の必要はない。

・契約に基づく請求権が存在する場合（例えば、Aが使用貸借としてある物をBに貸与した。Bはこれを誤って売却し、その代金を消費した。この場合には使用貸借訴権が成立する）。
・不法行為に基づく請求権が存在する場合（例えば、Aは強迫されてBに金銭を支払ったときは、強迫故の訴権 actio quod metus causa が成立する）。
・物権に基づく請求権がある場合（例えば、Aの物が原因なくBのもとにあるが、Aが依然として所有者である場合）。

4) 学説彙纂に見られる（D.50.17.206）以下の命題は、一般化の傾向を示している。

> 何人も他人の損失において、かつ不当に利得せざることは、自然法上衡平である。

ローマ実定法において（そしてまた近代法においても）この命題が文言通りに一般的に妥当したわけではない。不当と思われる財産の移動があっても、そのすべてが不当利得返還請求権の発生をもたらすというものではない。

例えば給付交換関係に関して、当事者の一方が他方の不利益において経済的な成果を得ることは不当ではないと、古典期では考えられていた。

  パウルス　**学説彙纂**第19巻第2章第22法文第3項
  「売買契約においてはその性質上当然に、高い物をより安く買い、安い物をより高く売り、したがってお互いが相手をだましてもうけることが許されている。そして同じ法が賃約においても妥当する。」

もちろんこのような場合について、当事者の一方が他方の不利益において利得したと、自然法的な意味で述べることができよう。しかし、不利益な取引であったとしても、まさにそれは原因（causa）として妥当するがゆえに、コンディクティオは問題となり得ないのである。

その後、後古典期に莫大な損害（laesio enormis）の理論が現れ、売主に有利な「痛みを感じる限度」が導入された。そして今日でも交換を目的とする契約すべてに関してこの限界が設けられている（§934 ABGB）。これは正当価格（pretium iustum）の理論に遡る。

第4章　不法行為

　　　　　　　　　　　違法な行為

がなされたとして、それに対する制裁が行われるよう行動を開始し、そしてその制裁を実現させる主体が、

　　　　　　・・　　　　　　　　　　　・・・・・・
　　　　国家である場合、　　　　　被害者である私人の場合、
　　　　　その違法な行為は以下のように呼ばれる。

公の犯罪　crimen publicum	私の不法行為　delictum privatum
この行為は国家によって処罰される。	この行為によって加害者に対する被害者の請求権が発生する。この請求権の目的として2つがあり得る。
	罰金　　財産的補償（損害賠償）
この行為は（公法の一部としての）刑法において扱われる。	この請求権は、ガーイウス以来「**不法行為に基づく債務関係**」として把握され、（**私法の一部としての**）債権法に編入されている。

　もちろん、同一の行為が公の犯罪であると同時にまた私の不法行為であることも、ときにはあり得る。その場合には、国家による処罰と私法上の賠償義務が並存し、両者とも実行に移されることになる。例えば今日で言えば交通事故の場合によく見られるように。

不法行為の概観
　私の不法行為は、その法的根拠に従い以下の2つに分類される。

市民法上の不法行為	法務官法上の不法行為
ガーイウスによれば以下のもの。 ・窃盗（furtum） ・不法損害（damnum iniuria datum） 　（アクィーリウス法で規定） ・人格権侵害（iniuria） ・強盗（rapina）	特に以下の3つが重要である。 ・悪意（dolus） ・強迫（metus） ・債権者詐害（fraus creditorum） 　その他にもなお多数の法務官法上の不法行為が存在する。

第1節　窃盗（furtum）

(1) 窃盗（furtum）の概念

1）近代法における窃盗の概念

> §127StGB：他人の動産を、その領得により自己または第三者をして不法に利得させる意思を持って、人から奪取した者は、……。

2）ローマの概念（furtum）は近代の窃盗の構成要件と比べ著しく広い。1つの定義として、

> パウルス　学説彙纂第47巻第2章第1法文3項：窃盗とは、利得の目的を以てする悪意ある物の領得であり、物それ自体はもちろん物の使用ないし占有についてさえも成立する。

この定義によれば、パウルスは窃盗を以下の3つに区別している。すなわち、
①物の窃盗（furtum rei）
②使用窃盗（furtum usus）：例えば、ある者が領得の意思なく、無権限で他人の物を使用した場合（今日で言う乗物の無断使用〔§136 StGB〕）。

③占有窃盗（furtum possessionis）：所有者が、他人がそれに対して権利を持つ自己の物を占有した場合に問題となる。
【設例】所有者Eは、彼の債権者Gに占有質として物を引き渡した。EはGのもとにあるその物を密かに持ってきた。この場合は、自己の物の窃盗ということになる。

> ガーイウス『法学提要』第3巻第195節：窃盗は、ある者が他人の物を窃取する目的で取り除いた場合のみならず、一般にある者が他人の物にその所有者の意に反して不正なことを行った場合に成立する。

この広い窃盗概念の例としては、以下のものを挙げることができる。
- 受寄者が寄託物を使用した場合
- 使用貸借の借主が取決違反の使用をした場合
- ある者が知りながら他人の物を売却した場合
- ある者が知りながら債務として負われてはいない物を受け取った場合
- ある者がその者のもとにある、あるいは届いた物を横領した場合
- ある者が盗品を隠匿した場合

それどころか、前古典期の法学者の中には土地の窃盗（furtum fundi）さえも認めた者がいる。古典期においては、窃盗は動産についてのみ可能であるとする見解が維持された。

（2）窃盗に対する制裁（概観）

訴権による法的保護として、窃盗に基づき被害者には以下の保護手段が付与される。

罰金を目的とするもの	財産的補償を目的とするもの
①盗訴権（actio furti）	②盗の不当利得返還請求訴権
2倍額または4倍額の罰金支払	当該目的物の単価　または
	③所有物取戻訴権

【注意】罰訴権としての盗訴権と、物追求訴権としての盗の不当利得返還請求訴権または所有物取戻訴権との間で、訴権の競合が問題となる。この場合は**重畳的競合**である。すなわち、両者は目的を異にするので、盗訴権に加えて、さらに不当利得返還請求訴権または所有物取戻訴権を提起することが可能である。

所有物取戻訴権は、目的物がなお存在する場合に限り行使可能である。これに対して不当利得返還請求訴権は、目的物が滅失してもなお提起することができる。

4 その他に**占有保護**の問題として、特に動産占有保持の特示命令 (interdictum utrubi) も保護手段の1つとなり得る。

(3) 盗訴権 (actio furti)

盗訴権は罰訴権であり、盗が、

現行盗 (furtum manifestum)	非現行盗 (furtum nec manifestum)
明白な盗、すなわち盗人の**現行犯逮捕**の場合、その目的は盗品価額の4倍となる。	明白ではない盗の場合、その目的は盗品価額の2倍となる。

能動適格を持つのは、まず第1に盗まれた**所有者**である。しかしさらに、一定の、所有者に対して保管責任を負う非所有者も適格をもつ。例えば、質権者、洗濯屋。

受動適格を持つのは行為者自身であるが、さらに教唆者および幇助者も適格をもつ。その限りで近代刑法における指導的原理、「統一的正犯者概念（§ 12 StGB）」が、盗訴権においてすでに先取りされている。

(4) 私的盗犯訴追の歴史

すでに十二表法において**現行盗**と**非現行盗**との区別がなされている。

1) 現行盗 (furtum manifestum)

現行盗人とされるのは以下の場合である。
①**現行犯**で逮捕された場合。

②その者の家宅において儀式に則った捜索手続（皿と腰布による捜索 quaestio lance et licio）が行われ、盗品が発見された場合。

　十二表法　は現行盗に対する制裁として、次の規定を設けた。
・夜間の、または武器を携帯しての盗の場合には、殺害。その際隣人を証人として呼び集めなければならない（叫び声をあげての呼出 endoplorare）。
・それ以外の場合には、法務官が盗人に鞭打ちの刑を科して後、被害者に盗人を委付（addictio）する。委付によって盗人が被害者の奴隷となったのか、それとも単に債務奴隷となったのかについては、明らかでない。

　その後　時代が進み、ようやく以下の制裁に代わる。
・4倍額を目的とする現行盗訴権（actio furti manifesti）

　2）　非現行盗（furtum nec manifestum）
非現行盗の場合には、すでに十二表法においても罰金訴権が規定されている。
・2倍額を目的とする非現行盗訴権（actio furti nec manifesti）

　3）その他の特別なもの
　　　盗品発見（furtum conceptum）　　　盗品転置（furtum oblatum）
以下の訴権は、上記2つの訴権の中間に位置し、形式を践まずに行われる家宅捜索（したがって皿と腰布によらない手続）と関連して成立する。この場合には現行盗とはならないが、特別の訴権が付与される。
・盗品発見訴権（actio furti concepti）：盗品がその家で発見された者を相手方として、被害者が3倍額を請求する訴権
・盗品転置訴権（actio furti oblati）：真の盗人が盗品をある者の家に転置し、家宅捜索により発見され、その者が盗品発見訴権による責を負った場合の、盗人に対する求償手段。同じく3倍額。
・盗品捜索妨害訴権（actio furti prohibiti）：家宅捜索を拒否した場合。4倍額。

(5) 盗の不当利得返還請求訴権（condictio furtiva）

　罰訴権である盗訴権と並んで、物追求訴権である盗の不当利得返還請求訴権もまた、盗人を相手方として提起することができる。この訴権は物の価額の単額を目的とする（ないしは実体法的に見るならば、盗人の返還義務を生じさせる）。この訴権はコンディクティオの1つであり、確定物を請求対象とする、対人・厳正・市民法訴権である。

　盗の不当利得返還請求訴権は、物を盗まれた所有者に帰属する。これはコンディクティオが自己の物に関して成立する唯一のケースである。

　盗人が盗の不当利得返還請求訴権により負うところの厳正法上の責任は、盗人のもとで物が事変により滅失ないし毀損した場合にも、存続する。その際ローマ人は以下の理論を前提に据えた。すなわち、盗人は彼の行為によって自動的に遅滞に陥る（「**盗人は常に遅滞にある** fur semper in mora est」）。そしてこの理論によって盗人の負う責任が重くなることを正当化した。つまり、盗まれた物が盗人のもとで滅失した場合、**債務の永久化**という擬制が働くことになり、当該目的物が争点決定時になお存在していたものと擬制されるのである。

第2節　強盗（rapina）

　強盗とは、暴力を以て物を奪うことである。強盗は、当初は広い窃盗概念に含まれ、したがって盗訴権によって罰せられ、罰金を科されていた。その後、法務官が介入し、告示において次の独自の訴権を定めた。

・4倍額を目的とする**暴力強奪物訴権**（actio vi bonorum raptorum）

　この訴権は古典期法学者によって純粋な罰訴権として扱われ、したがって物追求訴権である**盗の不当利得返還請求訴権**と競合し得た。4倍額の請求は1年内、それ以後は単額となる。後古典期には混合訴権として扱われた（4倍額の内単額は損害賠償、残りの3倍額が罰金）。

第3節　不法損害（damnum iniuria datum）

(1) アクィーリウス法（lex Aquilia）

アクィーリウス法第1および第3章は、不法に損害を加える不法行為について規定を設けた。共和政前期の法律であるが、正確な年代については争いがある（紀元前286年、あるいは前3世紀から2世紀への変わり目にようやく成立）。

アクィーリウス法

第1章　ある者が他人の男奴隷もしくは女奴隷をまたは四足の家畜を不法に**殺害**したならば、その者は、この1年内にその物が値した最高額について、所有者にそれに相当する金銭を与える責を負う。

第2章　（受領問答契約により独断で債権を免除した不誠実な参加要約者に関する規定）

第3章　奴隷および家畜の殺害を除き、その他の物について、もしある者が不法にこれを**焼き**、**砕き**、**壊**して他人に損害を与えたならば、その者は、最近の30日以内にその物が値するであろう（値した＊）額について、所有者にそれに相当する金銭を与える責を負う。

＊伝えられる文言につき、争われている。すなわち、
- 「値するであろう（erit）」であったとすれば、30日の期間は損害行為以後の期間を意味する。
- 「値した（fuit）」なら、30日の期間は（第1章での1年内と同じように）損害行為以前の期間ということになる。

(2) アクィーリウス法における責任の要件（概観）

アクィーリウス法に基づき請求権が成立するための要件

第1章	第3章
1) 財産的損害 　奴隷および四足の家畜の殺害	その他の財産的損害 Ulp.D.9,2,27,5「奴隷および家畜の殺害を除く、その他の物について」 Gai. Inst. 3,217「第3章はその他すべての物の損害について規定する」

2) 損害を与えたその行為
　　①行為と損害との間に因果関係のあること
　　②積極的行為の直接の結果として生じたこと
　　　（「身体により身体に与えた損害damnum corpore corpori datum」）
　　③類型として定まった行為であること

「殺害する」	「焼く、砕く、壊す」
「殺害する」とは縮小的に解釈され、したがって「死亡原因を与えた」とは区別された。	「壊す」は、「損傷を加える」の意味として拡張的に解釈された。

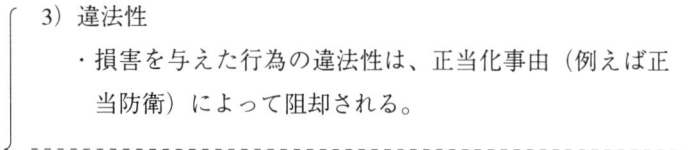

不法（iniuria）
　　3) 違法性
　　　・損害を与えた行為の違法性は、正当化事由（例えば正当防衛）によって阻却される。
　　――――――――――――――――――――――――――――
　　4) 帰責事由　　　故意（dolus）
　　　（広義のculpa）　過失（狭義のculpa）

アクィーリウス法が予定してはいない事例（例えば「死亡原因を与えたこと」による殺害、行為の間接の結果としての損害、不作為による損害）については、法務官が準訴権および事実訴権を案出した。これらの訴権はアクィーリウス法訴権を模範として作られたものである。

1）財産的損害

第1章に基づく責任は、奴隷および四足の家畜を殺害した場合に限られる。奴隷を単に傷つけた場合や、それ以外の動物を殺害した場合には第3章の問題となる。

第3章は、その他すべての財産的損害について規定する。
- 奴隷および四足の家畜の傷害
- その他の動物の殺害および傷害
- その他、無生物の毀損行為すべて

自由人（例えば家息）の殺害および傷害は、アクィーリウス法の定めるところではない。しかし、この場合について法務官は準訴権を付与した。

2）−①因果関係

特定の行為と特定の結果との間に因果関係が存在するかは、いわゆる等価説に従い、「条件関係conditio sine qua non」の公式によって調べることができる。この公式に従えば、ある行為は、もしその行為がなかったとすれば結果もまた存しなかったはずであるならば、その結果との間に因果関係が存在する。すなわち、当該行為は必要条件である（conditio sine qua non ＝それがなければ結果は発生しなかったところの条件）。

2）−②積極的行為による直接の結果

アクィーリウス法に基づく責任は（たとえ因果関係が存在したとしても、にもかかわらず）以下の場合には発生しない。
- 損害が積極的行為ではなくて不作為によって生じた場合（例えばAが他人の奴隷を餓死させた場合）。

・加害者が直接的に（すなわちcorpore＝彼の身体によって）ではなく、客体に（corpori＝身体に対して）損害を与えた場合（例えばAが毒薬を渡し、それを女奴隷Bが飲んだ場合。Aがロープを切断し、それによってBの船舶が漂流し、破損した場合。Aが他人の家畜を断崖に追い込み、その動物を放置した場合）。

2）－③類型的行為

第1章が規定する類型的行為は、殺害するoccidereである。この概念は、暴力によって危害を加える行為（例えば殴り殺す）という意味として**縮小的に解釈**される。殺害に該当しない行為、特に不作為による、あるいは行為の間接的結果としての殺害（上述の例を見よ）は、「死亡原因を与えた mortis causam praestare」という用語で示される。

第3章が規定する類型的行為は、以下の3つである。
・焼く　urere　　・砕く　frangere　　・壊す　rumpere
しかし、法学者は「壊す」という概念を「損傷を加える corrumpere」と言う意味に解釈し、これによって**拡張的解釈**が行われるに至った。

【注意】2）－②および2）－③により生じる法的保護の欠缺は、法務官が**準訴権**ないし**事実訴権**を付与することによって補充された。

3）違法性および4）帰責事由

当初はiniuriaとは不法、違法を意味した。したがって、初期の段階においては法秩序に対する客観的な違反があれば責任の発生にとって十分であり、行為の主観的側面が特に調べられることはなかったと思われる。

時代が進み、行為の主観的側面、すなわち帰責事由（広義のculpa）もまたこの概念の中に組み入れられた。古典期には、アクィーリウス法において故意（dolus）のみならず過失（狭義のculpa）ある場合にもその責任が肯定された。

(3) アクィーリウス法訴権

1) アクィーリウス法訴権は**混合訴権**である。すなわち訴権の目的は、「損害賠償」および「罰金」の両者を含む。罰としての性格は、最高額を規定したところに現れている。

2) 被害者の請求は、それぞれ以下の額を目的とする。
- 第1章の場合には、殺害された奴隷又は家畜が殺害前の1年間に有していた最高額である。
- 第3章においては、古典期の見解によれば、同じく、毀損される以前の30日の間に当該目的物が有していた最高額である。

　最高額については法律に明文の規定はないが、第1章に倣い第3章にも拡張された。

　すでに示唆したように（329頁）、第3章の本当の文言がどうであったのか、特に30日の期間が以下のいずれであったのかについては、激しく争われている。

毀損以前の30日	毀損以後の30日
このことは訴権の罰的性格から推論される。だとすれば、損害がたとえわずかであった場合にも物の価額の全額が賠償されることを意味することになろう。	この見解に従えば、期間の意味は損害の範囲を正確に評価することが可能となることにある（特に奴隷、家畜の傷害の場合に）。

　アクィーリウス法訴権においては、**訴訟額の増加**（ゆえなく争った場合に訴訟額が増えること）がある。
- 被告が当該行為を認めれば、彼は単額の有責判決を受ける。訴訟においては請求の原因ではなくて、金額が問題となる（いわゆる**認諾的**アクィーリウス**法訴権** actio legis Aquiliae confessoria）。
- 被告が偽って当該行為を争うときは、判決額が2倍となる。

3）能動適格を持つ者は、法律の文言によれば所有者に限られる（第1章ではerus 第3章ではdominus という言葉が用いられているが、その意味するところは市民法上の所有者である）。通常は、所有者が、同時にそして彼だけが、損害を被ったその被害者である。しかし、それ以外の者が全部または一部損害を被るという状況もあり得る。例えば、用益権者、質権者、賃借人等の場合。

法学者は、一定の制限物権の権利者、例えば用益権者と質権者にも準訴権を付与した。それどころかさらに、用益賃借人といった単なる所持者にも、また言及はわずかに見られるだけであるが使用貸借の借主にも付与された。

4）とりわけ以下の場合には**訴権の競合**が生じる。すなわち、加害者が被害者と契約関係にあり、この契約関係から同様にして物の毀損に基づく損害賠償請求権が導かれる場合である。

例えば、加害者が賃借人、請負人、受寄者、使用貸借借主、質権者の場合。

【注意】ただし、契約上の責任とアクィーリウス法の責任とでは、基準が異なる場合がある。例えば、受寄者は悪意についてのみ責を負い、過失については負わない。これに対して使用貸借の借主は保管について責を負う。

アクィーリウス法訴権は混合訴権であり、訴権の目的である「損害賠償」は一度限りでしか実現されない。したがって、ここでの競合は選択的競合である。すなわち、被害者は契約に基づく訴権を選ぶのか、それとも不法行為訴権かを決断しなければならない。

ときに両訴権相互の差し引き計算も問題となる。アクィーリウス法訴権は最高額を定めているので、契約に基づく訴権の場合よりも額が大きい場合があり得る。したがってこのような場合には、契約に基づく訴権を提起した後でも、なお差額を求めてアクィーリウス法訴権を提起することが可能である。

第4節　人格権侵害（iniuria）

iniuriaという概念は法律用語として以下の意味を持っている。
① iniuria＝違法性および帰責事由：アクィーリウス法においてはこの意味で用いられている（332頁を見よ）。
② iniuria＝独立の不法行為類型：すなわちここで問題とされるものである。

独立の不法行為としてのiniuriaは、他人に対する、**故意による傷害**または**名誉毀損**を意味する。今日であれば、身体に対する侵害と名誉に対する侵害とは区別される。

十二表法はその制裁としてなお一部につき同害報復（talio）を認めたが、それ以外の場合には**定額の罰金**を定めた。個々の行為について以下の要件が伝わっている。

8表の2：もし一肢を切断したならば、被害者との和解がない限り、同害報復が行われるべし。	四肢切断（membrum ruptum）
8表の3：手または棒により自由人の一骨を折ったならば罰金は300アース。奴隷ならば150アース。	骨折（os fractum）
8表の4：他人に人格権侵害（iniuria）を加えたならば、罰金は25アース。	その他の人格権侵害（捕捉的要件事実として）

8表の2　すでに十二表法は、同害報復の原理（「眼には眼を歯には歯を」）を贖罪金支払による和解によって制限しようと試みている。すなわち、この和解で加害者は、金額について合意が成立すれば、これを被害者に支払うことによって、被害者の復讐権から解放される。この贖罪金支払による和解が、歴史的に見れば「無方式合意（pactum）」の最も古い意味である。

和解が成立しなかった場合に限り、十二表法によればなお同害報復が許されていた。

8表の4 その後、貨幣価値の下落のために、ルキウス・ウェラティウスなる者は道を歩きながら誰であれ通行人を平手打ちすることができたという。小銭入れを持った奴隷が彼の後にひかえて、平手打ちを食らった通行人に直ちに25アースを払ったのである。

こうした不都合から、また同害報復を止めさせようとする努力もあって、法務官は介入し、人格権侵害に関して以下の規定を設けた。
①**一般的告示**（edictum generale）
②**個別の要件**を定めた告示：例えば公然と侮辱する行為、不道徳な追跡行為。
ここでは**評価的人格権侵害訴権**（actio iniuriarum aestimatoria）が付与される。この訴権においては、罰金は一定の決まった額ではなくて、金銭評価に基づき個々的に判断される。
その際、法廷手続において、それぞれ以下の金銭評価が行われる。

原告による金銭評価	いわゆる**重大な人格権侵害**（iniuria atrox）と法務官が判断した場合には、**法務官による金銭評価**

最高額（taxatio）がそれぞれ上記の金銭評価によって定められ、方式書の中に記載される。審判人の職務は、その範囲内で自己の判断により罰金を言い渡すことである（「それに基づき審判人が衡平と判断した額 quantum ob eam rem iudici aequum videbitur」）。
ガーイウスによれば、実務慣行として以下のことが行われた。

審判人は自己の判断に基づき額を定め、最高額を下回る判決も下すことができる。	重大な人格権侵害の場合には、審判人は原則として最高額を尊重する。
	重大な人格権侵害に当たるものは、 ・行為の重大性：例えば重傷を与えた場合 ・場所による場合：例えば広場で侮辱した場合 ・被害者の身分：例えば政務官を侮辱した場合

　人格権侵害訴権は純粋な罰訴権であり、一身専属性が極めて高い。したがって被害者だけがこの訴権を行使することが可能であり、その相続人は提起できない。さらに行使期間が1年に制限されている。

第5節　悪意（dolus）

悪意（dolus）という表現には、ローマ法上いくつかの意味がある。
①悪意＝故意：過失に対立するところの帰責事由
②悪意＝意識して行われる、信義に反する行為、信義誠実bona fides違反
③悪意＝詐欺、独立の法務官法上の不法行為
不法行為としての悪意は、法務官アクィーリウス・ガッルス（前68年）によって導入された。

悪意（dolus malus）について

・法務官による法的保護の約束

　悪意により何かが行われたとの主張がなされたならば、これに関して他に訴権はなく、かつ正当な原因があると見られるときは、訴え可能な日より1年の間、私は訴訟を付与しよう。

・悪意訴権（actio doli）の方式書（被告が原告を騙して土地につき握取行為を行わせた場合の例）。

もし、原告が被告に当該土地を握取行為により譲渡したことが、被告の悪意によるものであることが明らかであるならば、	請求の表示 （事実の記載）
そして訴え可能な日より1年が経過していないならば、	行使期間
そして汝（審判人）の裁量により回復されることもないならば、	勧告文言 （原状回復文言）
審判人よ、当該目的物が値するであろう額につき、被告が原告に責あるものと判決せよ。もし明らかでないならば免訴せよ。	判決権限の付与

この告示において法務官は、悪意によって損害が生じた場合に**悪意訴権**（actio doli）を付与することを約束した。

- 悪意訴権は補充的な訴権である。すなわち他には行使できる訴権がない場合に限り付与される。
- 悪意訴権には勧告文言（原状回復文言とも）が含まれている。すなわち被告は、原状回復すれば、有責判決を免れることができる。
- 悪意訴権の請求額は、単価である。しかし訴権は混合訴権とされた。
- 訴権には1年の行使期間が定められている。

【復習】
悪意訴権の他に、我々は以前に悪意の抗弁というものを学んだ。
悪意の抗弁の文言は以下のものであった。

```
もしこの事件につき何ごとも原告の悪意により
        なされたことがなく、    また    なされることがないとすれば、
```

特殊的悪意（過去の悪意：訴え以前の悪意）	**一般的悪意**（現在の悪意：訴えそれ自体によって発生する悪意）
例えば、契約締結時の詐欺	不法行為の悪意よりもその範囲は広い。
特殊的悪意は法務官法上の不法行為である悪意（詐欺）と重なる。	一般的悪意の抗弁はローマ法において広い範囲で適用された。

第6節　強迫（metus）

不法行為としての強迫は、法務官オクタウィアーヌス（前80年頃）によって導入された。

強迫故に行われた行為について
(quod metus causa gestum erit)
① 法務官による法的保護の約束
　・原状回復（restitutio in integrum）の約束
　　強迫故に行われた行為については、私はその効力を認めない。
　・罰訴権としての強迫故の訴権（actio quod metus causa）付与の約束

② 強迫故の訴権の**方式書**（被告が原告を強迫して土地につき握取行為を行わせた場合の例）

もし、原告が強迫故に当該土地を握取行為により譲渡したことが明らかであるならば、	請求の表示 　（事実の記載）
そして訴え可能な日より1年が経過していないならば、	行使期間
そして汝〔審判人〕の裁量により回復されることもないならば、	勧告（原状回復）文言
審判人よ、当該目的物が値するであろう額の4倍につき、被告が原告に責あるものと判決せよ。もし明らかでないならば免訴せよ。	判決権限の付与

さらに法務官は（この約束に続けて同じ告示においてというわけではないが）、その後以下の約束をした。

> ③**強迫故の抗弁**（exceptio quod metus causa）
> もしこの事件につき何ごとも強迫故になされたのではないならば

1) 原状回復

　法務官は**原状回復**という手段で、強迫のもとに行われた法律行為（例えば債務免除、物の譲渡、債務超過の相続財産の承継、相続財産の放棄）の効力を失わせた。法技術としては、強迫された被害者に特別の訴権が付与されることになる。例えば、あたかも免除がなされなかったかのように、当該債権に基づく訴権が準訴権として付与される。

2) 罰訴権としての強迫故の訴権
- **強迫故の訴権**には、悪意訴権と同様に勧告文言が含まれている。したがって被告は給付返還すれば有責判決を免れることができる。
- 請求額は4倍額である。1年を過ぎれば、単価となる。
- 方式書の文言から明らかなように、要件として問題とされているのは、強迫であって、必ずしも被告の強迫である必要はない。したがって強迫故の訴権は、**強迫者自身**のみならず、その強迫により利益を得た第三者を、たとえその者が善意であったとしても、相手方として行使することができる。

　このように第三者に対しても提起することができるので、強迫故の訴権は「対物的に書かれた訴権（actio in rem scripta）」と称されている。

　この点において強迫故の訴権は悪意訴権と異なる。悪意訴権の方式書にある通り、悪意とは被告自身の悪意である。したがって悪意訴権は、悪意を犯したその人を相手方としてのみ提起することができる。もちろん、悪意を犯した者に利得はなく、第三者が利益を得た場合であっても、このことに変わりはない。

3) 強迫故の抗弁

　強迫故の抗弁も、悪意の抗弁と同じように、ある者が強迫されて法律行為を行い義務を負い、今や請求され訴えられた場合に問題となる（したがって未履行の

とき)。

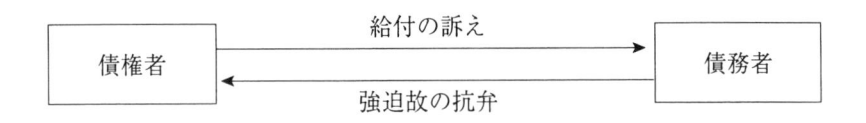

```
┌─────────┐  ──── 給付の訴え ────→  ┌─────────┐
│ 債権者  │                          │ 債務者  │
│         │  ←─── 強迫故の抗弁 ────  │         │
└─────────┘                          └─────────┘
```

　抗弁の場合にも、(悪意の抗弁とは異なり) 強迫したのが原告である債権者なのか、第三者なのかは問題とならない。したがってこの抗弁は、対物的に書かれた抗弁 (exceptio in rem scripta) とも呼ばれている。

第7節　債権者詐害 (fraus creditorum)

【設例】債務者Sは今にも支払不能になる状態にあった。Sは持っていた土地を、Sの経済状態を十分知っている友人Fに売却した。Sは贅沢な旅行に出かけ、瞬く間に受け取った代金を使い切ってしまった。まもなくSは破産し、債権者G_1、G_2、G_3らがこの手続に参加した。債権者たちが、いざSの財産にかかっていこうとしたとき、債権者に満足を与えるための財産がほとんど無いことが分かった。

1) 古典期：法務官は債権者詐害の要件事実に基づき、事情を知っていた当事者Fを相手方として、2つの法的保護を認めた。
①破産手続の進行中については、**原状回復** (restitutio in integrum)
　　この保護は期間1年、請求資格を持つのは破産管財人 (curator bonorum) である。
②破産手続終了後は、**詐害的特示命令** (interdictum fraudatorium)
　　返還を目的とし、この保護手段は各債権者に認められる。

2) ユ帝法：ユースティーニアーヌス帝は上記2つの法制度を融合して1つの制度、いわゆる

パウルス訴権（actio Pauliana）をつくった。
この訴権は、管財人および各債権者に帰属する。行使の相手方は、
①詐害行為を行った債務者自身（もっともほとんど意味はないが）
②債務者の行った詐害行為の相手方で、当該行為により債務者の財産を、
　債務者の**詐害意思を知って**（conscientia fraudis）、または（詐害を知らずとも）**無償**で、取得した者である。
　訴訟の目的は、詐害行為の相手方が取得したものを破産財団に組み入れることにある。

　近代法の**債権者取消権**は、歴史的に見れば、パウルス訴権に遡る。債権者取消権は、債務者が破産手続開始以前に行った法律行為について、債権者が以下の事由に基づきこれを取り消すことのできる制度である。

- 不利益を与える意図
- 財産の浪費
- 支払不能を知っていたこと
- 一債権者の優遇
- 無償行為

これらの要件事実は、債務者の相手方当事者の「詐害の意思（conscientia fraudis）」または「知らなければならなかったこと（過失）」として、問題となる。

第8節　不法行為訴権についてのまとめ

(1) 訴権の種類一般について（復習）

1) 基礎となる権利が何であるかによる区別

対物訴権（actio in rem）	対人訴権（actio in personam）
物権の行使のために用いられる。	債権の行使のために用いられる。不法行為訴権は対人訴権に属す。

2) 訴権の請求目的による区別

物追求訴権 actio rei persecutoria	混合訴権 actio mixta	罰訴権 actio poenalis
財産的補償 例えば、 盗の不当利得返還請求訴権	物追求と罰との両者 例えば、 アクィーリウス法訴権	罰金poena 例えば、 盗訴権

物追求訴権の目的は、原則として単価のみ。罰訴権の場合はたいてい何倍（2倍額、4倍額）である。目的が何であるかは、競合の問題を解決する場合に決定的に重要なものとなる。

・当事者の競合：1つの不法行為が複数の行為者によって行われた場合。
・訴権の競合：1つの不法行為から複数の訴権が問題となる場合。

3) 訴権発生の法的基礎による区別

市民法訴権（actio civilis）	法務官法訴権（actio praetoria）
例えば不法行為で言えば、 　　盗訴権 　　アクィーリウス法訴権	例えば不法行為で言えば、 　　悪意訴権 　　強迫故の訴権

　　　　　　　　　　　　　｜　暴力強奪物訴権
　　　　　　　　　　　　　｜　人格権侵害訴権

【注意】ガーイウスによれば、強盗と人格権侵害は市民法上の不法行為とされているが、しかしそこから発生する訴権は両者とも法務官法訴権である。一見矛盾するように見えるが、その理由は次の通りである。これらの不法行為は市民法に遡るが、ようやく後の時代になってさらにそのために法務官法訴権が加えられたからである。法務官法上の不法行為の場合は、これを不法行為の要件事実とすること自体が法務官に遡る（例えば、悪意、強迫）。

(2) 不法行為訴権における競合の問題

1) 当事者の競合
1つの不法行為が、複数の行為者によって行われた場合である。
　純粋の罰訴権（例えば盗訴権）および混合訴権の場合にも（例えばアクィーリウス法訴権）、その複数の行為者を相手方として、それぞれ訴権が成立する（**重畳的競合**）。訴権の目的である「罰金」は、まさに複数回実現されることになる。実体法的に見れば、重畳的に債権が発生し、被害者は各行為者から全額を受け取ることになる。
　これに対して、訴権の目的が財産的補償にある場合には、原則として1度限りでしか実現されない。したがって、純粋な物追求訴権、例えば盗の不当利得返還請求訴権は、複数の行為者に対して選択的競合の関係に立つ。実体法的に見れば、連帯債務が発生することになる。各行為者は確かに各々全額について債務を負うが、被害者は1回限りでしか財産的補償を得ることができない。

2) 訴権の競合
　純粋の罰訴権は純粋の物追求訴権と、それぞれ目的が異なるので、重畳的に競合する。例えば物を盗まれた者は盗人を相手方として盗訴権および盗の不当利得返還請求訴権を提起することができる。

これに対して混合訴権の場合には、同じく訴権の目的が財産的補償にあるか、またはそれをも顧慮する他の訴権とは、重畳的に競合はしない。例えばアクィーリウス法訴権（混合訴権）は、競合する契約訴権とは重畳しない。つまり選択的競合となる。

(3) 訴権の行使期間

1) **市民法訴権は原則として無期限である。**

【注意】ローマ法は後古典期に至るまでも一般的な時効の制度を知らない。ようやくテオドシウス2世が424年に、30年という一般的な訴権の時効制度を導入した。

2) **法務官法の罰訴権には、1年の期限がつけられている。**
①単価を目的とする訴権は1年経過すれば消滅する。経過後は、場合により法務官法上の不当利得返還請求訴権が行使可能である（上記320頁を見よ）。
②複数倍を目的とする訴権の場合には、1年を経過すると、もはや1倍となる（例えば強迫故の訴権）。

(4) 罰訴権の相続

能動的相続性	受動的相続性
原告（＝被害者）側の相続の問題	被告（＝加害者）側の相続の問題
とりわけ財産的損害をもたらす不法行為については、これにより通常被害者の相続人もまた損害を被ることになる。したがってほとんどの罰訴権については**能動的に相続が可能**である。	訴権の目的は「罰金」にあるので、加害者自身に対してのみ行使可能である。したがって罰訴権は原則として**受動的相続不能**である。
例外：被った不法が**一身専属性の**	

極めて高いものである場合には、能
動的相続不能である（例えば人格権
侵害訴権）。

1) 罰訴権に相続性があるかどうかという問題は、すなわち不法行為に基づく
   罰訴権が、なお
   　　　被害者の相続人によって　　　　加害者の相続人を相手方として
提起され得るかという問題である。したがってこの問題は、罰訴権による訴訟に
おいて争点決定（litis contestatio）がなされることなく、当事者が死亡した場合に、
発生する。
　したがって、この問題は、以下の事案と区別しなければならない。
　　　　　　被害者が　　　　　　　　加害者が
争点決定後ないし判決後死亡した場合。ローマの方式書訴訟手続においては、
争点決定がなされることによって、更改、すなわち罰金請求権が訴訟上の債務関
係へと変わることになる。後者はさらに判決が下されると更改されて、判決債務
が発生する。訴訟上の債務関係および判決債務は、能動・受動のいずれにおいて
も相続可能である。

2) 不当利得としての法的保護
　すでに述べたように（320頁）、当該不法行為によって加害者の相続人に財産的
利益がもたらされた場合には、相続人を相手方として、「彼に帰属したところの
ものについて（in id quod ad eum pervenit）」を請求目的とする、法務官法上の不当
利得返還請求訴権が付与された。

第5章　準不法行為

　ユ帝は債務関係に関して、不法行為に類似するいくつかの要件事実を1つにまとめて、準不法行為なる独自の範疇を立てた。この分類の基準は、それが故意を要件とはせずに単なる過失で足りるものであるか（例えば審判人の職務上の義務違反）、あるいは他人の故意過失について責を負うものであるかの、いずれかである。

　これらの要件事実それ自体は、すでに古典期法に存在し、法務官法に属していた。以下個別に考察することにしよう。

　1)　もし審判人が訴訟を自己のものとするとき　(iudex, qui litem suam fecit)
　審判人が法を歪曲したことにより（例えば、偏った判決）、あるいは職務上の義務に違反したことにより（例えば、方式書記載の最高限度額を超える判決を下した、方式書は確定金銭の請求であるのにそれより多いあるいは少ない額の判決を下した）、訴訟当事者が損害を被ったならば、審判人を相手方とする法務官法上の訴権が被害者に付与された。

　その際審判人は、故意の義務違反のみならず、**未熟練** imprudentia（例えば法知識を欠いた場合）についても責を負った。

　【注意】ローマ法の準則は以下の点で近代の職務責任と異なる。すなわち、ローマにおいて被害者は審判人（したがって責ある機関）を相手方として訴えなければならなかった。これに対して、今日の職務責任を問う訴えは、機関ではなく法主体に向けられる（§1AHG［国家賠償法1条1項参照］：したがって裁判の場合は連邦を相手方とする）。責ある機関は、求償の問題として法主体に対し責を負うにすぎず、その際の責任に関しては優遇的な扱いを受け、故意および重過失についてのみ責を負う（§3AHG

［同条2項参照］）。

2) 　流出投下物訴権　（actio de deiectis vel effusis）

　住居から投下ないし流出した物により損害が発生したとき、居住者は、彼自身が投下ないし流出したわけではない場合にも、責任を負う。この訴権は損害額の2倍を請求目的とする。

3) 　据置吊下物訴権　（actio de posito vel suspenso）

　ある者が、人の往来する道路に面する家屋において、何かある物を危険な状態で置きまたは下げるとき、未だ損害が発生していなくとも、危険状態にあるという理由だけで、この者を相手方とする定額の罰金（10アウレウス〔金貨〕）を求める訴権が付与される。

　流出投下物訴権および据置吊下物訴権は、いわゆる**国民訴権**（actio popularis）である。すなわち、誰でもこれを提起することが可能である。提起する者が複数いる場合、法務官は利害の最も大きい者を選択した。
　これら2つの要件事実については、以下の条文を参照。
　　§1318 ABGB（居住者）：危険な状態で吊り下げられもしくは置かれている物が落下したことにより、または住居からの投下もしくは流出によりある者が損害を被ったときは、そこから投下もしくは流出のあった、または物が落下した当該住居の居住者は、その損害について責任を負う。

4) 　船主、旅館の主人、厩の主人が、その使用人による窃盗および物毀損について負う責任

　船主、旅館の主人、厩の主人の引受責任との関連ですでに言及したように、これらの者たちは、その使用人が行った窃盗および物毀損について、法務官法上の訴権に基づき責任を負わなければならなかった。ユ帝はこれを準不法行為に算入した。

第6章　権力服従者に関する責任

権力服従者（他権者 persona alieni iuris、例えば家息、家娘、夫権に服する妻、奴隷【注意】30、40、50歳であっても「家子」であり得る！）が、

| ① 債務負担行為により債務を負った場合に、 | ② 不法行為を行った場合に、 |

そこからまずは以下の2つの問題が発生する。
・権力服従者自身がこれにより義務を負い、また訴えられ得るのか？
・権力者はこれにより義務を負い、また訴えられ得るのか？
後者の問題は次のテーマと関わる。

| 付加的性質の訴権 | 加害者委付 |

① 権力服従者の行為に関しては以下のことが妥当した。
・家息は確かに市民法上自ら義務を負うことが可能である。さらに家息には当事者能力があるので、訴えられ、判決を受けることも可能である。しかし、家息に対する執行は家父権（patria potestas）に妨げられて可能ではない。
・その他の権力服従者（家娘、夫権に服する妻、奴隷）はすべて、義務を負うことも、当事者能力を持つこともできない。

ユーリアーヌス以来、権力服従者が債務負担行為により負った義務は、ともかく**自然債務**として扱われるようになった。

さらに補足すると、権力服従者には財産能力がなく、したがって（家息の軍営特有財産 peculium castrense を別にすれば）債権者に満足を与えるべき財産を持たない。

以上を要約すれば、権力服従者自身が債務負担行為によって負った義務は、成立しないか、または実現不可能なので、権力服従者自身にかかっていっても、債権者は目的を達成することができない。

　法務官は事態を是正するために、いわゆる権力者の付加的責任を認めた。すなわち権力服従者の実現不可能な自然債務に、権力者の責任が付加されたのである（名称もこれに由来する）。服従者と行為を締結した相手方には、一定の要件事実を満たす限り、当該行為に基づいて権力者を相手方とする訴権が付与された。そして付与される訴権は、当該契約に該当する訴権が何かによって、その都度かたちを変えることになる。

　②　権力服従者の行った不法行為に関しては、すでに古くから権力者自身が責任を負った。これがいわゆる加害者委付という責任であり、権力者は加害者を被害者に引き渡すか、そうでなければ罰金を支払う義務を負った。被害者には当該不法行為に基づく訴権が加害訴権として付与されたのである。

　この準則が存在したことにより、権力服従者自身が不法行為により責任を負うのかどうかは、はじめから主たる問題とはならなかった。確かに史料には家息および奴隷の責任を肯定する箇所がいくつか見られるが、この叙述が古典期のものであると断言することはできない。

第1節　付加的性質の訴権

(1) 付加的性質の訴権とは何か

　一定の要件を満たす限り、付加的性質の訴権に基づいて、権力服従者が債務負担行為により負った義務について、権力者の責任が発生する。

付加的性質の訴権という名称は、註釈学派に由来し（actio adiecticiae qualitatis）、その責任が権力服従者の義務（もっともほとんど実現可能性はないが）に付加されるものであることを表している。

付加的性質の訴権は法務官によって創造された法であり、これを導入するに至った法政策的な理由は、取引の安全である。つまり、（法的には財産を持つ能力がなく、したがって財産を持たない）権力服従者の背後にいる権力者を、支払能力ある責任主体として表に出すことができないとしたならば、服従者が独立して経済活動をすることは不可能だからである。

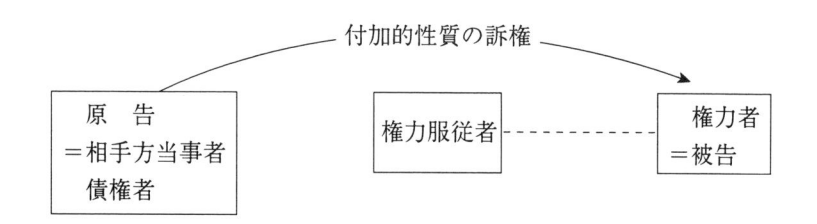

```
                    ── 付加的性質の訴権 ──
                   ╱                        ╲
                  ╱                          ↘
   ┌──────────┐      ┌──────────┐      ┌──────────┐
   │ 原  告   │      │権力服従者│------│ 権力者   │
   │＝相手方当事者│      └──────────┘      │＝被告    │
   │ 債権者   │                          └──────────┘
   └──────────┘
```

　　　　　　　　　　　　　　　　　要　件
①命令訴権（actio quod iussu）　　権力者による授権
②特有財産訴権（actio de peculio）　権力者による服従者への特有財産の付与
　利益転用物訴権（actio de in rem verso）　服従者の行為による権力者の利得
③船主訴権（actio exercitoria）　　船長（magister navis）の締結行為
　訴訟は船主（exercitor navis）を相手方として行われる。
④支配人訴権（actio institoria）　　支配人 institor（店舗、営業の主任）の締結行為
　訴訟は事業者を相手方として行われる。
⑤準支配人訴権（actio quasi institoria）　財産管理人（procurator）の締結行為

　③④および⑤については、間に立つ者は権力服従者である必要はない。したがってこれらの事例においては、（他ではローマ法には見られない）権力に服しな

い者による直接代理という観念が付加的性質の訴権を通して実現されている。

(2) 命令訴権

命令訴権は、以下の場合に適用される。
・権力服従者が、権力者の授権（iussum）に基づいて、相手方当事者と行為を締結した場合。
・権力者が、服従者の締結した行為を追認（ratihabitio）した場合。

これにより権力者は債務全額について（in solidum）責任を負う。

(3) 特有財産訴権と利益転用物訴権

これら2つの訴権の要件事実は、1つの方式書の中にまとめて書かれているが、以下では分けて考察をする。

1) 特有財産訴権

この訴権は、権力者が服従者に特有財産を与え、そして服従者が第三者と行為を締結した場合に成立する。

【復習】

> 特有財産（peculium）とは、服従者が独立して経済活動を行うようにと、権力者が認めた特別財産である。
> 権力服従者は法的には財産無能力なので、特有財産が権力者の財産であることに変わりはなく、ただ服従者が経済的にこれを運用することができるにとどまる。

特有財産訴権の特徴
　①有限責任
　②権力者と服従者間の「債権」、「債務」の顧慮
　③債権者多数の場合の先着優先主義

①権力者の責任は、特有財産の額を計算上の上限として制限される。言い換えれば、**権力者は特別財産に応じて**（pro viribus）**責任を負う**。

特別財産に関しては一般に以下の区別をする必要がある。

特別財産を以てする（cum viribus）責任	特別財産に応じた（pro viribus）責任
この場合には特別財産に属す**個々の物**に責任が制限される。	この場合には特別財産の**額**を計算上の限度額として責任が制限される。
つまり、かかっていく対象は特別財産に限られ、債務者のその他の財産は対象から除外される。	つまり、かかっていく対象は債務者の全財産であるが、特別財産の額の限りでしかかかっていくことができない。

②**権力者の「債権」と「債務」**
　特有財産の運用において、権力者と権力服従者との間に「自然債務」の発生する場合があり得る。例えば、服従者は特有財産をうまく運用し、ついには権力者に「金を貸す」までになった。あるいは権力者が、特有財産には属していない物を一時的に服従者に「賃貸し」、その対価が見込めることになった。このような場合、もちろん純粋な意味での債務関係を語ることはできない。なぜなら、同一の家に所属する者たちの間では債務関係は成立し得ないからである。そうではあるが、このような「債権」、「債務」は、特有財産の額を調べ、計算する際に、加算されあるいは差し引かれることになったのである。

③債権者多数の場合の先着優先主義

権力服従者が複数の債権者に対して債務を負っていた場合、債権者たちは訴え提起の順番に従い満足を得ることになる。したがって特有財産がもし計算額として債権すべてをカバーできないときは、遅れてやって来た債権者が貧乏くじを引くことになる。

【例外】

いわゆる**特有財産上の商品**（merx peculiaris）の場合に限っては、先着優先主義が適用されない。特有財産上の商品とは、商売あるいは営業目的のための特有財産である。このような特有財産が債務超過となった場合には、債権者は先着優先主義ではなくて、按分比例主義によって満足を得ることになる。すなわち法務官の命令に基づき、特有財産上の商品に対して特別破産の手続が行われ、権力者が債権額に応じた分配額で債権者に満足を与えた。この場合権力者は、当該特有財産に対する彼自身の自然債権も含めることはできたが、按分比例でしか控除できなかった。

特有財産上の商品に対するこの破産手続において、もし権力者が事情を知りながら誤った分配を行い、債権者に損害を与えたときは、権力者を相手方として、然るべき追加払いを求めるためのいわゆる 分配訴権 actio tributoria が、損害を被った債権者に付与された。

2） 利益転用物訴権

①古典期の利益転用物訴権

権力服従者がある行為を締結し、その相手方から得た物を権力者の利益に転用し（versio in rem）、その結果権力者が直接間接を問わず（つまり彼自身の出捐を免れた場合も含め）利得した場合、法務官は権力者に責任を負わせた。その際権力者の責任は利得額に制限された。

【設例】権力服従者は、第三者から受け取った金銭を、権力者の負う債務の弁済のために、権力者の家の修理のために、あるいは権力者の家族の生活費として使った。

②利益転用物訴権のその後の展開
・**古典期におけるその出発点**

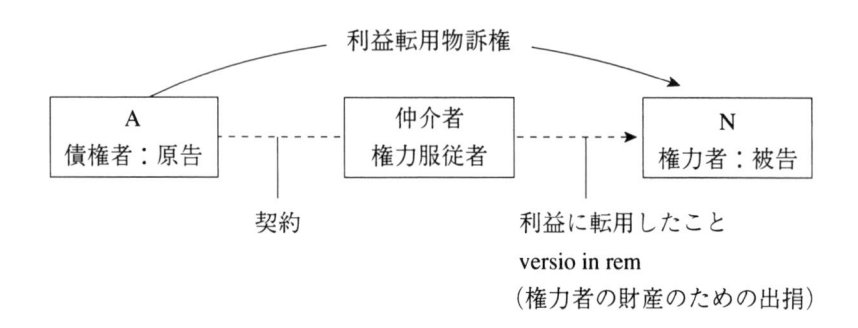

```
                     利益転用物訴権
        ┌─────────────────────────────────────┐
        ↓                                     │
   ┌─────────┐      ┌─────────┐      ┌─────────┐
   │    A    │┄┄┄┄┄│  仲介者  │┄┄┄┄┄│    N    │
   │債権者：原告│      │権力服従者 │      │権力者：被告│
   └─────────┘      └─────────┘      └─────────┘
                  契約         利益に転用したこと
                               versio in rem
                              （権力者の財産のための出捐）
```

・**ユ帝**：権力服従者ではない者が間に立つ場合も認められ、この場合には準訴権が付与された。

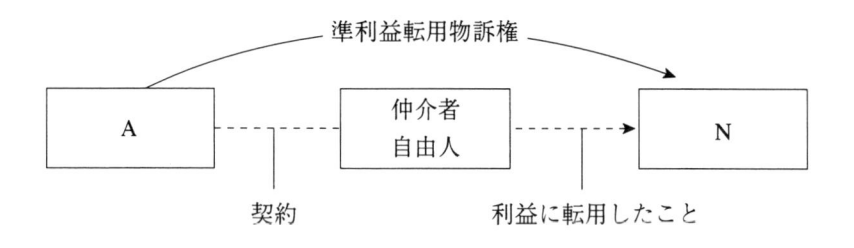

```
                    準利益転用物訴権
        ┌─────────────────────────────────────┐
        ↓                                     │
   ┌─────────┐      ┌─────────┐      ┌─────────┐
   │    A    │┄┄┄┄┄│  仲介者  │─────→│    N    │
   │         │      │  自由人  │      │         │
   └─────────┘      └─────────┘      └─────────┘
                  契約         利益に転用したこと
```

【注意】ローマ法が問題としているのは、Aが**契約**に基づき発生した請求権を（もちろん変則的な、つまり付加的性質の訴権として）Nに対して行使するというものである。

・**普通法**：仲介者もまた契約もない場合に拡張された。

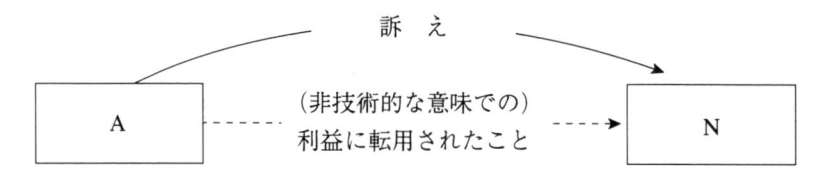

```
                        訴 え
        ┌─────────────────────────────────────┐
        ↓                                     │
   ┌─────────┐                         ┌─────────┐
   │    A    │┄┄┄┄┄┄┄┄┄┄┄┄┄┄┄┄┄┄┄┄→│    N    │
   └─────────┘   （非技術的な意味での）   └─────────┘
                  利益に転用されたこと
```

ここでは契約が存在していないので、請求の根拠はAの物がNのために**有益**に

用いられたことにあるとの考え方が出てくることになった。つまり法解釈理論としては、「事務管理」および「不当利得」に近いものとなったのである。

・ABGBにおける転用物訴権
§1041 ABGB（他人の利益となる支出）：事務の管理としてではなく、ある物が他人の利益のために用いられた場合、その所有者は物それ自体を、もしそれがもはや不可能であるときは、用いられた当時その物が有していた価額を、請求することができる。結果として利益とならなかったことはその妨げとならない。

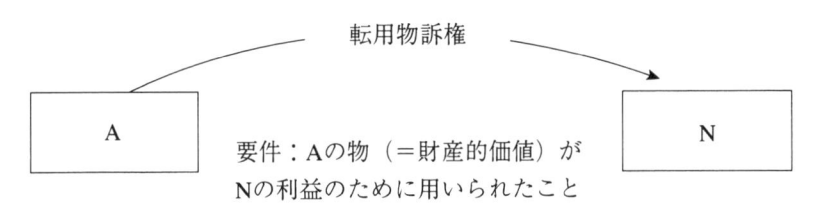

```
                    転用物訴権
         ┌─────┐                    ┌─────┐
         │  A  │ ─────────────────→ │  N  │
         └─────┘                    └─────┘
                要件：Aの物（＝財産的価値）が
                     Nの利益のために用いられたこと
```

今日の法解釈理論においては、転用物訴権は**侵害利得**の一事例として不当利得に組み入れられている。

（4）船主訴権

船長が、船長としての資格に基づきある行為を締結した場合、船主を被告とする訴権が相手方当事者に付与される。船主訴権においては、船長が船主の権力服従者であるかどうかは関係がなかった。船主の責任には額としての上限はなく、債務全額について責任が発生した。

（5）支配人訴権

支配人とは、権力服従者、自由人を問わず、事業者によって店舗（taberna）ないし営業の主任に任命された者をいう。支配人が負担した債務について、相手方当事者は、事業主を被告とする支配人訴権を付与される。事業者の責任には額としての上限はなく、債務全額について責任が発生した。

(6) 準支配人訴権

財産管理人（procurator）が締結した行為に基づき、相手方には支配人訴権を模範（exemplum）として本人を被告とする訴権が付与された。この類推的拡張は古典期後期の法学者パーピニアーヌスに遡る。

(7) 方式書の特徴

付加的性質の訴権はそれ固有の内容を持つ独立の訴権ではなく、当該契約に基づき発生する訴権を変形させたものである。例えば、権力服従者が売買契約に基づいて代金支払債務を負ったとすると、権力者を相手方とする売主訴権が付加的性質の訴権として付与される。方式書の作成にあたってあるテクニックが使われる。すなわち、「請求の表示」および「請求原因の表示」には権力服従者の名前が、「判決権限の付与」には権力者の名前が挙げられることになる（**当事者転換の方式書**）。以下で具体例を挙げることにしよう。
  ・通常の売主訴権
  ・付加的性質の訴権としての売主訴権

1）通常の売主訴権
【設例】Nは食料品店を営んでいる。Nは4月1日に自ら卸売業者Aのところで100ポンドの油を買い、その場で受け取った。代金は5月1日に支払うものとされた。

```
┌─────┐ ──────売主訴権──────▶ ┌─────┐
│  A  │                         │  N  │
│ 売主 │ ---------売買契約--------- │ 買主 │
└─────┘                         └─────┘
```

ところが5月1日に代金は支払われず、Aは売主訴権によりNを訴えた。この場合の方式書は以下の通りである。

AがNに100ポンドの油を売却したがゆえに、	請求原因の表示
それゆえにNがAに信義誠実に基づいて与え為すことを要するものは何であれ、	請求の表示
審判人よ、それについてNがAに責あるものと判決せよ。もし明らかでないならば免訴せよ。	判決権限の付与

2) 付加的性質の訴権としての売主訴権

【設例】Nは事業者であり、奴隷Tを彼の食料品店の店長に任命した。Tは4月1日に卸売業者Aのところで100ポンドの油を買い、その場で受け取った。代金は5月1日に支払うものとされた。

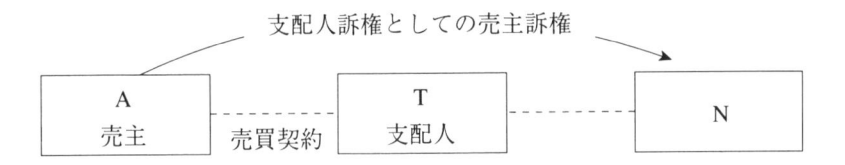

```
          支配人訴権としての売主訴権
     ┌──────────────────────────────┐
  ┌─────┐              ┌─────┐              ┌───┐
  │  A  │              │  T  │              │ N │
  │ 売主 │── 売買契約 ──│ 支配人 │─────────────│   │
  └─────┘              └─────┘              └───┘
```

ところが5月1日に代金は支払われず、Aは付加的性質の訴権としての売主訴権（支配人訴権）によりNを訴えた。この場合の方式書は以下の通りとなる。

TがNにより設備の施された店舗の支配人に任命されていたときに、AがTに100ポンドの油を売却したならば、この行為が、NがTを任命したその目的の範囲内である限り、	請求原因の表示 （Tが義務を負う買主として挙げられている）
それゆえにTがAに信義誠実に基づいて与え為すことを要するものは何であれ、	請求の表示
審判人よ、それについてNがAに責あるものと判決せよ。もし明らかでないならば免訴せよ。	判決権限の付与 （ここではNの名が挙げられている）

第2節　加害者委付

1) 権力服従者が不法行為を行ったときは、権力者がいわゆる加害者委付の責任を負うことになる。この場合に権力者には以下の2つの選択肢が存在する。

```
    加害者を被害者に委付する        被害者に罰金を支払う
       加害者委付                      罰金支払
       noxae deditio                   noxam sarcire
```

初期の段階では、被害者による私的復讐を可能にすることが委付の目的であった。

古典期における委付では、以下のことが行われた。
  ・家子の場合には、子に対する権力が被害者に譲渡された。
  ・奴隷の場合には、その所有権が被害者に譲渡された。

しかし譲渡されたままの状態がずっと続くのではなく、罰金債務額を満たすまで労働することになる。加害者が働いて返済すれば、元々の権力者に再び譲渡される。後古典期になると、加害者委付は家子については行われなくなり、奴隷の場合に限り存続した。

2)　加害者委付の責任は加害者に追随する noxa caput sequitur

加害者委付の責任は、いわば加害者の人格に「付着」した。つまり、たとえ不法行為が行われたときに権力者ではなかったとしても、現在権力者であればその責任を負わなければならなかった。

  ・不法行為以後に当該奴隷が第三者に売却された場合、加害者委付の責任もまた取得者に移転する。その結果、今や被害者はこの取得者に責任を問うことができることになる。したがって高等按察官告示によって、奴隷に加

害者委付責任が付いていることは売主が責任を負うべき物の瑕疵とされた。
- 加害者が死亡すれば、加害者委付の責任も消滅する。
- 加害者が解放されると、以後は加害者自身が責任を負うことになる。

3) 加害訴権は独自の類型を持つ訴権ではなくて、場合に応じた然るべき罰訴権（ないし混合訴権）が加害訴権として付与されることになる。例えば加害盗訴権（actio furti noxalis）、加害アクィーリウス法訴権（actio legis Aquiliae noxalis）。方式書作成のテクニックとしては、方式書に権力服従者の名前が加害者として登場するが、権力者の名前が債務者として「請求の表示」に、そしてまた「判決権限の付与」に挙げられる（**当事者転換の方式書**）。さらに方式書には罰金か委付かの二者択一の義務が述べられている。判決の内容もまた二者択一の形を取る（したがって金銭判決原理の例外ということになる）。

以下で例を挙げてみることにしよう。
- 通常の盗訴権
- 加害訴権としての盗訴権

通常の盗訴権
【設例】NはAから金の皿を盗んだ。非現行盗訴権の方式書は以下の通りとなる。

もしAから金の皿が、NによりまたはNの教唆もしくは幇助により盗まれたことが明らかで、それゆえにNが盗人として罰金を支払うことを要するならば、	請求の表示
窃盗が行われたときに当該の物が値した額の2倍額について、審判人よ、NがAに責あるものと判決せよ。もし明らかでないならば免訴せよ。	判決権限の付与

加害訴権としての盗訴権

【設例】Nの奴隷であるTは、Aから金の皿を盗んだ。盗訴権の方式書は以下のように変えられることになる。

もしAから金の皿が、Nの奴隷Tによりまたは Tの教唆もしくは幇助により盗まれたことが明らかで、それゆえにNが盗人として罰金を支払うか、あるいは奴隷Tを委付する義務を負うならば、	請求の表示
窃盗が行われたときに当該の物が値した額の2倍額、あるいは委付について、審判人よ、NがAに責あるものと判決せよ。もし明らかでないならば免訴せよ。	判決権限の付与

第7章　動物に関する責任

　動物に関する責任については、2つの訴権の存在が伝えられている。いずれも十二表法に遡る。

　1)　四足の家畜が加えた損害に関する訴権（actio de pauperie）
　この訴権によって動物の所有者が負う責任は、加害者委付の責任に似ている。

　四足の家畜が損害を加えたとき、その所有者を相手方とする訴権が付与された。その際所有者には2つの選択肢が与えられた。

　　当該動物を被害者に委付する。　　　　　損害賠償をする。
　　　　　加害動物委付　　　　　　　　　　　罰金支払

　古典期においては、家畜がその性質に反して（contra naturam）損害を与えた場合に限って、この訴権による責任が発生した。すでに古典期の法学者は、動物の加えた損害に関して、その責任発生の根拠として以下の2つがあり得ることを知っていた。

過失責任	所有者の無過失責任
例えば、御者Aはロバに重量超過の荷を積み、ロバはその荷を振り落とした。たまたま通りかかったBの奴隷Tはこれにより負傷した、あるいはBの物が壊れた。	例えば、性質としてはおとなしいEの馬が突然脚で蹴ったためにBを負傷させた。

この場合にはAに過失がある。B はAを相手方として準アクィーリウス法訴権により訴えることができる。 | 所有者Eは、四足の家畜が加えた損害に関する訴権により、責任を負う。

同じような「複線型」は§1320 ABGBにも見られる。

動物を追い立て、刺激し、または保管を怠った者の、**過失責任**。 | 動物占有者（所有者の概念と一致しない）が、必要な保管または監視を行ったことを証明しないとき（**挙証責任の転換**）に負う責任［民法718条参照］。

　2）　家畜放牧訴権（actio de pastu pecoris）
　家畜が他人の放牧地に行き、そこで牧草を食い尽くしたことによって損害を与えたとき、被害者に家畜放牧訴権が付与される。

オーストリア法引用条文

＊以下は、本文での理解を助けるために、そしてその限りで訳者が試みた邦訳である。また、その一部を訳したにとどまるところがある。

ABGB: Allgemeines bürgerliches Gesetzbuch（民法）
第2編　物の法
第1章　物権
【第1節　占有Besitzについて】
第309条　物を自己の権力または支配の下に置く者は、その物の所持者Inhaberと呼ばれる。所持者は、自己の物として所持する意思を持つとき、その物の占有者Besitzer〔オーストリア法には他主占有という概念がなく、本条における占有の定義は自主占有者のみを念頭においている〕である。

第343条　物権の占有者Besitzerが、現に存在する他人の建物またはその他の物がすぐにも倒壊しそうな状態にあり、自己に明らかに損害を与えるおそれがあることを証明した場合には、すでに行政当局が十分に公共の安全を配慮しているわけではない限り、裁判により担保の設定を要求することができる。

【第16節　所有権及びその他の物権の共同関係 Gemeinschaft】
第825条　同一物の所有権または同一の権利が、不分割のまま複数の者に帰属するとき、共同関係が成立するものとする。共同関係は、偶然の出来事、法律、終意表示または契約に基づいて発生する。

第829条　各関与者は、その持分については完全な所有者である。他の関与者の権利を侵害しない限り、持分またはその利用について、任意且つ単独に担保の設定、遺贈、その他の処分をすることができる（361条）。

第830条　各関与者は計算報告及び収益の分配を求める権利を持つ。原則として関与者は共同関係の終了を要求することができる。但し、時宜を得ない、または他の関与者に不利益となる場合は、この限りではない。

第2章　対人的な物の法
【第17節　契約および法律行為に関する総則】
第859条　（42頁参照）
第891条　複数の者が、同一物全体を手を結びあって、一人が全員のために全員が一人のために義務を負う旨を明示的に約束したときは、各自が全部について責任を負う。この場合に債

権者は、債務者全員またはその中の何人かに、全部または彼の選択した割合で請求することができる。また一人に全部を請求することもできる。訴えが提起された後でも、放棄しない限り、この選択権は債権者に留保される。債権者は、債務者中の一部の者から部分的弁済しか得られなかったときは、残余を他の債務者に請求することができる。

第904条　契約の履行につき特定の期日が定められていなかったときは、直ちに、すなわち即時に履行を請求することができる。〔以下省略〕

第908条　契約の締結に際し予め与えられた物は、別段の合意がない限り、契約締結の徴表、または契約履行のための担保とみなされ、手附金 Angeld と呼ばれる。契約が当事者の一方の責により履行されないとき、有責ではない他方当事者は、相手から受領した手附金を保持することができる、または相手に与えた手附金の倍額の支払を請求することができる。しかし当事者がそれにより満足を得られない場合には、履行を請求するか、または履行がもはや不可能なときはその賠償を求めることができる。

第909条　契約の締結に際し、当事者のいずれかが履行以前に契約を解除したいときに、一方が他方に支払うべき金額を定めた場合、契約は解約金 Reugeld と引き換えに締結されたものとなる。この場合には契約が履行されるか、または解約金が支払われなければならない。たとえ一部でも契約を履行した者、またはたとえ一部でも相手が履行のために給付したものを受け取った者は、もはや自らが解約金を払うことにより解除することはできない。

第910条　手附金が交付され、これと同時に、別段の解約金を約定することなく解除権が設定されたときは、当該手附金は解約金を兼ねるものとする。したがって解除するときは、交付した者は手附金を失い、受領者は二倍額を返還するものとする。

第922条　物を有償で他人に譲渡する者は、その物が明示的に約定された、または通常前提とされる性質を持つこと、及び締結された法律行為または合意に応じて利用し、用いることができることの保証を引き受けたものとする。

第928条　物の瑕疵が明白な場合、または物に付着する負担が公簿から明らかな場合には、悪意ある瑕疵の沈黙または物が瑕疵及び負担のない旨の明示の保証の場合を除き、担保責任（第443条）は発生しない。物に付着する債務及び滞納金については、常に責任を負うものとする。

第932条　(1) 担保責任を発生させる瑕疵が、もはや除去することができず且つ物の通常の使用を妨げるものであるとき、譲受人は、契約の全部を解除することができる。これに対して、瑕疵が通常の使用を妨げることがない場合、または除去可能なものである場合には、対価の適切な減額または瑕疵ある物の修繕もしくは追加を請求することができる。いずれの場合においても、譲渡人はその責に帰すべき損害について賠償責任を負う。

(2) 些細な価値の減少は考慮されない。

第934条　双務的法律行為において、当事者の一方が他方から、通常価格を基準として他方に与えたものの半分すらも受け取らない場合、法律は、損害を被った当事者に、解除及び原状

回復を請求する権利を付与する。但し、その相手方は、通常価格に達するまで損失分の補填を提供することにより、当該行為を有効に維持することができる。価格不均衡については、法律行為の締結時をもってこれを判断する。

第935条　第934条の適用を契約により排除することはできない。但し同条は、特別の愛着から通常ではない価格で当該目的物を手に入れた場合、通常価格を知りながら不相当な価格に結局は同意した場合、当事者の個人的な関係から、当事者が有償と無償とが混じった契約を締結しようとしたことを推測し得る場合、本来の価格をもはや確認することができない場合、当該目的物が裁判所により競売されたものである場合には、適用されない。

【第18節　贈与】

第938条　（291頁参照）

【第19節　寄託契約】

第970条　第970条a～c　（290～1頁参照）

【第22節　代理権授与及びその他の種類の事務処理】

第1035条　明示または黙示の契約、裁判所、または法律により権限を取得していない限り、人は他人の事務に干渉してはならないことを原則とする。敢えてなお干渉した場合には、その者はすべての結果について責任を負う。

第1036条　ある者が、差し出がましいとはいえ、急迫の損害の回避を目的として他人の事務を管理したとき、当該事務管理の本人は、必要費及びその目的に適って支出された費用を、その者に賠償する責任を負う。過失なく管理に努めるも、結果として有益とならなかった場合であっても、同様である（§403）。

第1037条　他人の事務を、単に他人の利益を助長する目的で引き受けようとする者は、本人の同意を得なければならない。管理者が、確かにこの規定には従わなかったが、自己の費用で事務を管理し、明白で著しい利益を他人にもたらした場合には、本人は管理者に、そのために支出された費用を賠償しなければならない。

第1041条　（357頁参照）

第1043条　ある者が、危急時に、自己及び他人の重大なる損害を回避するために、自己の所有物を犠牲にした場合には、これにより利益を得た者すべてが、その者に対し割合に応じてその損失を補償しなければならない。海難における本条適用の詳細については、海法の定めるところによる。

【第24節　売買契約】

第1063条　売買代金の受領なしに売買目的物が売主から買主に引き渡されたときは、その物は掛けで売却されたのであり、所有権は直ちに買主に移転する。

【第25節　賃貸借契約、永小作権契約及び永代地代契約】

第1095条　賃貸借契約が公簿に登録されたときは、賃借人の権利は物権とみなされ、その後占有Besitz〔第309条参照〕を承継した者も、残余期間につきこの権利を認めなければなら

ない。

　第1101条　(1) 不動産の賃貸人は、賃料を担保する目的で、賃借人または賃借人と生計を共にする家族が所有し、持ち込んだ諸設備及び動産に対して、差押えの禁止されている物を除き、質権を有する。この質権は、差押えの登録〔一種の仮処分として、債権者の申請に基づき、裁判所の許可を得て執行機関が行う、差押え簿への登録〕の前に当該目的物が持ち去られたときには、消滅する。但し、裁判上の処分により持ち去られた場合は、賃貸人は執行後三日以内に自己の権利を裁判所に申告することによって質権の消滅を免れることができる。

　(2) 賃料の支払または担保の提供なく、賃借人が転居しまたは物が持ち去られようとするとき、賃貸人は自己の危険において当該目的物を留置することができる。但し、三日以内に差押えの登録を申請しないときは、これを返還しなければならない。

　(3) 土地の賃貸人は、前2項と同一の範囲、効果をもって、賃貸借の目的地にある家畜及び耕作用具並びにそこになお存在する果実に対して質権を有する。

　第1120条　所有者がその賃貸物を他人に譲渡し、すでに引き渡した場合には、その権利が公簿に登録されていない限り（第1095条）、賃貸物の所持者 Bestandinhaber〔賃借人は賃貸の目的物については所持者〔物の所持者 Sachinhaber〕となるが、他方、賃借権の占有者〔権利の占有者 Rechtsbesitzer〕として占有保護を受ける。本文244頁を参照。〕は、然るべき告知がなされて後は新占有者 Besitzer〔第309条参照〕に対抗することができない。しかし賃貸物の所持者は、賃貸人に対して、被った損害及び逸失した利用に関して、完全な賠償を請求する権利を有する。

【第26節　労務給付契約】

　第1174条　(1) ある者がそれと知りながら不可能または違法な行為が行われるようにと何かを与えたとき、その返還を請求することはできない。いかなる場合に国庫がこれを没収する権限を有するかについては、警察命令がこれを定めるものとする。これに対して、違法な行為を阻止するために、この行為を行おうとする者にある物が与えられたときは、返還請求が認められる。

　(2) 禁止されている賭博を目的として金銭が貸し付けられたときは、その返還を請求することができない。

【第30節　損害賠償および償いの権利】

　第1295条　(1) 何人も、加害者が過失により彼に加えた損害の賠償を、加害者に請求する権利を有する。なお当該損害が契約上の義務の違反によって発生したか、契約と無関係に発生したかを問わない。

　(2) 良俗に反する方法で故意に損害を加えた者も、その損害について責任を負う。但し、それが権利の行使としてなされたものである場合には、当該権利行使が明らかに他人に損害を加える目的を持っていたときに限り責任を負う。

　第1300条　専門家は、報酬を得てその技術、知識に関わる事柄につき不注意から不適切な

助言を与えた場合には、責任を負わなければならない。この場合を除き、助言者は、助言を与えることにより他人に意図的に損害をもたらしたときに限り、責任を負う。

第1311条　単なる偶然（事変）が財産または身体に発生したとき、その損失は所有者またはその人自身が被る。これに対して、ある者が過失により事変を惹起したとき、事変による損害の防止を目的とする法律に違反したとき、または必要なく他人の事務に干渉したとき、その者は、そうしたことがなければ発生しなかったであろうすべての損失について責任を負う。

第1318条　（349頁参照）

第1320条　ある人が動物によって損害を被ったときは、動物をそれへと追い立て、刺激し、または保管を怠った者がその責任を負う。動物を占有する者は、必要な保管または監視を行ったことを証明しない限り、その責任を負う。

第1335条　債権者が裁判上の催告を行うことなく、利息が元本債務の額に達した場合、元本に基づきさらに利息を請求する権利は消滅する。但し、訴え提起の日から新たに利息を請求することができる。

第3編　人の法及び物の法に関する通則

【第1節　権利及び義務の強化】

第1355条　保証人は、原則として、債権者が主債務者に裁判上または裁判外の催告をし、なお主債務者が債務を履行しないときにはじめて請求され得るものとする。

第1357条　保証人にして弁済者として債務を負担する者は、不分割債務の債務者として債務全部について責任を負担する。まず主債務者に請求する、保証人に請求する、または両者に同時に請求するかは、債権者の任意とする（第891条）。

第1358条　他人の債務につき人的または特定の財産をもって責任を負担する者は、当該債務を弁済したとき、債権者の諸権利を承継し、弁済した債務の賠償を債務者に請求することができる。この目的達成のために、満足を得た債権者は、法的手段及び担保のすべてを弁済者に提供しなければならない。

第1371条　質契約及び消費貸借契約の性質に反する条件及び付随契約は、すべて無効とする。このような合意としては、債務の履行期到来後は質物が債権者の所有となる旨の；債権者が、予め定められた価格で売却するか、もしくは自己に留保するかを任意に行うことができる旨の；債務者がいかなるときも質を請け戻すことができない、もしくは不動産を他人に譲渡することができない、または債権者が履行期到来後に質物の売却を要求することができない旨の合意がある。

【第3節　権利及び義務の消滅】

第1414条　債権者と債務者との合意により、または弁済自体が不可能であることを理由に、弁済に代えて他の物が給付されたときは、当該行為は有償行為とみなされる。

第1431条　法律の錯誤をも含め、錯誤により物または行為が、給付者に対してその権利を持たない者に給付されたときは、原則として前者については物の返還を、後者については得た

利益に対応する報酬を請求することができる。

第1432条　但し、時効により消滅した債務、または形式の瑕疵のみを原因とする無効な債務もしくはその取立につき法律が単に訴権を否定したにとどまる債務については、債務を負っていないことを知りながら弁済した場合と同様に、その返還を請求することはできない。

第1438条　（117頁参照）

AHG: Amtshaftungsgesetz（職務責任法）

第1条1項　連邦、州、県、市町村、その他の公法上の団体及び社会保険の保険者 ── 以下法主体と呼ぶ ── は、その機関として行為する者が法律を執行するについて違法行為により何人にであれ財産または身体に対し有責に損害を加えたとき、民法の規定に基づき賠償責任を負う。その機関は被害者に対して責任を負わない。損害は金銭をもってのみ賠償され得るものとする。

第3条1項　法主体は、本法に基づき被害者に損害を賠償したときは、その機関として行為し、故意または重過失により当該権利侵害を行いまたは惹起した者に対して、求償権を有する。

ASVG: Allgemeines Sozialversicherungsgesetz（社会保険法）

第332条1項　本法の規定に基づき受給権を有する者または第123条の定めるところにより近親者〔配偶者、子供等〕として給付を認められる者が、保険給付の原因である事故により生じた損害の賠償を他の法律の規定に基づき請求することができる場合においては、なされるべき給付額の限度において、賠償請求権は保険者に移転する。〔中略〕慰藉料請求権は保険者に移転しない。

KSchG: Konsumentenschutzgesetz（消費者保護法）

第6条1項　消費者にとって特に以下に列挙する契約条項は、民法第879条〔違法なまたは良俗に反する契約の無効〕の意味においていかなる場合にも拘束力を持たない。〔中略〕　9号　事業者が負う身体に対する損害の賠償義務を免除もしくは軽減する条項、またはその他の損害賠償義務で、事業者もしくはそれにつき事業者が責に任ずべき者の故意または重過失により損害が発生した場合について、事業者が負う責任を免除もしくは軽減する条項。

MRG: Mietrechtsgesetz（使用賃貸借法）

第2条1項　……最初の使用賃貸借契約が有効に締結され、当該目的物が賃借人に引き渡された場合には、以後、たとえそれが公簿に登録されていないときであっても、賃貸人の権利承継人は当該契約に拘束されるものとする。……

第30条1項　賃貸人は重大な事由がない限り賃貸借契約の解約を告知することができない。

NZwG: Notariatszwangsgesetz（公正証書作成強制法）

§ 1 Abs.1 lit. d ＝第1条1項のd
第1条　以下に掲げる契約及び法律行為については、当該契約及び行為に関する公正証書の作成をもってその成立要件とする。〔中略〕d) 現実の引渡のない贈与契約。

StGB: Strafgesetzbuch（刑法）
第12条　直接正犯者のみならず、人をして可罰行為を実行するよう決意させ、またはその他の方法で実行に加功した者もまた、可罰行為を行う者である。

第127条　他人の動産を、その領得により自己または第三者をして不法に利得させる意思を持って、人から奪取した者は、六月以下の自由刑または360日以下の日割による罰金刑に処す。

第136条　権利者の同意を得ないで、原動機を備えた乗物を使用した者は、六月以下の自由刑または360日以下の日割による罰金刑に処す。

VersVG: Versicherungsvertragsgesetz（保険契約法）
第67条1項　保険契約者が第三者に対する損害賠償請求権を有する場合において、保険者が保険契約者に損害を賠償したときは、その請求権は保険者に移転する。保険契約者が第三者に対する自己の請求権または請求権を担保する権利を放棄したときは、保険者は、保険契約者が放棄しなければその請求権または権利に基づき取得することができた賠償額の限度において、賠償義務を免れることができる。

事項索引

あ

悪意：*28-30, 52, 90, 228, 234, 338*
悪意（不法行為）：*338*
悪意責任：*91, 93-95*
悪意訴権：*338-339*
悪意の抗弁→抗弁
　　一般的（現在の）――：*28, 339*
　　特殊的（過去の）――：*28, 339*
アクィーリウスの問答契約：*124, 200*
アクィーリウス法：*2, 32, 89, 159, 329*
アクィーリウス法訴権：*32-33, 331, 333-334*
握取行為：*187, 211, 220, 227, 230*
　　1 ヌンムスの――：*212*
アゾ Azo：*117*
与える（供与）：*18, 39, 59, 200, 312, 314, 316*
与えることを要すること：*18, 105, 312*
アナスタシウス法：*149*
アプレイウス法：*155*
按察官訴権：*230, 232*
安全な占有：*217, 220, 224*

い

遺産分割訴権：*262, 305*
一回的債務関係：*39, 107, 240, 241*
委託事務管理人：*110, 147, 302*
委託販売契約：*275-276, 280*
移転記入：*209*
委任：*255, 300*
　　君のための――：*257-258*
委任直接訴権：*255, 278, 300*
委任反対訴権：*156, 158, 255, 300*
違約手附：*81*

違約罰：*82*

う

ウェッラエウス元老院議決：*51, 145*
ウェッラエウス元老院議決の抗弁→抗弁
請負：*240, 241, 251*
売主訴権：*5, 6, 57, 212, 278*

え

永借権：*242, 248-249*

か

解除：*52, 81, 127, 216, 235, 237*
解除条件：*238*
解除訴権：*230, 232*
解除の約款：*237*
海上冒険貸借：*71, 172*
買主訴権：*5-7, 8, 10, 57, 76-77, 212, 226, 230, 234-235, 277*
解約手附：*81*
加害者委付：*350-351, 360*
加害訴権：*232, 351, 361-362*
加害動物委付：*363*
確定貸金債権：*19, 158, 165*
確定金銭：*5, 10, 14, 18-19, 199, 312*
確定訴権：*17, 104*
確定のもの：*5, 6, 18, 39, 76, 79, 199, 310, 312*
確定物：*5, 15, 312*
確定方式書：*10, 39*
嫁資設定の無方式合意：*206, 283*
嫁資の供与：*206*
嫁資の言明：*205*
嫁資の約束：*201, 202, 206*

瑕疵担保責任：*229, 233*
過失：*89, 93-96, 330, 332*
過失責任：*85, 89, 91, 363, 364*
過失責任主義（過失責任の原理）：*73, 93*
貸主訴権：*242, 250, 251, 275, 278*
過多請求：*11, 14, 17*
家畜放牧訴権：*364*
加入：*51, 144*
カラカラの勅法：*205*
借方記入：*19, 54, 208*
借主訴権：*242, 250, 251, 275, 278*
勧告文言：*338, 340*
完成：*236*
間接代理：*260*
完全双務契約：*55, 56, 102, 212, 240*
完全法：*318*

き

危険責任：*73*
危険の契約：*167, 276*
危険は買主にあり：*97, 236*
危険は貸主にあり：*243*
危険負担：*65, 66, 92, 96, 102, 219, 236*
　　請負における ── ：*252*
　　雇傭における ── ：*250*
　　賃貸借における ── ：*243*
擬制訴権：*14, 17*
期待された物の売買：*214*
寄託：*5, 23, 94, 173*
寄託直接訴権：*5, 174, 175, 192*
寄託反対訴権：*5, 174, 192*
希望の売買：*214*
義務設定指図：*125*
給付障害：*98*
給付不当利得：*311, 315*
境界画定訴権：*306*
強行法規：*50*

供託：*118*
強迫：*340*
強迫故の抗弁→抗弁
強迫故の訴権：*341*
共有：*262, 268, 305*
　　偶然の ── ：*305*
共有物分割訴権：*268, 305*
供与→与える
キンキウス法：*51, 293, 296, 297*
キンキウス法の抗弁→抗弁
銀行業者：*116, 284*
銀行業者の引受契約：*284*
金銭消費貸借に関するユリウス法：*112*
金銭出納簿：*207*
金銭の寄託：*177*
金銭判決の原理（有責判決はすべて金銭で
　　下される）：*4, 23, 72, 74*
金銭不受領の訴：*170*
金銭不受領の抗弁→抗弁

く

具体的過失：*91, 95, 265*
組合：*261, 305*
　　ある事業の ── ：*264*
　　財産不分割の ── ：*262*
　　全財産の ── ：*263*
　　一つの事柄の ── ：*264*
　　利得物の ── ：*263*
組合訴権：*267*
　　組合存続中の ── ：*265*

け

軽過失 *90, 91*
係争物寄託：*176*
継続的契約関係：*49*
継続的債務関係：*39, 240, 241*
競売の約款：*237, 238*

契約：*44, 48, 51, 162, 270, 300*
契約締結上の過失：*62*
契約の自由：*49, 50*
結果責任：*89*
ゲヌキウス法：*71*
原因の競合：*121*
原因の種々の態様：*42*
減額訴権：*230, 233*
言語契約：*54, 197*
現行盗：*326*
現行盗訴権：*327*
現実贈与：*292*
現実売買：*211*
原始的不能：*61, 62*
原状回復：*340, 341, 342*
厳正訴権：*10, 17, 30, 165, 199*
厳正訴訟：*10*
厳正法上の債務関係（厳正債務）：*5, 40-41, 68, 70, 92, 105, 115, 119, 124, 165*
権利の瑕疵：*99, 217, 218, 219, 242*
権利の瑕疵に対する担保責任：*226*
権利の占有者 Rechtsbesitzer：*244*

── こ ──

合意（consensus）：*162, 163*
合意（conventio）：*44*
合意は守られなければならない：*271, 273*
合意約束の抗弁→抗弁
更改：*121, 135, 141, 143, 200*
　当事者の交替を伴う ── ：*125*
更改意思：*123*
交換：*272, 275*
後見：*304*
後見直接訴権：*304*
後見反対訴権：*304*
公序良俗違反：*318*
拘束行為：*87, 118, 172*

拘束行為の解放：*173*
強盗：*328*
後発的不能：*61, 63, 99, 100*
抗弁：*24-30*
　悪意の ── ：*28-30, 41, 116, 202, 339*
　ウェッラエウス元老院議決の ── ：*145*
　強迫故の ── ：*341*
　キンキウス法の ── ：*296*
　金銭不受領の ── ：*30, 169*
　合意約束の ── ：*27, 119*
　同時履行の ── ：*58*
　マケドー元老院議決の ── ：*171*
　ラベオーの ── ：*286*
公簿登録：*294, 295*
合有：*262*
国民訴権：*349*
雇傭：*249*
コロナートゥス（土着農夫）制：*242, 248*
婚姻前の贈与：*298*
婚姻故の贈与：*299*
混合契約：*50, 270*
混合訴権：*31, 328, 333, 339, 344*
　対物と対人の ── ：*308*
コンディクティオ：*5, 7, 10, 18, 29, 164, 165, 199, 310*
　確定金銭の ── ：*19, 313*
　確定物の ── ：*313, 314*
　穀物的 ── ：*165*
　不確定物の ── ：*313, 314*
コンディクティオ（不当利得返還請求訴権）：*19, 310, 315, 316, 320*
　一般的 ── ：*316*
　卑しい原因故の ── ：*315, 318*
　原因終了故の ── ：*316, 319*
　原因なき ── ：*315, 319*
　原因故に与えられたものの ── ：*273, 274, 315, 318*
　後悔による ── ：*274*

盗の ── : 31, 32, 34, 316, 317, 325, 328
非債弁済の ── : 19, 315, 317
不法原因故の ── : 315, 318
法律に基づく ── : 316
目的あるも目的不到達の ── : 299, 315, 318
ユウェンティウスの ── : 320
混同 : 120, 135

さ

債権遺贈 : 130, 132, 134, 308
債権譲渡 : 114, 141, 143, 146
債権売買 : 149, 213
債権者詐害 : 342
債権者遅滞 : 99, 103, 104
債権者取消権 : 343
財産管理人→委託事務管理人
財産的損害 : 74
裁定付与 : 306, 307
災難危急時の寄託 : 176
債務回復訴権 : 145
債務関係 : 1, 87
　── の分類 : 38
　狭義の ── : 3, 40, 107, 126
　広義の ── : 3, 40, 107, 126
　契約に基づく ── : 41, 44
　不法行為に基づく ── : 41, 323
債務参加 : 51, 142, 144
債務者遅滞 : 79, 99, 103, 106
債務設定訴権 : 145
債務の永久化 : 101, 104, 105, 328
債務引受 : 141
債務引受の問答契約 : 125, 141, 144
詐害的特示命令 : 342
詐害の意思 : 343
差額法 : 75
差押権 Perklusionsrecht : 243
差出保証 : 151
サビーヌス学派 : 111, 275
サルウィウスの特示命令 : 244
参加要約 : 142, 159
参加要約者 : 74, 110, 142

し

死因贈与 : 299
自己の事務における注意 : 91, 95, 265, 304
自己の利益のための委託事務管理人 : 147
獅子組合 : 263
事実訴権 : 14, 274, 281, 303, 331
事実に基礎を置く訴権 : 13, 175, 180, 184, 191
自然債務 : 39, 88, 113, 168, 317, 350
質 : 144, 162, 164, 182
　ゴルディアヌスの ── : 186
質直接訴権 : 183, 184
質反対訴権 : 183, 184
質物取戻訴権 : 185
私的自治 : 49, 52, 270
支配人 : 352, 357
支配人訴権 : 352, 357
支配領域説 : 253
支払指図 : 110, 126
支払保証 : 151
事変 : 90, 92, 104, 252, 303
事変は所有者が被る : 97
試味売買の約款 : 237, 238
市民法上の債務関係 : 38
市民法上の事実訴権 : 281
市民法訴権 : 13, 38, 280, 344
事務管理 : 47, 300, 301
事務管理直接訴権 : 300, 303
事務管理反対訴権 : 156, 300, 303
社団 : 261
シュタウプ Staub : 100

従たる義務：69
十二表法：45, 71, 89, 175, 222, 326, 327, 335, 363
主たる給付義務：69
手中物：187, 211, 220
シュナラグマ：57
受領遅滞→債権者遅滞
受領問答契約：24, 108, 118, 127, 134, 159, 201
種類債務：63, 102, 165
種類債務の特定：65
種類物売買：200, 213
種類物はなくならない：63, 65, 102
準アクィーリウス法訴権：364
順位の利益：152
順位または先訴検索の利益：154, 156
準契約：42, 300
準支配人訴権：358
準セルウィウス訴権：185
準訴権：14, 17, 146, 147, 332
準不法行為：42, 48, 287
準利益転用物訴権：356
消極的損害：74
消極的利益→信頼利益
使用者責任：287
使用貸借：5, 13, 56, 94, 162, 164, 240
使用貸借直接訴権：5, 32, 33, 56, 179, 181
使用貸借反対訴権：5, 56, 179, 180
譲渡通知：146, 148
消費貸借：1, 18, 19, 162, 164, 165
消耗競合：36, 136, 137, 154
贖罪契約（贖罪金支払による和解）：45, 87, 335
助言：257
所持者：174, 178, 244
所有権供与義務：217, 220
所有物取戻訴権：34, 224, 309, 316, 325
自力救済の違法な行使：108, 120

侵害不当利得：311
人格権侵害：74, 335
　重大な ── ：336
人格権侵害訴権→評価的人格権侵害訴権
信義誠実（誠意）：10, 40, 52, 174, 188, 212, 256
信託：165, 164, 187
　債権者と締結された信託 ── ：188
　友人と締結された信託 ── ：188
信託直接訴権：188
信託反対訴権：188
神帝ピウスの勅答：320
神帝マルクスの裁決：108, 120
審判人が訴訟を自己のものとするとき：348
信命：152, 153, 155, 201
信約：124, 152, 153, 155, 201
信用委任：158, 258, 259
信頼利益：62, 77-79

す ──

据置吊下物訴権：349

せ ──

誠意契約：46, 68, 70, 277
誠意条項：16, 40
誠意訴権：10, 17, 30, 279
誠意訴訟：10, 30, 40-41
生活資留保の利益（為し得る限りで）：86, 267
制限種類債務：64
制限種類物売買：214, 236
製作物供給契約：241
正当価格：215, 322
誓約：124, 152, 253, 155, 156, 201
責任：84
積極的契約（債権）侵害：99, 100

事項索引　377

積極的損害：*74*
積極的利益→履行利益
窃盗：*19, 32, 312-313, 317, 324*
　自己の物の ── ：*325*
　使用 ── ：*175, 324*
　占有 ── ：*325*
セルウィウス訴権：*244*
先訴検索の利益→順位または先訴検索の利益
選択債務：*12, 66, 214*
選択的競合：*33-36, 37, 136, 334, 345*
占有訴権付占有者Interdiktenbesitzer：*176, 181, 183*

そ ──

相殺：*41, 113*
相続人共同体：*262*
相対的悪意：*95*
争点決定：*8, 122, 135, 136, 147, 347*
双務契約：*55, 57, 58, 97*
双面訴権：*308*
贈与：*291*
贈与意思：*292*
贈与の約束：*292*
訴権：*4-7, 17*
　── の競合：*32, 36, 37, 136, 283, 288, 306, 326, 334, 344, 345*
　── の拒否：*171*
　── の消耗：*10, 122, 259*
　── の分類：*17*
訴権譲渡の利益：*109, 150, 157*
訴権法的思考：*6*
訴訟委任：*147*
訴訟代理人：*147, 227*
訴訟通告：*227*

た ──

第一次給付義務：*72*
第三者による給付：*109*
第三者の参加：*139*
第三者のためにする契約：*139, 245*
第三者への給付：*110*
対人訴権：*3, 13, 17, 18, 248, 344*
対人質訴権：*185*
第二次給付義務：*72*
対物訴権：*3, 13, 17, 224, 248, 344*
対物質訴権：*185*
対物的に書かれた抗弁：*342*
対物的に書かれた訴権：*341*
代物弁済：*111*
代理→直接代理、間接代理
諾成契約：*55, 162, 211*
拿捕：*156, 173*
担保責任：*99, 100*
　握取行為における ── ：*222, 226, 227*
　賃貸借における ── ：*242*
　売買における ── ：*217*
担保訴権：*225, 227*
担保問答契約：*226, 230*
担保約束：*201, 229, 230, 231, 234*

ち ──

遅滞：*98, 103, 219*
注意深い家長：*91*
仲裁契約：*285*
仲裁人の引受契約：*285*
抽象的過失：*91, 95*
重畳的競合：*33-36, 37, 326, 345*
直接訴権：*56*
直接代理：*140, 260*
賃貸借：*2, 242*
賃約：*239*
賃料免除：*247*

つ

追奪：*218-219, 224*
追奪原理：*217, 226*
追奪担保責任：*226*
通告による法律訴訟：*18, 310, 311*

て

停止条件：*238*
抵当：*182*
抵当訴権：*185*
手附：*80*
典型契約：*270*
転貸：*247*
転用物訴権：*357*

と

同害報復：*45, 335*
頭格減少：*135, 267*
銅衡行為：*172*
動産占有保持の特示命令：*34, 326*
盗訴権：*19, 32, 34, 325, 326*
盗の不当利得返還請求訴権→コンディクティオ（不当利得返還請求訴権）
銅と衡による解放：*24*
銅と衡による弁済：*87, 118, 127, 173*
同時履行の抗弁→抗弁
当事者の競合：*35, 344, 345*
特定の場所で（与えるを要することについて）の訴権：*79*
特定物債務：*63*
特定物売買：*213*
特別訴訟手続：*257*
特有財産：*353*
　軍営——：*350*
特有財産訴権：*352, 353*
土地の面積に関する訴権：*230*

な

投荷に関するロードス法：*254*
為し得る限りで→生活資留保の利益
為す：*39, 59, 200*

に

２倍額担保問答契約：*201, 225-226, 227*
認諾的アクィーリウス法訴権：*333*

は

売買：*211*
売買は賃貸借を破る：*244*
パウルス訴権：*343*
莫大な損害：*52, 67, 128, 216, 322*
破産財団の買主：*116*
罰金：*31, 323, 337, 344, 346*
罰訴権：*31, 130, 320, 337, 344, 346*
ハドリアーヌス帝の書簡：*155*
破廉恥：*176, 189, 256, 267*
反対行為：*127*
反対合意：*127*
反対訴権：*56*

ひ

引受契約：*282*
引受訴権：*285, 289*
引受物に関する訴権：*286*
非現行盗：*34, 326, 327*
非現行盗訴権：*361*
非財産的損害：*74*
非債弁済：*165, 317*
引越の特示命令：*243*
非典型契約：*50, 270, 272,*

事項索引　379

ふ

夫婦間の贈与禁止：51, 293, 297
不確定訴権：17, 101
不確定のもの：6, 10, 16, 39, 76
不確定物の市民法訴権：281
不確定方式書：10, 12, 39, 76
不可抗力：90, 92, 243, 252
付加的性質の訴権：350, 351
付加的無方式合意：41, 68, 69, 237, 245
付加的約定：67
不完全双務契約：55, 174, 179, 183, 188
不完全法：296, 318
不規則請負：254
不規則寄託：176, 177
不規則質：186
附従性：142, 152
物権遺贈：309
不当利得：19, 310, 311, 315
　　法務官法上の──：320, 346
不当利得返還請求訴権→コンディクティオ
　　（不当利得返還請求訴権）
船主訴権：352, 357
船主、旅館の主人、厩の主人の使用者責任：349
船主、旅館の主人、厩の主人の引受契約：286
不能（履行不能）：61
プーブリキウス訴権：244
プブリリウス法：153, 156
不法行為：31, 44, 323
　　市民法上の──：324
　　法務官法上の──：324
不法損害：32, 329
フリウス法：153, 155
プロクルス学派：111, 275
分益小作：247-248
分割債務：130, 132

分割の利益：138, 157
文書契約：18, 19, 54, 162, 207
分配訴権：355

へ

弁済：108
弁済競合：36, 137, 154
弁済のために付加された者：110
弁済費訴権：156
弁済約束：282, 283
　　自己の債務の──：157, 283
　　他人の債務の──：152, 157, 283
弁済約束金訴権：283, 289
片務契約：55, 102

ほ

方式書（訴訟方式書）7, 8, 12
　　悪意訴権の──：338
　　委任直接訴権の──：279
　　売主訴権の──：21, 278, 359
　　買主訴権の──：8, 22, 277
　　加害（盗）訴権の──：362
　　貸主訴権（賃貸借）の──：278
　　借主訴権（賃貸借）の──：278
　　寄託訴権（事実に基礎を置く訴権）
　　　の──：23, 192
　　寄託直接訴権の──：23, 192
　　寄託反対訴権の──：192
　　強迫故の訴権の──：340
　　共有物分割訴権の──：307
　　コンディクティオ（確定金銭）の──：
　　　9, 11, 19, 20, 25, 27, 29, 313
　　コンディクティオ（確定物）の──：314
　　事実に基礎を置く──：13
　　使用貸借（事実に基礎を置く訴権）
　　　の──：193
　　使用貸借直接訴権の──：193

使用貸借反対訴権の――：*193*
盗訴権の――：*361*
引受物に関する訴権の――：*290*
付加的性質の訴権（支配人訴権）
の――：*359*
法律に基礎を置く――：*13, 279, 303*
前書訴権（委託販売契約）の――：*280*
方式書訴訟手続：*7*
法定債権譲渡：*150, 156*
法廷譲与：*187, 220*
法定の無方式合意：*45, 51, 157, 282*
法務官法上の無方式合意：*45, 51, 157, 282*
法律に基礎を置く訴権：*13, 17, 175, 180, 184, 191*
暴力強奪物訴権：*31, 328*
保管（責任）：*90, 91, 93, 179, 183, 243, 251, 286, 288*
保護義務・注意義務違反：*73, 99, 100*
補充権：*66, 83, 112*
補充性：*142, 152, 154*
保証：*114, 142, 144, 151, 201*
保証人の求償：*155*
保証類似の行為：*157*
保有せしめることの担保問答契約：*228*

ま

埋葬訴権：*304*
前書訴権：*273, 274, 277, 281*
マケドー元老院議決：*51, 170*
マケドー元老院議決の抗弁→抗弁
マルティヌス Martinus：*117*

み

未熟練：*251, 348*
未発生損害担保問答契約：*50, 201*

む

無過失責任：*93, 235, 286*
無方式合意：*45, 51, 282, 335*
無方式の贈与約束：*283*
無方式の免除約束：*24, 28, 118, 134*
無名要物契約：*45, 51, 271, 272*

め

明言：*228-230, 232-234*
名誉法訴権：*13, 17*
名誉法上の債務関係：*38*
免除：*118*

も

黙示の更新：*246*
目的故の供与：*318*
持込物：*243*
物追求訴権：*31, 37, 344*
物の瑕疵：*99, 217-219*
物の瑕疵に対する担保責任：*229*
物の占有者 Sachbesitzer：*244*
模倣された訴権：*14*
問答契約：*1, 18, 29, 197*
問答契約訴権：*6, 7, 168, 199*

ゆ

遺言訴権：*309*

よ

容仮占有：*94, 178, 181*
容仮占有に関する特示命令：*181*
要すること：*13, 18, 38, 279, 280*
要式免除行為：*24, 118*
要物契約：*54, 162, 164*
――のまとめ：*190*

四足の家畜が加えた損害に関する訴権： *363*

ら

ラベオーの抗弁→抗弁

り

利益（利害関係）： *75-77*
利益原理： *93, 94, 95, 174, 256*
利益転用物訴権 *311, 352, 355*
履行遅滞→債務者遅滞
履行の引受： *141*
履行利益： *77-78*
利息債務： *69*
流質約款： *53, 238*
流出投下物訴権： *48, 349*
利率： *71*

る

類型強制： *44, 45, 49, 51, 163, 270, 273*
類型自由： *49*

れ

連帯債権： *130*
連帯債務： *130, 132, 134*

ろ

労務提供訴権： *206*
労務約束： *197, 206*

ラテン語訳語表

- acceptilatio　受領問答契約
- actio　訴権
  - ad exemplum　模倣された訴権
  - auctoritatis　担保訴権
  - bonae fidei　誠意訴権
  - certa　確定訴権
  - certae creditae pecuniae　確定貸金訴権
  - civilis　市民法訴権
  - commodati contraria　使用貸借反対訴権
  - commodati directa　使用貸借直接訴権
  - communi dividundo　共有物分割訴権
  - conducti　借主訴権
  - contraria　反対訴権
  - de effusis et deiectis　流出投下物訴権
  - de eo quod certo loco (dari oportet)　特定の場所で（与えるを要することについての）訴権
  - de in rem verso　利益転用物訴権
  - de modo agri　土地の面積に関する訴権
  - de pauperie　四足の家畜が加えた損害に関する訴権
  - de peculio　特有財産訴権
  - de pecunia constituta　弁済約束金訴権
  - de posito et suspenso　据置吊下物訴権
  - de recepto　引受物に関する訴権
  - depositi contraria　寄託反対訴権
  - depositi directa　寄託直接訴権
  - directa　直接訴権
  - doli　悪意訴権
  - duplex　双面訴権
  - empti　買主訴権
  - ex stipulatu　問答契約訴権
  - exercitoria　船主訴権
  - familiae erciscundae　遺産分割訴権
  - ficticia　擬制訴権
  - fiducia contraria　信託反対訴権
  - fiducia directa　信託直接訴権
  - finium regundorum　境界画定訴権
  - funeraria　埋葬訴権
  - furti　盗訴権
  - honoraria　名誉法訴権
  - hypothecaria　抵当訴権
  - in factum　事実訴権
  - in factum civilis　市民法上の事実訴権
  - in factum concepta　事実に基礎を置く訴権
  - in ius concepta　法律に基礎を置く訴権
  - in personam　対人訴権
  - in rem　対物訴権
  - in rem scripta　対物的に書かれた訴権
  - in rem verso　利益転用物訴権
  - incerta　不確定訴権
  - incerti civilis　不確定物の市民法訴権
  - iniuriarum aestimatoria　評価的人格侵害訴権
  - institoria　支配人訴権
  - institutoria　債務設定訴権
  - legis Aquiliae　アクィーリウス法訴権
  - locati　貸主訴権
  - mandati contraria　委任反対訴権
  - mandati directa　委任直接訴権
  - mixta　混合訴権
  - negotiorum gestorum　事務管理訴権
  - - - contraria　事務管理反対訴権
  - - - directa　事務管理直接訴権
  - operarum　労務提供訴権
  - Pauliana　パウルス訴権
  - pigneraticia (in personam)　（対人）質訴権
  - - - contraria　（対人）質反対訴権

ラテン語訳語表　*383*

- - - directa　（対人）質直接訴権
- poenalis　罰訴権
- popularis　国民訴権
- praescriptis verbis　前書訴権
- pro socio　組合訴権
- Publiciana　プーブリキウス訴権
- quanti minoris　減額訴権
- quod iussu　命令訴権
- quod metus causa　強迫故の訴権
- recepticia　引受訴権
- redhibitoria　解除訴権
- reipersecutoria　物追求訴権
- restitutoria　債務回復訴権
- Serviana　セルウィウス訴権
- tutelae contraria　後見反対訴権
- tutelae directa　後見直接訴権
- utilis　準訴権
- venditi　売主訴権
- vi bonorum raptorum　暴力強奪物訴権

adiudicatio　裁定付与
adstipulatio　参加要約
adstipulator　参加要約者
aestimatum　委託販売契約
animus donandi　贈与意思
animus novandi　更改意思
arrha　手附
- confirmatoria　証約手附
- poenalis　違約手附
- poenitentialis　解約手附
auctoritas　担保責任（握取行為における）

beneficium　利益（恩恵）
- cedendarum actionum　訴権譲渡の利益
- competentiae　生活資留保の利益
- divisionis　分割の利益
- excussionis　先訴検索の利益
- ordinis sive excussionis personalis　順位または先訴検索の利益

bona fides　信義誠実
bonorum emptor　破産財団の買主

capitis deminutio　頭格減少
cautio damni infecti　未発生損害担保問答契約
cessio legis　法定債権譲渡
colonia partiaria　分益小作
commodatum　使用貸借
communio　共有
- incidens　偶然の ──
- pro indiviso　持分的 ──
compensatio　相殺
compromissum　仲裁契約
condemnatio pecuniaria　金銭判決（の原理）
condictio　コンディクティオ・不当利得返還請求訴権
- causa data causa non secuta　目的あるも目的不到達の ──
- causa finita　原因終了故の ──
- ex lege　法律に基づく ──
- furtiva　盗の ──
- generalis　一般的 ──
- incerti　不確定物の ──
- indebiti　非債弁済の ──
- ob causam datorum　原因故に与えられたものの ──
- ob iniustam causam　不法原因故の ──
- ob turpem causam　卑しい原因故の ──
- sine causa　原因なき ──
confusio　混同、混和
conscientia fraudis　詐害の意思
consortium　相続人共同体
constitutio Antoniniana　カラカラの勅法
constitutum debiti　弁済約束
- alieni　他人の債務の ──
contractus bilateralis　双務契約

- - aequalis　完全（対等）──
- - inaequalis　不完全（非対等）──
contractus mohatrae　危険の契約
contractus unilateralis　片務契約
culpa　過失
- in abstracto　抽象的 ──
- in concreto　具体的 ──
- in contrahendo　契約締結上の ──
- lata　重過失
- levis　軽過失
custodia　保管（責任）

damnum emergens　積極的損害
- iniuria datum　不法損害
dare　与える
dare oportere　与えることを要すること
datio　供与
- in solutum　代物弁済
- ob rem　目的故の供与
delegatio obligandi　義務設定指図
- soluvendi　支払指図
denuntiatio　通知・通告、譲渡通知
depositio　供託
depositum　寄託
- irregulare　不規則 ──
- miserabile　災難危急時の ──
- sequestre　係争物寄託
dictum (dicta)　明言
diligens pater familias　注意深い家長
diligentia　注意（義務）
　- quam in suis rebus　自己の事務における注意
dolus　悪意
donatio　贈与
- ante nuptias　婚姻前の ──
- inter virum et uxorem　夫婦間の ──
- mortis causa　死因 ──
- propter nuptias　婚姻故の ──

dos　嫁資
dotis datio　嫁資の供与
dotis dictio　嫁資の言明
dotis promissio　嫁資の約束

emphyteusis　永借権
emptio rei speratae　期待された物の売買
- spei　希望の売買
emptio venditio　売買
epistula Hadriani　ハドリアーヌス帝の書簡
exceptio　抗弁
- doli　悪意の ──
- doli generalis　一般的（現在の）悪意 ──
- doli specialis　特殊的（過去の）悪意 ──
- in rem scripta　対物的に書かれた ──
- legis Cinciae　キンキウス法の ──
- non adimpleti contractus　同時履行の ──
- non numeratae pecuniae　金銭不受領の ──
- pacti conventi　合意約束の ──
- quod metus causa　強迫故の ──
- SCi Macedoniani　マケドー元老院議決の ──
- SCi Vellaeani　ウェッラエウス元老院議決の ──
expensilatio　借方記入
expromissio　債務引受（の問答契約）
extraordinaria cognitio　特別訴訟手続

facere　為すこと
facultas alternativa　補充権
fenus nauticum　海上冒険貸借
fideiussio　信命
fidepromissio　信約
fiducia　信託
- cum amico contracta　友人と締結され

た —
- cum creditore contracta　債権者と締結
　された —
formula certa　確定方式書
- incerta　不確定方式書
fraus creditorum　債権者詐害
furtum　窃盗
- manifestum　現行盗
- nec manifestum　非現行盗
- possessionis　占有窃盗
- usus　使用窃盗

hypotheca　抵当

id quod interest　利益（利害関係）
imperitia　未熟練
in diem addictio　競売の約款
in id quod facere potest　為し得る限りで
in iure cessio　法廷譲与
infamia　破廉恥
iniuria　人格権侵害
insinuatio　公簿登録
institor　支配人
interdictum　特示命令
- de migrandi　引越の —
- de precario　容仮占有に関する —
- fraudatorium　詐害的 —
- Salvianum　サルウィウスの —
- utrubi　動産占有保持の —
invecta et illata　持込物
iudiciun bonae fidei　誠意訴訟
- stricti iuris　厳正訴訟
ius cogens　強行法規
- dispositivum　任意法規

laesio enormis　莫大な損害
legatum per damnationem　債権遺贈
- per vindicationem　物権遺贈

lex　法律
- Anastasiana　アナスタシウス法
- Aquilia　アクィーリウス法
- Cincia　キンキウス法
- Furia　フリウス法
- Genucia　ゲヌキウス法
- imperfecta　不完全法
- Iulia de pecuniis mutuis　金銭消費貸借に関するユリウス法
- perfecta　完全法
- Publilia　ププリリウス法
- Rhodia de iactu　投荷に関するロードス法
lex commissoria　解除の約款、流質約款
litis contestatio　争点決定
litis denuntiatio　訴訟通告
lucrum cessans　消極的損害（逸失利益）

mancipatio　握取行為
mancipatio nummo uno　1ヌンムスの —
mandatum　委任
- ad agendum　訴訟委任
- qualificatum　信用委任
- tua gratia　君のための委任
manus iniectio　拿捕
metus　強迫
mora　遅滞
- accipiendi　受領遅滞
- creditoris　債権者遅滞
- debitoris　債務者遅滞
- solvendi　履行遅滞
mutuum　消費貸借

ne bis in idem　同一物について（訴訟は）2度存在しない
negotiorum gestio　事務管理
negotium per aes et libram　銅衡行為

nexi liberatio　拘束行為の解放
nexum　拘束行為
novatio　更改
noxae deditio　加害者委付

obligatio alternativa　選択債務
obligatio ex contractu　契約に基づく債務関係
 - ex delicto　不法行為に基づく債務関係
oportere　要すること

pactum　無方式合意
 - adiectum　付加的無方式合意
 - displicentiae　試味売買の約款
peculium　特有財産
 - castrense　軍営特有財産
perfectio　完成
permutatio　交換
perpetuatio obligationis　債務の永久化
pignus　質
pluris petitio　過多請求
precarium　容仮占有
procurator　委託事務管理人
promissum (promissa)　担保約束
querela non numeratae pecuniae　金銭不受領の訴

rapina　強盗
receptum arbitri　仲裁人の引受契約
 - argentarii　銀行業者の ──
 - nautarum, cauponum et stabulariorum　船主、旅館の主人、厩の主人の ──
rei vindicatio　所有物取戻訴権
relocatio tacita　黙示の更新
remissio mercedis　賃料免除
res mancipi　手中物
 - nec mancipi　非手中物
restitutio in integrum　原状回復

SC (senatus consultum)　元老院議決
 - Macedonianum　マケドー元老院議決
 - Vellaeanum　ウェッラエウス元老院議決
societas　組合
 - ercto non cito　財産不分割の組合
 - leonina　獅子組合
solutio　弁済
 - per aes et libram　銅と衡による弁済
solutionis causa adiectus　弁済のために付加された者
sponsio　誓約
stipulatio　問答契約
 - Aquiliana　アクィーリウスの問答契約
 - duplae　２倍額担保問答契約

trans (s) criptio　移転記入
tutela　後見

variae causarum figurae　原因の種々の態様
vindicatio pignoris　質物取戻訴権
vis maior　不可抗力

ラテン語成句索引

Alteri stipulari nemo potest.（何人も他人のための給付を債務者に約束させることはできない）*60, 140*

Ambiguitas contra stipulatorem est.（曖昧なことは要約者の不利益に）*198*

Casus a nullo praestantur.（何人も事変については責を負わない）*92*

Casus sentit dominus.（事変は所有者が被る）*97*

De eadem re ne bis sit actio.（同一物について訴権は2度存在しない）*10*

Dies interpellat pro homine.（期限は人に代わって催告する）*104*

Duae res sunt in obligatione, una res est in solutione.（2つのものが債務関係の中にあり、履行においては1つのものがある）*66*

Ex nudo enim pacto inter cives Romanos actio non nascitur.（単なる合意からはローマ市民間に訴権は発生しない）*46*

Fur semper in mora est.（盗人は常に遅滞にある）*104, 328*

Genus non perit.（種類物はなくならない）*63, 65, 102*

Impossibilium nulla obligatio est.（不能な給付を目的とする債務は成立し得ない）*60, 61*

In omnibus obligationibus, in quibus dies non ponitur, praesenti die debetur.（期限の定めのない債務においてはすべて、直ちに義務を負う）*80*

In pari turpitudine melior est causa possidentis.（共に公序良俗に違反するときは、占有する側の権利が勝る）*318*

Ipso iure compensatur.（法律上当然に相殺される）*115, 116, 117*

Morte Cincia removetur.（死亡によってキンキウス法は適用外となる）*297*

Nemo plus iuris ad alium transferre potest quam ipse haberet.（何人も自身が有する以上の権利を他人に移転することはできない）*220, 224*

Noxa caput sequitur（加害者委付の責任は加害者に追随する）*360*

Omnis condemnatio pecuniaria est.（有責判決はすべて金銭で下される）*4, 72*

Pacta sunt servanda.（合意は守られなければならない）*271, 273*

Periculum est emptoris.（危険は買主にあり）*97, 236*

Periculum est locatoris.（危険は貸主にあり）*243*

Quot personae, tot obligationes.（主体数の数個の債務）*138*

Res deterior reddita non est reddita.（劣悪な状態で返還された物は返還された

のではない) *195*

Res extinctae vindicari non possunt. (滅失した物については所有物取戻はできない) *34*

Species perit ei cui debetur. (特定物はその債権者の負担においてなくなる) *65, 102*

Una obligatio, plures personae. (多数主体の1個の債務) *138*

Una res est in obligatione, duae res sunt in solutione. (1つのものが債務関係の中にあり、履行においては2つのものがある) *66*

条文索引

〔オーストリア法〕
ABGB
§ 343……*201*
§ § 825ff.……*305*
§ 830……*308*
§ 859……*42*
§ 891……*138*
§ 904……*80*
§ 908……*81*
§ § 909f.……*81*
§ 922……*100*
§ 928……*233*
§ 932……*233, 235*
§ 934……*53, 216, 322*
§ 935……*53*
§ 938……*291*
§ § 970ff.……*287, 290-1*
§ § 1035ff.……*302*
§ 1041……*311, 357*
§ 1043……*255*
§ 1063……*222*
§ 1095……*245*
§ 1101……*243*
§ 1120……*245*
§ 1174……*318*
§ 1295……*73*
§ 1300 Satz 2……*258*
§ 1311 Satz 1……*97*
§ 1318……*48, 349*
§ 1320……*364*
§ 1335……*70*
§ 1355……*157*
§ 1357……*154*
§ 1358……*150, 156*
§ 1371……*53, 238*

§ 1414……*112*
§ 1431……*317*
§ § 1431ff.……*311*
§ 1432……*295, 317*
§ 1438……*117*

AHG
§ 1……*348*
§ 3……*348*

ASVG
§ 332……*150*

KSchG
§ 6 Abs. 1 Z. 9……*52*

MRG
§ 2 Abs. 1……*246*
§ 30……*245*

NZwG
§ 1 Abs. 1 lit. d……*295*

StGB
§ 12……*326*
§ 127……*324*
§ 136……*324*

VersVG
§ 67……*150*

〔日本法〕
民　　法
249条以下……*305*
349条……*53*

412条3項……*80*
452条……*157*
453条……*157*
454条……*154*
459条……*150*
500条……*150*
505条1項……*117*
549条……*291*
557条1項……*81*
559条……*233*
570条……*233*
605条……*245*
659条……*95*
697条以下……*302*
705条……*317*
708条……*318*

借地借家法
28条……*245*
31条1項……*246*

商　法
594条以下……*287, 290*
788条以下……*255*

消費者契約法
8条1項……*52*

国家賠償法
1条1項……*348*
1条2項……*349*

資料索引

ガーイウス『法学提要』
3,88 …… *42*
3,139 …… *81*
3,195 …… *325*
3,217 …… *330*

パウルス『断案録』
2,14,1 …… *46*
5,7,2 …… *204*

ユ帝『法学提要』
3,13pr. …… *3*
3,13,2 …… *42*
3,23,4 …… *238*

『学説彙纂』
1,1,7,1 …… *26*
2,14,1,3 …… *44*
7,9,12 …… *313*
9,2,27,5 …… *330*
11,6,1,1 …… *94*
12,1,32 …… *319*
14,2,1 …… *254*
14,6,1pr. …… *171*
17,2,63pr. …… *267*
17,2,65,3 …… *266*
18,1,3 …… *238*
18,1,34,3 …… *223*
18,2,1 …… *238*
18,3,2 …… *237*
18,6,1,3 …… *105*
18,6,8pr. …… *236*
19,1,1pr. …… *23, 77*
19,1,9 …… *105*
19,1,13,20 …… *22*
19,2,22,3 …… *52, 216, 321*
19,5,19pr. …… *276*
21,2,21,2 …… *226*
44,7,1pr. …… *42*
45,1,5pr. …… *200*
45,1,14 …… *80*
46,3,64 …… *111*
47,2,1,3 …… *324*
50,16,226 …… *94*
50,17,14 …… *80*
50,17,23 …… *52, 96*
50,17,206 …… *321*

『勅法彙纂』
4,30,3 …… *170*

訳者あとがき

　原著は大学における講義のために作成された教科書教材である。日本語版への序文にもあるように、著者の授業経験をもとに、ローマ法を基礎とする近代民法の基本的な概念、ローマにおける法制度の展開、さらには今日のそれへと至る歴史が、多数の図式や具体例を用いて明快に要領よくまとめられている。しかも、学生に分かり易いようにと講義内容のレベルを落としているわけでは決してない。まさにこの点が原著の特徴であり、学生のための教科書として翻訳することを決意した最大の理由である。

　著者ゲオルク・クリンゲンベルク教授は1942年1月31日オーストリアのグラーツGrazに生まれ、グラーツ大学卒業後、1978年から同大学において研究・教育活動に従事し、1991年にリンツ大学の教授となり今日に至っている。クリンゲンベルク教授の業績については、教授から送られた資料をもとに列挙すれば以下の通りである。単行本として、Privatrechtliche Aspekte des Internazionalen Postrechts; Dissertation Graz 1968; Commissum. Der Verfall nichtdeklarierter Sachen im Römischen Zollrecht, Graz 1977; （P.Apathy, H.Stieglerとの共著）Einführung in das Römische Recht, Wien-Köln-Weimar 1.Aufl.1994; 2.Aufl.1998が、主な論文として、Das Beweisproblem beim Urkundendiebstahl, in : SZ 91 (1979) 229-257; Grabrecht, in: Reallexikon für Antike und Christentum Bd. XII (1983) 590-639; Die rechtsgeschäftliche Übertragung von Zwangsarbeit im römischen Ägypten, in: RIDA 36 (1989) 281-349; Die venditio ob tributorum cessationum facta, in: SZ 109 (1992) 350-410; Imperium, in: Reallexikon für Antike und Christentum Bd. XVII (1995) 1121-1142がある。

　1987年から88年にかけて私はミュンヘンに留学する機会を得た。当時クリンゲンベルク教授はミュンヘン大学においてもローマ法及び民法の教育・研究活動に従事されており、私は留学中の一学期間教授のローマ法の演習に参加することを許された。これがきっかけとなってグラーツに招かれ、大学の研究室で教授から頂戴したのが原著である。我が国にはすでに優れた教科書、翻訳書はあるが、学生向けのテキストとしては利用しにくい面がある。原著をいただいたときに、

このような教材が日本にあればとうらやましく思った記憶が今でも強く残っている。

　なお本訳書の完成にあたっては、まず著者クリンゲンベルク教授のご協力に感謝する。メールでのやりとりにおいて教授は私の質問に丁寧に答え、またいくつかの私の修正提案にも快くご返事をしていただいた。また神戸大学の同僚の方々は私の質問に親切、丁寧に答えていただき、感謝申し上げる。とりわけ窪田充見教授にはオーストリア民法典の訳、日本民法典の参照条文の付加等においてご教示をいただいた。ここにそのご協力に感謝したい。最後に本書出版をお引き受けいただいた大学教育出版、そして特に佐藤守氏に感謝の意を表したい。

　なお、私事にわたり恐縮ではあるが、本訳書は私にとりはじめて公刊する書物であり、母と岳父に献呈したい。

　2001年3月　　　　　　　　　　　　　　　　　　　　瀧澤栄治

■著者紹介

ゲオルク・クリンゲンベルク（Georg Klingenberg）

1942年 オーストリアのグラーツ（Graz）に生まれる。
現　在 リンツ（Linz）大学（ローマ法研究所）教授。

■訳者紹介

瀧澤　栄治（たきざわ　えいじ）

1954年 新潟県新潟市に生まれる。
1979年 東北大学法学部卒業
現　在 神戸大学大学院法学研究科教授。

ローマ債権法講義

2001年 9 月10日　初版第1刷発行
2006年 4 月30日　初版第2刷発行
2011年10月 7 日　初版第3刷発行
2016年 9 月15日　初版第4刷発行
2019年 3 月30日　初版第5刷発行
2020年 3 月30日　初版第6刷発行

■著　　者 ── ゲオルク・クリンゲンベルク
■訳　　者 ── 瀧澤　栄治
■発 行 者 ── 佐藤　守
■発 行 所 ── 株式会社 大学教育出版
　　　　　　〒700-0953　岡山市南区西市855-4
　　　　　　電話 (086) 244-1268　FAX (086) 246-0294
■印刷製本 ── モリモト印刷㈱
■装　　丁 ── ティーボーンデザイン事務所

Ⓒ Georg Klingenberg, Eiji Takizawa 2001, Printed in Japan
検印省略　落丁・乱丁本はお取り替えいたします。
無断で本書の一部または全部を複写・複製することは禁じられています。

ISBN978 － 4 － 88730 － 450 － 5